*Joseph Story*

# COMMENTAIRE
SUR LA
# CONSTITUTION DES ÉTATS-UNIS

## Tome II

Elibron Classics
www.elibron.com

Elibron Classics series.



ISBN 1-4212-2491-7 (paperback)
ISBN 1-4212-2490-9 (hardcover)

This Elibron Classics Replica Edition is an unabridged facsimile of the edition published in 1845 by Joubert, Paris.

# ÉTATS-UNIS D'AMÉRIQUE.

II.

PARIS. — IMPRIMERIE DE FAIN ET THUNOT,
Rue Racine, 28, près de l'Odéon.

# COMMENTAIRE

SUR LA

# CONSTITUTION DES ÉTATS-UNIS

TRADUIT DU COMMENTAIRE

## DE J. STORY,

PROFESSEUR DE DROIT A L'UNIVERSITÉ DE HARVARD,

ET AUGMENTÉ DES OBSERVATIONS

DE MM. JEFFERSON, RAWLE, DE TOCQUEVILLE, ETC.,

ET DE NOTES

SUR LA JURISPRUDENCE ET L'ORGANISATION JUDICIAIRE,

PAR

## PAUL ODENT,

DOCTEUR EN DROIT, AVOCAT A LA COUR ROYALE DE PARIS, ANCIEN AVOCAT AUX CONSEILS DU ROI ET A LA COUR DE CASSATION.

---

## TOME SECOND.

PARIS.

JOUBERT, LIBRAIRE DE LA COUR DE CASSATION,

RUE DES GRÈS, 14, PRÈS DE LA FACULTÉ DE DROIT.

1845

# COMMENTAIRE

SUR LA

# CONSTITUTION FÉDÉRALE

# DES ÉTATS-UNIS.

## CHAPITRE XV.

### POUVOIRS DU CONGRÈS. — POUVOIR DE TAXATION.

Interprétation des termes de la constitution.— Le pouvoir du congrès en matière de taxe est-il illimité?—Distinction entre les taxes et les impôts, droits, excises.—Nature et étendue du pouvoir d'établir des taxes. — Le gouvernement peut-il établir des taxes pour un autre objet que celui d'augmenter le revenu? peut-il employer le montant des taxes à encourager l'industrie? — Répartition des taxes. — Les États ne peuvent établir aucune taxe sur les exportations d'un État dans un autre. — Ils ne peuvent établir quelque impôt sur les importations ou exportations sans le consentement du congrès. — Le produit appartient à l'Union. — Lois d'inspection. — Comment concilier le pouvoir de taxation qui appartient au congrès avec celui des États.

466. Nous voici arrivés, dans le cours de notre examen, à la section 8 de l'article I^er^ de la constitution, qui contient une énumération des

principaux pouvoirs confiés au congrès ; cette matière importante réclamera longtemps notre attention, tant à cause de la variété des sujets qu'elle embrasse qu'à cause des controverses et des discussions qu'elle a soulevées. Cette partie de la constitution a été dans les temps passés, est aujourd'hui, et sera probablement encore dans l'avenir, signalée par les victoires et les défaites des différents systèmes politiques.

467. La première clause de cette section est ainsi conçue : « Le congrès aura le pouvoir d'établir et de faire percevoir des taxes, droits, impôts et excises, de payer les dettes publiques, « et de pourvoir à la défense commune et au bien « général des États-Unis ; mais les droits, impôts « et excises devront être les mêmes dans tous les « États-Unis. »

468. Avant d'examiner la nature et l'étendue du pouvoir conféré au congrès, nous devons fixer le sens grammatical des termes de la clause. Les mots « établir et faire percevoir les taxes, etc.. » et ceux « payer les dettes publiques, pourvoir à la défense commune et au bien général, etc., » constituent-ils deux pouvoirs distincts, indépendants l'un de l'autre ? ou doivent-ils être liés ensemble de manière que la seconde phrase ne soit qu'une qualification de la première ? Ce point a été l'objet de débats fort animés, et a servi de prétexte aux craintes du peuple et aux déclamations. Si la première interprétation est vraie, il est évident qu'à la faveur de la généralité des mots « défense commune

« et bien général, » le gouvernement central jouira, en réalité, de pouvoirs illimités, nonobstant l'énumération de pouvoirs déterminés. Si l'on doit, au contraire, adopter la seconde, il faut décider que le pouvoir d'établir des taxes est restreint aux objets d'un caractère national.

469. La seconde opinion a prévalu, et paraît appuyée sur des raisons solides. La disposition qui nous occupe doit donc être comprise en ce sens que le congrès aura le pouvoir d'établir et de faire percevoir des taxes, etc., afin de payer les dettes, et de pourvoir à la défense commune, etc.; ainsi le congrès n'a pas un pouvoir illimité, mais restreint au contraire à ces objets déterminés : le payement des dettes et les mesures nécessaires pour la défense et le bien général. Toutefois, ce pouvoir est général par rapport à ces objets. Il suit de là qu'une taxe qui ne serait pas établie en vue de ces objets, serait inconstitutionnelle et un abus de l'autorité législative.

470. Tous ceux qui désiraient sincèrement échapper à la faiblesse et aux hésitations de l'ancienne confédération, reconnaissaient que le pouvoir de lever des impôts devait être accordé aux États-Unis avec une certaine étendue; ils reconnaissaient que le gouvernement ne pouvait sans cela pourvoir à l'entretien des forces de terre et de mer, au payement des dépenses civiles nationales, et aux charges et dépenses ordinaires de l'administration. Pour tous ces objets, au moins, on doit pouvoir compter sur un revenu régulier. Un déficit amènerait

l'une de ces fatales alternatives : ou le peuple serait soumis à un pillage arbitraire, ou le gouvernement tomberait dans l'inertie ; c'est-à-dire, l'état des Turcs sous leurs monarques, ou l'état de l'Amérique sous la confédération.

471. Si le gouvernement établi doit être réel et efficace, le pouvoir de lever des impôts doit être proportionné à ses obligations et à ses besoins ; la seule difficulté est donc de savoir si les matières soumises aux taxes seront limitées et déterminées, ou si à cet égard le pouvoir sera général, et le choix laissé au congrès.

472. On s'appuyait sur les raisons suivantes pour justifier la nécessité d'un pouvoir illimité. Tout gouvernement doit avoir en lui-même les pouvoirs nécessaires pour l'entier accomplissement des objets confiés à ses soins, pour l'exécution complète des obligations dont il est responsable; il doit être affranchi de tout contrôle, et n'avoir d'autre règle que le bien général et la sécurité du peuple. En d'autres termes, tout pouvoir doit être proportionné à son objet; l'obligation de pourvoir à la défense nationale, au maintien de la paix au dedans et au dehors, suppose le droit de disposer en prévision d'événements ou de dangers qu'on ne peut définir. Ce pouvoir ne peut donc avoir d'autres limites que les exigences de la nation et ses ressources. Comme l'impôt est l'instrument naturel qui fournit les moyens de faire face à ces exigences, le pouvoir de l'établir et de le percevoir doit donc être com-

pris dans l'obligation de pourvoir à ces besoins. Si l'on veut que le gouvernement fédéral soit efficace et forme un lien solide, il faut lui confier un pouvoir de taxation illimité pour tous les objets d'un intérêt général. L'histoire de l'humanité nous montre que dans le cours ordinaire des choses, les besoins d'une nation, aux différentes périodes de son existence, s'élèvent avec ses ressources; et en admettant que notre gouvernement se trouve dans des conditions plus favorables, nous devons songer aux revers possibles et penser à les prévenir. Il est impossible de prévoir les changements qui peuvent avoir lieu dans la situation, les rapports et les pouvoirs des autres nations, et qui peuvent réagir sur notre prospérité et notre sûreté. Nous avons à l'extérieur des ennemis redoutables; à l'intérieur des commotions menaçantes. Nous pouvons craindre des dangers dans l'ordre physique aussi bien que dans l'ordre moral, les épidémies, la famine, les tremblements de terre, la diminution progressive d'une industrie, la nécessité de changer nos usages, nos tendances, par suite d'améliorations ou de tendances nouvelles dans les pays étrangers ou seulement par le besoin de changement qui tourmente les hommes. Une source de l'impôt suffisante à une époque, peut cesser de l'être dans un autre temps; le commerce, l'industrie, l'agriculture, aujourd'hui prospères sous tel impôt, peuvent plus tard dépérir sous ce même impôt. Pour être utile, le pouvoir d'établir des taxes doit donc non-seulement répondre à tous les besoins de la nation, mais encore pouvoir s'étendre selon les temps sur les différentes sources de la production. Les constitutions des gouvernements ne doivent pas être faites pour les besoins actuels, mais aussi en prévision des exigences probables de l'avenir, d'après le cours des choses et la marche des affaires humaines. Or, comme ces choses ne peuvent être déterminées ni limitées, la capacité du gouvernement, sous ce point de vue, doit donc également être illimitée.

473. On ajoutait à ces raisons que l'histoire de la confédération prouvait l'impossibilité de compter sur les demandes de subsides faites aux États. Les taxes directes étaient aussi d'un rapport très-variable et d'un règlement difficile entre les États; on ne pouvait les regarder comme des revenus suffisants et réguliers, mais seulement comme une dernière ressource à défaut des autres. La distinction entre les taxes internes et externes pourrait, il est vrai, être mise en pratique; mais dans maintes circonstances ces sortes de taxes laisseraient le gouvernement sans ressources, ou le forceraient à avoir recours à un système ruineux pour le commerce, l'industrie et les intérêts réels du pays. Tout homme d'un esprit réfléchi ne peut soutenir que les droits sur les importations suffisent et suffiront toujours aux besoins de l'Union. Ordinairement, en effet, ils ne suffisent pas : mais en admettant même qu'ils soient suffisants, en cas de guerre on devra suspendre

le payement des fonctionnaires civils, ou laisser la force armée sans ressources. Comment espérer qu'un gouvernement nécessiteux et mal alimenté pourra remplir le but de son institution, pourvoir à la sécurité, faciliter la prospérité ou soutenir la réputation du pays? Comment aura-t-il l'énergie, la stabilité, la dignité et la confiance au dedans? comment obtiendra-t-il le respect au dehors? Son administration sera-t-elle autre chose qu'une suite d'expédients momentanés et impuissants? Trouvera-t-il à emprunter quand il ne pourra présenter aucun revenu certain pour garantie du remboursement? Comme les individus dans le besoin, il devra donc emprunter à des conditions onéreuses. Ainsi, il y aurait non-seulement imprudence, mais folie à s'arrêter avant d'avoir donné au gouvernement des ressources proportionnées à toutes les exigences; folie à confier au gouvernement le soin de la défense générale, en le laissant dans l'impuissance totale ou partielle de prendre les mesures nécessaires pour protéger le pays contre les guerres étrangères ou les troubles domestiques. Si nous voulons faire l'expérience nouvelle en politique, pour ne pas dire absurde, de paralyser le gouvernement en cas de guerres défensives ou offensives fondées sur des raisons d'État, nous devons au moins le mettre à même de contraindre les nations étrangères à s'abstenir de tout acte qui nous serait nuisible ou injurieux; le gouvernement doit pouvoir réprimer leur ambition, désarmer leur inimitié, vaincre leurs préjugés. Ne sait-on pas que les guerres, les rébellions, l'ambition et l'inimitié étrangères, les insurrections et les factions intérieures, sont les principales sources des dépenses dans tout gouvernement? Et peut-on supposer que ce qui a toujours existé dans le passé ne se rencontrera plus dans l'avenir?

474. La constitution porte que le congrès aura le pouvoir d'établir et de faire percevoir *des taxes, droits, impôts, excises;* puis elle ajoute : *mais les droits, impôts et excises* seront uniformes dans l'Union. Elle fait une différence entre les taxes et les impôts, droits, excises, puisque dans le second membre de la phrase, on ne parle pas de taxes. Ainsi, la constitution établit une distinction entre les taxes proprement dites et les autres impôts. Nous retrouverons cette distinction dans d'autres parties de la constitution, par exemple, à l'occasion des règlements sur les taxes directes, de la prohibition faite au congrès d'établir des taxes ou droits sur les exportations; de la prohibition faite aux États d'établir des impôts ou des droits sur les exportations ou les importations.

475. Dans un sens général, on appelle taxes toutes les contributions imposées par le gouvernement sur les individus, pour le service de l'État, sous quelque dénomination que ce soit, comme tribut, dîmes, taille, impôt, droits, gabelle, subside, aide, provision, excise, etc. Dans ce sens, les taxes sont ordinairement divisées en deux classes : les taxes directes et les taxes indirectes. Parmi les pre-

mières, on range les taxes sur la terre ou la propriété réelle; et parmi les secondes, les taxes sur les objets de consommation. La constitution en donnant, en termes généraux, le pouvoir d'établir et de percevoir les taxes, comprend évidemment ces deux classes. Si telle est l'intention de la constitution, pourquoi a-t-on ajouté les mots: *droits, impôts, excises?* On peut en donner deux raisons. D'abord, pour éviter toute difficulté d'interprétation, puisque, dans le langage ordinaire, le mot *taxe* est souvent employé par opposition à droits, impôts, excises; ensuite, parce que la constitution prescrit différentes règles dans l'établissement de ces différentes taxes, et qu'il était nécessaire de distinguer les taxes auxquelles ces règles s'appliquent.

476 La section 2 de l'article Ier que nous avons précédemment examinée sous un point de vue particulier, déclare que « les taxes *directes* devront « être réparties entre les divers États qui pour- « ront faire partie de l'Union, selon le nombre « respectif de leurs habitants. » La quatrième clause de la section 9 du même article Ier porte « qu'aucune capitation ou autre taxe directe ne « sera établie, si ce n'est en proportion du dé- « nombrement prescrit. » Et la clause que nous analysons porte « que tous droits, impôts et exci- « ses seront uniformes dans les États-Unis. » Ainsi, deux règles sont prescrites: la règle de répartition pour les *taxes directes*, et celle d'uniformité pour les *droits, impôts* et *excises*. Si d'autres espèces

de taxes se rencontrent qui ne soient pas comprises dans ces catégories, on doit décider qu'à leur égard le congrès a liberté pleine et entière d'appliquer l'une ou l'autre des deux règles, ou toute autre qui ne serait pas en désaccord avec l'esprit général de la constitution. Il est évident que les droits, impôts et excises, sont des taxes indirectes d'après la constitution ; mais la difficulté est de préciser ce qu'elle entend par *taxes directes.*

477. Le mot *droits* (*duties*) n'a pas une signification toujours fixe; quelquefois il est pris dans un sens large ; d'autres fois dans un sens restreint. Dans le sens large, il devient presque synonyme de taxes, et comprend les impositions ou charges sur les personnes ou sur les choses. Dans le sens restreint, il est l'équivalent de droits de douanes; expression qui s'applique aux taxes payées sur les choses et les marchandises importées ou exportées. Alors il a la même signification que le mot impôt, par lequel on entend le plus souvent les taxes sur les marchandises importées.

478. *Les excises* ont un caractère différent des impôts (1), car elle expriment les taxes de l'inté-

(1) Jefferson établissait de la manière suivante la signification différente de ces deux mots : « Nous appelons *impôt* un droit payé par un article d'importation au moment même de son introduction sur le territoire ; par conséquent, c'est dans les ports de mer seulement qu'il se perçoit. L'*excise* est un droit payé sur un article quelconque, soit importé, soit de production indigène, et payé par le consommateur ou le dé-

rieur du pays perçues sur la consommation, et plus ordinairement sur les ventes en détail qui précèdent la consommation.

479. Mais le point le plus important est de déterminer quelles sont les taxes directes d'après la constitution, puisqu'elles doivent être établies par répartition, tandis que les taxes indirectes, droits d'entrée, impôts, excises, ou toutes autres, suivront la règle de l'uniformité. Il est évident que les taxes de capitation ou taxes personnelles (*poll taxes*) sont des taxes directes, puisque la constitution s'exprime ainsi : « Aucune capitation ou autre taxe directe. »

480. Les taxes sur les terres, les maisons ou toute autre propriété réelle et leurs accessoires, ont toujours été regardées comme taxes directes. Mais on a douté si, d'après la constitution, on devait ranger parmi les taxes directes, d'autres taxes que celles établies sur les personnes ou sur les terres (1).

biteur, par conséquent il se perçoit sur toutes les parties du territoire. Voilà les vraies définitions de ces deux termes, et c'est dans ce sens qu'on les emploie en Angleterre et dans la plus grande partie des États-Unis. Mais dans le Massachussets on a abusé du mot *excise* pour désigner une taxe sur les liquides exclusivement, mais sans distinguer si cette taxe est perçue au moment de l'importation ou depuis. De sorte, qu'en lisant les debats de l'assemblee de Massachusetts, c'est ce sens qu'il faut donner au mot excise. » *Mémoire de Jefferson,* publié par Conseil, tome I, page 343. P. O.

(1) Il y a aux États Unis quatre sortes de taxes : 1° les taxes federales, qui s'élèvent à environ un doll. et demi; 2° les

481. On a décidé que les taxes levées sur les dépenses et les objets de consommation étaient des taxes indirectes, et que celles qui ne pouvaient être réparties conformément à la constitution, étaient aussi des taxes indirectes. Voyons maintenant pourquoi les premières sont établies par répartition, et pourquoi les secondes sont soumises à la règle de l'uniformité. Nous répondrons à la première question, lorsque nous ferons l'analyse des clauses prohibitives ou restrictives en matière de taxes; quant à la seconde question, on peut dire que le système d'uniformité avait pour but d'empêcher que dans les règlements sur des sujets relatifs aux intérêts communs des États, on pût traiter les uns

taxes de l'État, qui sont habituellement peu considerables; 3° les taxes du comte, qui sont aussi fort modiques; et 4° les taxes locales, qui, dans les grandes villes, sont assez élevees. — On voit par là que les habitants des campagnes doivent être très-peu taxes.

Si l'on veut comprendre cette modicite des taxes, on ne doit pas oublier que, d'après le principe du *self-gouvernement*, les localités et les individus s'administrant eux-mêmes, les gouvernements particuliers ont peu de dépenses à faire. Il est des budgets réduits aux seules dépenses des appointements du gouverneur, de ses bureaux et de la législature. Aux États-Unis, un grand nombre de dépenses qui, en France, figureraient dans le budget, sont supportées directement par les individus et les corporations; ainsi, sur presque toutes les routes, un péage est perçu; les cultes sont salariés par les fidèles; le système des retraites en faveur des fonctionnaires est inconnu; l'armée et la flotte sont peu considérables. Dès lors, il n'existe donc aucune raison de demander des taxes considérables. P. O.

plus favorablement que les autres. Si les droits, impôts ou excises n'étaient pas uniformes, les inégalités les plus graves et les plus funestes pour les travaux et les entreprises de certains États, pourraient se rencontrer. L'agriculture, le commerce ou les manufactures d'un État pourraient s'élever sur la ruine des autres; quelques États ligués entre eux au sein du congrès pourraient accaparer le monopole de certaines industries, au détriment des autres États moins favorisés. Dans toutes ses dispositions sur ce sujet, la constitution contient autant de restrictions que de pouvoirs; elle ne s'en rapporte pas complétement au gouvernement général pour la protection des intérêts de tous les États; elle est basée sur une susceptibilité réfléchie et forte, qui prévoit la possibilité d'un abus de pouvoir contre lequel elle doit défendre les États. Ainsi, les États de New-York et de Pensylvanie pourraient, au moyen d'une ligue facile à organiser avec les États du Sud, paralyser toute la navigation de New-England. Une autre union entre New-England et les États de l'Ouest pourrait arrêter l'agriculture du Sud. Enfin telle autre coalition blesserait les intérêts vitaux des manufactures, en sorte que la convenance de la clause de la constitution se trouve établie par la sagesse de son but politique, et par sa tendance à rassurer les alarmes ou à prévenir les mécontentements.

482. Le sens de cette clause a fait naître deux questions importantes. La première est de savoir

si le gouvernement a le droit d'établir des taxes pour un autre objet que l'augmentation du revenu, quand bien même ce serait pour la défense commune ou le bien-être général, c'est-à-dire, si le congrès peut établir des taxes pour protéger et encourager les manufactures intérieures. La seconde, si le produit des taxes peut être employé à d'autres objets que ceux énumérés dans les autres pouvoirs du congrès ; c'est-à-dire, si le congrès peut employer l'argent des taxes à des améliorations intérieures. Chacune de ces questions a soulevé des discussions très-animées ; elles ont été soutenues et défendues de part et d'autre avec une grande énergie et des arguments imposants ; cependant aucun des partis, vainqueurs ou vaincus, n'a jamais considéré la question comme complétement résolue ; et elle a été souvent, en effet, renouvelée et soutenue avec vigueur.

483. Nous n'examinerons pas ici les arguments en tant qu'ils portent sur le droit donné au congrès d'encourager et de protéger les manufactures, parce que ce sujet viendra naturellement plus tard, lors de l'analyse des pouvoirs du congrès pour régler le commerce (1). Ainsi, négligeant ce point de vue, la question a été débattue de la manière suivante : le droit d'établir des taxes, a-t-on dit, a été donné exclusivement pour augmenter le revenu de l'Union, et ne peut, suivant la constitution, être exercé dans un autre but.

(1) Chap. XVI.

Son application à tout autre objet serait un abus de pouvoir, et, en réalité, une usurpation flagrante de l'autorité, quoique sous une forme déguisée. Toutes les fois que les deniers publics ne suffisent pas aux charges prévues par la constitution, on peut exercer le droit de lever une taxe pour les augmenter; s'ils suffisent, on ne doit pas avoir recours à ce moyen, même pour un objet déterminé par la constitution.

484. D'un autre côté, les raisons en faveur de l'autorité constitutionnelle reposaient sur la lettre et l'esprit de la constitution; elles cherchaient à établir le véritable sens et l'étendue du pouvoir de taxation, d'après la signification évidente des expressions et la nature du gouvernement établi par cet acte. Cette argumentation reposait sur une large interprétation de la clause de la constitution, sans s'arrêter à des restrictions qui ne dérivaient pas des termes mêmes de cette clause. La question est donc de savoir si le pouvoir de taxation ne peut être exercé que pour augmenter les revenus publics; c'est là précisément ce qui doit être prouvé, et ce qui ne peut, en conséquence, servir de base au raisonnement.

485. La constitution s'énonce dans les termes suivants : « Le congrès aura le pouvoir d'établir et de percevoir des taxes, droits, impôts et excises. » Si la clause s'arrêtait là et s'en tenait à cette forme absolue (comme dans le premier projet présenté à la Convention), on ne pourrait avoir le plus léger doute. Le pouvoir

absolu d'établir des taxes renferme toutes les formes sous lesquelles on pourrait les établir, et tous les objets auxquels la législature voudrait les appliquer. A plus forte raison, le congrès pourrait les employer aux objets auxquels les autres nations ont l'habitude de les appliquer. En outre, l'histoire des nations commerciales nous apprend que très-souvent le pouvoir de taxation est employé dans un autre but que celui d'accroître le revenu public; ainsi, souvent c'est un règlement de commerce, une prohibition sur l'importation de certains articles pour protéger et encourager les produits et l'industrie du pays, pour soutenir l'agriculture, le commerce et les manufactures; quelquefois des taxes sont des représailles pour combattre des monopoles étrangers, ou pour assurer le monopole au gouvernement, ou pour bannir certains articles de consommation nuisibles, etc.

486. Si donc le pouvoir général d'établir des taxes peut s'appliquer et s'applique en effet, dans l'usage ordinaire des gouvernements, à tous ces différents objets, soit séparément, soit ensemble, sur quelle base repose l'argumentation qui l'affecte à un seul objet, à l'exclusion des autres? Qui prétend que parce que l'accroissement du revenu public est un de ces objets, il doit être le seul? Qui soutient que son interprétation est la seule vraie, parce qu'elle est conforme à sa propre théorie, et rejette celle de ceux qui adoptent une théorie différente? Si ce pouvoir est général dans ses termes, n'est-ce pas un abus du raisonnement

que de soutenir que ce pouvoir est particulier, et substituer d'autres mots à ceux dont on s'est servi ? Une telle interprétation qui serait rejetée à l'égard de toute convention en général, pourrait-elle être admise quand il s'agit de constitutions de gouvernements, fondées sur les droits, les devoirs et les exigences des nations, alors surtout que ces constitutions ont en vue des circonstances variées qui demandent nécessairement des applications également variées des pouvoirs constitutionnels ?

487. L'autre question est de savoir si le congrès a le pouvoir d'appliquer les fonds obtenus par taxe ou autrement, à d'autres objets que ceux mentionnés dans la clause où se trouvent ces mots : « obtenus par taxe ou autrement ; » car il peut y avoir, et il y a en effet, d'autres sources de revenus que celles résultant des taxes; par exemples : les amendes, dommages et confiscations, ventes de terres publiques, intérêts ou dividendes sur les fonds publics, captures et prises en temps de guerre, et autres profits résultant de transactions faites par le gouvernement. Ainsi on peut ramener toutes les parties de l'argumentation à celle qui traite des fonds provenant de taxe.

488. Le raisonnement sur lequel s'appuie l'opinion qui refuse au congrès le droit d'appliquer les fonds à des objets en dehors des pouvoirs tracés par la clause constitutionnelle, repose, comme nous l'avons déjà vu, sur une simple interprétation grammaticale. La controverse est maintenant épuisée, et il est admis aujourd'hui

que les expressions « pourvoir à la défense commune et au bien général » font partie des pouvoirs de lever des taxes; et dès lors le congrès a certainement le droit d'appliquer les fonds publics à ce double objet, quelle que soit d'ailleurs la source d'où proviennent les fonds (1).

489. L'argument en faveur du pouvoir dérive d'abord des termes mêmes de la clause qui, de l'avis de tous, se prêtent à cette large interprétation; en second lieu, de la nature même du pouvoir, qui rend cette interprétation non-seulement convenable, mais encore indispensable pour que le gouvernement puisse fonctionner sans entraves; enfin, de l'adhésion des hommes d'État les plus considérables, qui l'ont toujours entendue ainsi, depuis l'origine de la constitution.

490. Quant à la pratique du gouvernement, elle est entièrement conforme aux principes que nous venons de poser; les destinations de fonds n'ont jamais été limitées par le congrès aux cas qui rentrent exclusivement dans les pouvoirs énumérés par la constitution; et elles ont été spécialement faites pour encourager les améliorations intérieures, telles que les routes, la navigation, les cours d'eau, et autres objets d'un caractère et d'une importance nationale. Dans quelques cas,

(1) La controverse nous paraît si peu épuisée que le president actuel, John Tyler, qui ne fait, du reste, que continuer l'école Jackson, pretend que le congrès n'a pas le droit d'etablir une *banque nationale*, ni de se mêler d'*amélioration intérieure*. P. O.

le congrès a ordonné l'emploi de fonds pour secourir des étrangers dans le besoin et des villes affligées de grands malheurs, par exemple, le soulagement donné aux réfugiés de Saint-Domingue, en 1794, ou aux citoyens de Venezuela, après le tremblement de terre de 1812. Un autre exemple d'allocation de dépenses, ayant un intérêt purement local, c'est la prime donnée à la pêche de la morue, prime qui a été vivement combattue en 1792 par des raisons tirées de la constitution, mais qui a été maintenue par la législation des États-Unis.

491. Pour n'avoir pas à revenir plusieurs fois sur le droit de taxation, nous avons trouvé utile de réunir, dans ce chapitre, les autres dispositions qui le concernent, et sont éparses dans la constitution. D'abord : « Aucune capitation, ou taxe indi-« recte, ne sera établie, si ce n'est en proportion « du recensement prescrit dans une section précé-« dente » (1). Cela comprend les taxes par tête (*poll taxes*) (2) et les taxes foncières, ainsi que nous l'avons déjà dit.

492. Le but de cette clause est de garantir les États du Sud contre l'établissement de toute taxation disproportionnée, et de niveler, autant que possible, les inégalités de la taxe. Les États du Sud ont une nombreuse population esclave; et, par

(1) Art. Ier, sect. 9, § 3.

(2) Le mot *poll* a plusieurs autres significations : il se dit encore indistinctement du lieu où l'on vote, du vote lui-même et de la liste du scrutin. P. O.

conséquent, une taxe par tête, qui serait réglée d'après la règle de l'uniformité, les chargerait avec trop de rigueur. C'est pour cette raison que l'on a adopté une règle qui, en ce qui concerne les taxes par tête (*poll taxes*), affranchit de toute taxation les deux cinquièmes de la population esclave, et de cette manière on parvient à équilibrer le fardeau qui doit peser sur la population blanche.

493. A l'égard des taxes directes sur la propriété foncière, la difficulté de faire une juste répartition qui proportionne les charges et les dépenses de l'Union à la richesse et aux facultés relatives des États, avait été regardée comme un grave embarras à l'époque de la confédération. D'après cet acte, la répartition des taxes devait être faite, entre les Etats, selon la valeur des terres fédérales dans chaque État, concédées à chaque personne, et les constructions et améliorations estimées d'après les règles prescrites par le congrès. Mais les règles de cette expertise étaient si multipliées et compliquées, qu'en avril 1783 le congrès prescrivit une répartition basée sur la population, en ajoutant au nombre des blancs et des autres citoyens et habitants libres, les personnes attachées au service pour un temps fixe, et trois cinquièmes *des autres personnes* (1). Ce système est précisément celui qui a été admis par la constitution.

(1) Nous avons dit précédemment que la constitution, par une sorte de pudeur législative, employait cette périphrase pour désigner les esclaves. P. O.

494. Les esprits habitués à réfléchir sur les causes qui produisent et constituent la richesse des nations, savent qu'il n'y a pas de règle absolue pour déterminer les divers degrés de cette richesse. Ni la valeur des terres, ni la population, proposées cependant successivement comme base de la répartition de l'impôt, ne peuvent être regardées comme la vraie mesure de la richesse. Si, en effet, nous comparons la richesse des Pays-Bas avec celle de la Russie, de l'Allemagne, ou de la France, et qu'en même temps nous comparions la valeur des terres et la population du territoire resserré du premier de ces pays avec la valeur des terres et la population répandue sur les vastes territoires des autres, nous verrons aussitôt qu'il n'y a aucune comparaison entre ces deux objets et la richesse relative de ces pays. Si l'on veut établir la même comparaison entre les États d'Amérique, on aura le même résultat : comparez, par exemple, la Virginie avec Massachusset, la Pensylvanie avec le Connecticut, Rhode-Island avec l'Ohio, et vous verrez la même disproportion que nous signalons. La richesse de ces différents États ne sera en rapport ni avec la population, ni avec la valeur des terres.

495. La richesse des nations dépend de circonstances très-variées : la situation géographique, le sol, le climat, la nature des productions, la forme du gouvernement, le caractère des citoyens, l'état du commerce, des arts ou de l'industrie; toutes ces causes, et beaucoup d'autres encore,

produisent des différences dans la richesse relative des différents pays. Tout cela prouve qu'il est impossible de trouver une mesure commune qui serve à déterminer les facultés d'un pays à supporter des taxes. L'appréciation de la richesse d'un État, quelque équitable et intelligente qu'on la suppose, présente donc toujours des erreurs et des inégalités qui sont la source de mécontentements et de controverses. Ces difficultés sont, en elles-mêmes, bien suffisantes pour ébranler les fondements de tout gouvernement, lorsque aucune règle n'a été habilement calculée pour fixer la répartition d'une manière permanente, et qu'au contraire, le mode de répartition est toujours remis en question à chaque nouvelle taxe. Ainsi, on peut affirmer, sans crainte d'être contredit, qu'un système de répartition fixe, et non de circonstance, est indispensable au repos public. Si l'on considère la situation des États américains, notamment celle des États à esclaves et adonnés à l'agriculture, on avouera que le système adopté par la constitution était peut-être le plus juste que l'on pût imaginer.

496. La clause suivante de la constitution porte (1) : « Aucune taxe, ou droit, ne sera établie « sur des articles exportés d'un État quelconque. « Aucune préférence ne sera donnée, par des rè« glements commerciaux ou fiscaux, aux ports « d'un État sur ceux d'un autre. Les vaisseaux

(1) Art. I, section 15, § 4.

« destinés pour un État, ou sortant de ses ports, « ne pourront être forcés d'entrer dans ceux d'un « autre, ou de payer des droits. »

497. Le but évident de ces dispositions est d'ôter toute possibilité d'exercer le pouvoir de lever des taxes et de régler le commerce au préjudice de certains États, pour favoriser les autres. Si le congrès avait pu établir des droits sur les exportations des États, cela aurait injustement blessé ou même détruit la production indigène et les articles usuels de cet État; et l'inégalité des effets de cette taxe aurait pu être extrême. Dans quelques États, les ressources proviennent de l'exportation des produits de l'agriculture; dans d'autres États, les revenus proviennent d'autres sources, telles que les pêches étrangères, les transports et le commerce dans l'acception générale du mot. Ainsi, le poids de pareilles taxes se trouverait réparti d'une manière fort inégale. C'est pour cela que l'on a refusé expressément au congrès le pouvoir d'intervenir dans les matières d'exportation. D'un autre côté, le congrès aurait pu, par des règlements commerciaux ou fiscaux, créer au profit des ports d'un État des avantages locaux, des priviléges commerciaux. De telles préférences seraient également funestes, même quand elles seraient constituées indirectement, sous la forme mitigée d'un droit d'entrée ou de sortie, qui ne serait pas uniforme dans tous les ports de l'Union. Ainsi la dernière clause n'empêche pas le congrès d'établir des

droits d'entrée et de sortie sur les importations dans les ports de l'Union ; mais elle défend d'imposer des droits dans les ports autres que ceux de la destination; en d'autres termes, cette clause défend d'exiger un circuit dans le voyage, ainsi que cela avait lieu sous le système colonial, dans le but d'entraver le commerce américain avant la révolution (1). A cette époque, en effet, aucun navire américain ne pouvait commercer avec le continent de l'Europe, sans avoir fait un circuit pour prendre son point de départ d'un port anglais.

498. Un autre article de la constitution porte (2): « Aucun État ne pourra, sans le consentement du « congrès, établir quelque impôt ou droit sur les « importations ou les exportations, à l'exception « de ce qui lui sera absolument nécessaire pour « l'exécution de ses lois d'inspection; et le produit « net des droits et impôts établis par tout État sur « les importations et les exportations, sera à la « disposition de la trésorerie des États-Unis; et « toute loi pareille sera sujette à la révision et au « contrôle du congrès. Aucun État ne pourra, « sans le consentement du congrès, établir aucun « droit de tonnage. » S'il était sage et d'une bonne

(1) C'est précisément le système dont se plaignent aujourd'hui les colonies françaises qui ne peuvent expédier leurs produits qu'en France, ou du moins dans un port français, pour pouvoir ensuite les exporter dans un pays étranger.

P. O.

(2) Art. I^er, sect. 10, § 2.

politique d'empêcher le gouvernement national de grever les États de taxes illégales, il était également sage d'empêcher les États d'exercer le pouvoir de taxation au préjudice les uns des autres. Par cette prohibition, on prévient les querelles et les discussions qui auraient jeté le trouble dans les États et relâché les liens qui les unissent. Les États ont retenu le droit de faire exécuter leurs lois d'inspection, mais ce droit est soumis à la révision du congrès, de telle sorte que les États font tous les règlements nécessaires pour leur commerce intérieur, toutes les fois que l'intérêt général n'en souffre pas.

499. Les lois d'inspection ne sont pas, à proprement parler, des règlements commerciaux, bien qu'elles puissent avoir une grande influence sur le commerce. L'objet des lois d'inspection est d'améliorer les produits du travail dans un pays, de les rendre propres à être exportés ou employés à l'intérieur. Ces lois agissent sur la matière avant qu'elle devienne un article du commerce étranger ou intérieur, et la disposent pour ce but. Elles forment une partie de la législation étendue et variée qui régit les États ou les territoires; législation qui n'a pas été formellement concédée à l'autorité fédérale. Les lois d'inspection, les lois de quarantaine, les lois sanitaires, comme toutes celles relatives au commerce intérieur d'un État ou aux routes, sont autant de parties constitutives d'une législation d'État, et découlent des pouvoirs laissés à la souveraineté de l'État. On n'a

donné au congrès aucun pouvoir direct sur ces objets; en conséquence, ils se sont trouvés dans la sphère de la souveraineté des États, quoique soumis au contrôle du congrès, quand ils se trouvent en contact avec les pouvoirs de ce dernier. Le pouvoir d'établir des droits, des impôts sur les importations ou les exportations, celui d'établir un droit de tonnage, forment sans doute une partie du pouvoir de taxation, mais ils peuvent aussi être considérés comme des règlements de commerce.

500. Jusqu'à ces derniers temps, aucune difficulté ne s'était élevée à l'occasion des prohibitions contenues dans cette clause de la constitution. Le congrès avait reconnu les lois d'inspection des États et avait exigé leur observation de la part des fonctionnaires fiscaux des Etats-Unis. Dans l'année 1821, l'État de Maryland rendit une loi d'après laquelle tous ceux qui apportaient des articles étrangers, sous balles ou en barriques, etc., et tous ceux qui vendaient les mêmes articles en gros, c'est-à-dire, en balles ou en barriques, etc., ne pourraient les mettre en vente sans justifier d'une licence, pour laquelle ils devaient payer cinquante dollars, sous peine d'amende. La question s'éleva alors, de savoir si cet acte ne violait pas la constitution des États-Unis, et spécialement la clause prohibitive que nous examinons. Après des débats solennels, la cour suprême déclara la mesure inconstitutionnelle.

501. Comme les États ont, concurremment

avec le gouvernement national, le pouvoir de taxation, sauf les restrictions déterminées par la constitution, on a soulevé de nombreuses questions sur la nature et l'étendue du pouvoir de taxation qui appartient aux États.

502. En 1818, l'État de Maryland rendit une loi établissant une taxe sur toutes les banques et les succursales qui n'étaient pas autorisées par la législature de cet État. Aussitôt on éleva la question de savoir si un État avait le droit d'imposer une taxe sur une succursale de la banque des États-Unis, qui était établie dans cet État. Les débats devant la cour suprême furent très-animés, et la cour décida qu'une telle taxe était illégale quant à la banque fédérale.

503. On a encore agité la question de savoir si un État pouvait, d'après la constitution, soumettre à une taxe le capital d'un emprunt fait par les États-Unis, et la cour suprême décida encore la négative.

504. Il est bon de remarquer que toutes ces décisions de la cour suprême portent sur ce point, que les États ne peuvent avoir le pouvoir de soumettre à une taxe un acte émané du gouvernement fédéral, par exemple, des bons émis pour emprunt public, et par là, d'affaiblir les moyens employés par le gouvernement dans l'exercice de ses pouvoirs constitutionnels; mais on a reconnu qu'ils peuvent taxer les banques et les autres corporations instituées sous leur autorité, à moins qu'ils n'aient renoncé à ce droit

dans les chartes d'incorporation. Ajoutons que le congrès peut, sans aucun doute, taxer les banques des États, car cela rentre évidemment dans le pouvoir de taxation donné au gouvernement général. Quand le congrès taxe les corporations dans les États, il taxe les constituants eux-mêmes, et ces taxes doivent être uniformes. Mais quand un État taxe une institution établie par le congrès, il taxe l'acte émané d'une autorité supérieure et indépendante qui n'est pas représentée dans la législature de l'État.

# CHAPITRE XVI.

## POUVOIR DE FAIRE DES EMPRUNTS ET DE RÉGLER LE COMMERCE.

Le pouvoir de faire des emprunts est nécessaire pour assurer la suprématie du gouvernement national. — Sens constitutionnel des mots *régler le commerce* et spécialement du mot *commerce*. — 1° commerce avec les nations etrangères; 2° commerce entre les États de l'Union; 3° avec les tribus indiennes. — Ce pouvoir est-il exclusif? — A quels objets s'applique-t-il: 1° par rapport aux États de l'Union? 2° par rapport aux nations etrangères? — Ce pouvoir peut-il être exercé pour encourager les manufactures? — Quelle est la nature et l'étendue du pouvoir de regler le commerce avec les tribus indiennes?

---

505. Revenons à l'examen des pouvoirs du congrès selon l'ordre de la constitution. Le congrès a le droit d'emprunter sur le crédit des États-Unis. Ce pouvoir nous paraît indispensable à la souveraineté et à l'existence d'un gouvernement national; il avait même été accordé expressément sous la confédération; on a fait, en outre, observer avec raison que ce pouvoir est intimement lié à celui de lever des impôts, et au devoir de

protection imposé à tout gouvernement national. En temps de paix, on n'est pas ordinairement obligé d'anticiper sur le revenu de l'État; cependant comme l'expérience nous apprend qu'une seule année de guerre peut absorber les revenus de dix années de tranquillité, une dette publique nous paraît inévitable. La manière la moins onéreuse de contracter une dette est la voie de l'emprunt, d'autant plus que, dans les temps de guerre, les droits sur les importations sont sujets à une grande diminution, et que, dans ce cas, une augmentation de taxe pour combler la différence serait oppressive et ruineuse pour les intérêts agricoles du pays (1). Des circonstances peuvent même se présenter, en temps de paix, qui rendront cet emprunt le moyen le plus facile et le plus économique de faire face à une dépense imprévue ou de détourner un danger. Le gouvernement des Etats-Unis eut plusieurs fois recours à ce moyen en temps de paix : on peut citer comme un exemple remarquable, l'emprunt souscrit pour le payement de l'acquisition de la Louisiane. Le pouvoir d'emprunter, accordé au congrès, n'est soumis d'aucune manière au contrôle des États; car la concession de ce pouvoir est incompatible avec tout autre pouvoir restrictif; et la déclaration de souveraineté, faite dans la consti-

(1) Nous ajouterons à ces raisons que, par la voie des emprunts, le gouvernement prend l'argent où il se trouve, et chez ceux qui y consentent. P. O.

tution, indique suffisamment qu'aucune autorité pareille ne pourrait exister.

506. La même clause donne au congrès le pouvoir de régler le commerce des États entre eux, ou avec les « nations étrangères, ou avec les tribus indiennes. »

507. Ce pouvoir manquait à la confédération, et nous avons déjà vu que ce fut là un de ses plus graves défauts, un de ceux qui ont dû causer sa chute et l'établissement de la constitution actuelle. Ce pouvoir est essentiel à la prospérité de l'Union; sans lui, le gouvernement ne serait pas réellement national, et tomberait bientôt dans le discrédit et l'impuissance.

508. Les Américains ne peuvent avoir oublié combien le commerce était opprimé avant la constitution; il était réglé par les nations étrangères, en vue seulement de leurs intérêts particuliers, et nos efforts divisés, pour contre-balancer leurs mesures restrictives, restaient impuissants par le défaut de lien. Le congrès avait cependant le pouvoir de faire des traités; mais la faiblesse du gouvernement fédéral s'était accrue au point de rendre ce pouvoir à peu près inutile. Les hommes qui sentent le danger d'une pareille situation, et qui comprennent l'influence du commerce sur la prospérité des nations, doivent également comprendre la nécessité de confier à un gouvernement national un pouvoir de contrôle sur cet objet important. On ne doit donc pas s'étonner qu'il ait été assez étendu pour s'appliquer au com-

merce des États entre eux et avec les pays étrangers (1).

(1 *Nous allons présenter ici en peu de mots le résumé des garanties données au commerce par le gouvernement des États-Unis.*

I. *Protection du commerce.*

1° Le commerce et l'industrie dans l'*intérieur* de chaque État de l'Union sont protégés et encouragés par le pouvoir législatif de *chaque État en particulier,* sous les exceptions suivantes, qui sont du ressort de l'Union :

Aucun Etat ne pourra, sans le consentement du congrès, etablir quelque impôt ou droit sur les importations ou exportations, à l'exception de ce qui lui sera necessaire pour les lois d'inspection, etc. (Art. I, sect. 10, § 2.)

Aucun État ne pourra, sans le consentement du congrès, établir aucun droit de tonnage.

2° A l'égard du commerce entre les États de l'Union avec les nations étrangères, ou les tribus indiennes, les règlements à faire sur cette matière sont du ressort du congrès, sauf les exceptions specifiées dans le § 5 de la sect. 10 de l'art. I.

3° Le congrès a aussi seul le pouvoir d'encourager les progrès des sciences et des arts utiles, en assurant, pour des periodes limitees, aux auteurs et aux inventeurs, le droit exclusif de leurs écrits et de leurs decouvertes (*).

4° L'administration du commerce, quant aux relations commerciales avec les nations etrangères et les tribus indiennes, et aux concessions de brevets d'invention (*patents*) et aux droits d'auteur (*copy Rights*), est une des plus importantes attributions du secrétaire d'État pour les affaires étrangères (*secretary of State*). La partie qui concerne le commerce entre les différents États de l'Union, la pêche, la navigation sur les rivières et les lacs, etc., est du ressort du secretaire de la trésorerie (*secretary of treasury*).

(*) Voyez chap. XX.

509. Cette clause de la constitution soulève plusieurs questions importantes : 1° Quel est le sens naturel des termes ? 2° A quel point le pouvoir du congrès exclut-il celui des États? 3° Pour

II. *Juridictions commerciales.*

Il n'existe point de tribunaux de commerce dans l'Union. Les contestations commerciales et maritimes en général sont, en premiere instance, du ressort des tribunaux ordinaires institués dans les differents États (*), excepte :

1° Les cas où, dans les causes maritimes civiles, telles que loyer des gens de mer, engagements hypothécaires de navires, sauvetage, etc., l'action est intentée *in rem,* c'est-à-dire contre le navire ou les marchandises ; la juridiction, dans ce cas, est dévolue à la cour fédérale du district. Lorsqu'au contraire l'action est intentée *in personam*, c'est-à-dire contre le proprietaire du navire ou des marchandises, la juridiction ordinaire de l'État de l'Union où la cause a pris naissance, concourt avec celle du tribunal fedéral.

2° Dans tous les cas de saisie de navires ou de marchandises (appartenant à des citoyens de l'Union ou à des étrangers) en vertu des lois de revenus de l'Union (*under the revenue laws of the United States*), la juridiction appartient, dans ce cas, à la cour fédérale du district.

3° Dans les cas pour lesquels des lois fedérales ont spécialement attribué la juridiction à la cour fédérale du circuit, tels que les brevets d'invention, droits d'auteurs;

4° Dans les cas où un citoyen d'un État de l'Union intente une action contre un citoyen d'un autre État de l'Union, l'objet de la cause excedant la valeur de cinq cents dollars, la juridiction, dans ce cas, est dévolue à la cour fedérale du circuit (**).

(*) Voyez chap. XXXIX et XL, du pouvoir judiciaire et de l'organisation des tribunaux fédéraux et des tribunaux des États.

(**) Voyez ce qui concerne les voies de l'appel dans le chap. XL, de quels objets ce pouvoir peut-il être employé constitutionnellement ? 4° Enfin, quelle est la véritable nature et l'étendue du pouvoir de régler le commerce avec les tribus indiennes ?

III. *Législation commerciale et maritime.*

Les États-Unis ne possèdent aucun code de lois commerciales ou maritimes, qui soit obligatoire pour tous les États particuliers de l'Union. La justice est administrée dans l'Union d'après les lois fédérales, et d'après celles de chacune de ces souverainetés particulières.

Les éléments de la législation commerciale sont : 1° la *loi non écrite* (*unwriten law*, ou *coutumière* (*customary law*), composee de certaines parties de la loi commune d'Angleterre, introduites aux epoques successives de la colonisation des pays qui, en 1776, se sont constitués en republique des États-Unis.

2° Les *statuts* (*statute laws*), par lesquels chacun des États particuliers modifie ou complète la loi non écrite, au moyen de dispositions speciales emanees du pouvoir législatif des États.

3° Les *actes législatifs* émanés du congrès en vertu du pouvoir législatif national.

4° Les collections des *arrêts des différentes cours d'Angleterre* (*Books of reports*), et les traités de jurisprudence anglaise, qui forment une espèce de droit subsidiaire, lequel n'a point de force obligatoire, mais que les légistes sont admis à citer comme raison écrite.

C'est en puisant, selon la nature des cas, aux quatre sources que nous venons d'indiquer, que les tribunaux de chaque État en particulier, ainsi que les tribunaux fédéraux, jugent chacun dans leur ressort.

Les contestations maritimes sont jugées d'après les préce-

l'organisation judiciaire. — Voyez aussi, pour la juridiction en matière de prise, le chap. XXII.

510. *Sens constitutionnel des mots : Régler le commerce.* — La constitution ne contenant qu'une énumération de pouvoirs, et non leur définition, il est nécessaire de déterminer la signification des mots pour préciser l'étendue du pouvoir. Le congrès a le droit de régler le commerce, c'est-à-dire de prescrire les règles qui le gouverneront. Mais le commerce doit-il être limité au trafic, à l'achat, la vente, ou l'échange des produits? doit-il comprendre la navigation et l'intercourse (1) avec les autres pays? La première inter-

dents de la cour de l'amirauté d'Angleterre, recueillis dans les collections des arrêts publiés dans les deux pays (*). P. O.

(1) Le droit d'*intercourse* est le droit qui consacre, par des traités ou par l'usage, la libre navigation des bâtiments de deux nations, entre les ports qui appartiennent à ces nations. Aujourd'hui que la paix existe entre toutes les grandes puissances maritimes, l'*intercourse* a lieu pour tous les peuples, par suite des alliances du commerce qui permettent à la navigation de s'étendre dans toutes les parties du globe.

La suspension de ce droit, soit qu'il ait eté garanti par des traités, ou soit qu'il ne fût antérieurement qu'usuel, se nomme, chez les Américains et les Anglais, l'acte de *non-intercourse*. L'effet de ce qu'on appelle en diplomatie un bill de *non-intercourse* est donc de suspendre les droits consacres par la convention d'*intercourse*, c'est-à-dire, de supprimer la libre navigation entre les deux nations en collision, et de mettre quelquefois même l'*embargo* sur les navires dont elles peuvent s'emparer mutuellement dans leurs ports respectifs.

(*) Il existe un grand nombre d'éditions des principaux ouvrages sur la jurisprudence anglaise, accompagnées de notes qui indiquent l'application du texte aux particularités de la jurisprudence américaine.

prétation donnerait à un terme général, une seule de ses significations; la seconde laisserait à l'expression générale toute son étendue. Lorsqu'une expression est générale, elle doit s'appliquer à tous les objets qu'elle exprime, à moins d'inconvénients et de clauses incompatibles avec cette large interprétation, et ici rien ne justifie une pareille restriction. Sans doute, le commerce c'est

C'est ainsi qu'en 1809 on vit les États-Unis d'Amérique, pour conserver leur neutralité en face du système continental, ordonner dans le bill de *non-intercourse* du 1^er^ mars, que l'entrée des ports de l'Union serait interdite aux pavillons anglais et français, sous peine de saisie et confiscation, et qu'aucun produit du sol de ces deux puissances ne pourrait, sous la même peine, être introduit sur le territoire ou dans les eaux des États-Unis. Ce bill n'etait autre chose que la suspension du droit d'*intercourse*.

L'interdiction de l'*intercourse* peut être proclamée sans entraîner une déclaration de guerre; elle produit la rupture momentanée des relations commerciales. Il y a peu d'années, lors du differend entre la France et les États-Unis pour le payement d'une somme de 25 millions, le président du congrès proposa, dans son message au congrès, la suppression du droit d'*intercourse* avec la France.

Il faut se garder de chercher un rapport grammatical entre le mot français *course* usité dans la marine, et les mots anglais *intercourse*, *non-intercourse*. *Course* signifie le genre de navigation que pendant la guerre font nos corsaires en armant en course dans un port, pour courir sur les bâtiments ennemis. C'est ainsi que l'on dit que les bâtiments de l'État vont en *croisière*, et que les corsaires vont en *course*. Le mot anglais *intercourse* n'entraîne avec lui que l'idee des relations pacifiques qui existent entre des puissances maritimes. (Extrait du *Dict. du comm.*) P. O.

le trafic; mais n'est-il que cela? C'est encore *l'intercourse :* le commerce comprend donc les rapports maritimes des nations entre elles, et il est par conséquent soumis aux dispositions prescrites pour régler l'intercourse. On peut à peine concevoir un système de règlements commerciaux entre nations et qui ne comprendrait pas en même temps les lois sur la navigation; qui garderait le silence sur l'admission des vaisseaux des différentes nations dans les ports de chacune d'elles, et qui se bornerait seulement à prescrire des règles pour la seule opération d'acheter et de vendre.

511. Si l'expression « commerce » ne doit pas comprendre la navigation, le gouvernement de l'Union n'a alors aucun pouvoir direct sur cet objet, et ne peut faire aucune loi pour décider ce qui constitue un navire américain, et pour ordonner que l'équipage soit américain. Ce pouvoir, cependant, a été exercé dès l'origine de notre gouvernement, avec le consentement de tous les États, et on l'a toujours considéré comme faisant partie des règlements commerciaux. Le pouvoir sur la navigation et sur l'intercourse commerciale fut un des principaux motifs qui portèrent les peuples d'Amérique à adopter la forme actuelle du gouvernement; il est donc impossible que la Convention n'ait pas entendu renfermer toutes ces choses dans l'expression *commerce.* En effet, interpréter un pouvoir de manière à le rendre inefficace, ce serait aller contre le but qui l'a fait admettre dans la constitution; or, on ne peut douter que l'ex-

clusion du droit de régler la navigation et les rapports commerciaux ne nous fasse retomber dans les vices les plus graves de la confédération, et n'expose l'Union au système dangereux de la rivalité des États, et aux préférences oppressives des nations étrangères en faveur de leur propre marine.

512. Les rapports commerciaux (*intercourse*) à l'intérieur ou à l'extérieur ont toujours été regardés comme rentrant dans la sphère du pouvoir qui nous occupe. Autrement, comment pourrait-on défendre la légalité de nos systèmes de prohibitions et de *non-intercourse*. De quelle autre source pourrait venir le droit d'établir des embargos, même hors les temps de guerre? Ce dernier droit, cependant, a toujours été regardé comme constitutionnel, même dans les temps de fermentation politique. Si, à une époque de notre histoire, la déclaration d'embargo, dans la forme d'une loi perpétuelle, a été contestée, comme contraire à la constitution, ce ne fut pas parce que l'on ne regardait pas l'embargo comme un règlement de commerce, mais parce qu'un embargo perpétuel était un véritable anéantissement de tout commerce. Ainsi on peut affirmer que de tout temps on a interprété les termes de la constitution en y comprenant le pouvoir sur la navigation, de même que sur le négoce; sur l'*intercourse* aussi bien que sur le trafic. Sous le gouvernement colonial, le parlement anglais établit comme une doctrine incontestée, que le gou-

vernement réglait non-seulement notre trafic avec les nations étrangères, mais notre marine et notre intercourse, en vertu du pouvoir général de régler le commerce.

513. 1° *Commerce avec les nations étrangères.* — La constitution étend ce pouvoir au commerce avec les nations étrangères, à celui des États entre eux, ou avec les tribus indiennes. A l'égard des nations étrangères, c'est une chose généralement admise, que les termes de la constitution s'appliquent à toute espèce de relations commerciales (*commercial intercourse*). Ainsi toutes relations commerciales entre les États-Unis et un autre pays, tombent nécessairement sous l'action de ce pouvoir. Le mot *commerce*, d'après la constitution, est une unité complexe qui renferme implicitement chacune de ses parties; une fois cette définition admise par rapport aux nations étrangères, il faudra évidemment l'appliquer à toutes les parties de la clause constitutionnelle. Dans les termes suivants, « parmi les différents États, » le mot *parmi* indique nécessairement certaines relations de ces différents États; le commerce ne signifie pas les relations commerciales d'un État à l'intérieur seulement, en s'arrêtant aux frontières, mais bien les relations commerciales des États entre eux; le mot *commerce*, dans cette acception plus large, ne se borne pas par conséquent au commerce intérieur. A cet égard, les règlements commerciaux sont du ressort des États.

514. 2° *Commerce entre les États de l'Union.* —

Le pouvoir de régler le commerce entre les États est aussi important pour les intérêts de l'Union que le pouvoir de régler le commerce avec les puissances étrangères. Un effet capital de ce pouvoir est d'empêcher que l'État qui, pour ses importations ou ses exportations, traverse d'autres États de l'Union, puisse être, à cette occasion, soumis au payement de quelques droits. Si chaque État était libre de régler à sa volonté le commerce avec les autres États de l'Union, il ne manquerait pas de trouver les moyens d'imposer des droits sur les marchandises importées ou exportées, au moment de leur passage dans l'État, droits qui retomberaient sur les exportants ou sur les consommateurs. L'expérience faite sous la confédération prouve d'une manière certaine, que les choses se passeraient ainsi par le désir d'augmenter les revenus et sous l'influence des intérêts de localité. En effet, nous avons vu les États, loin d'agir avec ensemble et comme une seule nation vis-à-vis des gouvernements étrangers, s'isoler les uns des autres, se laisser aller à des systèmes d'entraves réciproques qui servaient les intérêts des autres peuples. Lorsqu'un État avait imposé de lourdes taxes sur les marchandises étrangères et sur les vaisseaux étrangers, on voyait aussitôt l'État voisin diminuer les taxes chez lui pour attirer le commerce dans ses ports, afin d'accaparer les bénéfices du transport des marchandises dans les autres États. Cette politique étroite ne tardait pas à être imitée, et des entraves étaient apportées aux négociations commerciales par les États en souffrance; c'est de cette manière que nous sommes arrivés à ce malaise général dont la tendance était de détruire l'Union. L'histoire des autres nations nous fournirait les mêmes enseignements. En Suisse, où le lien fédératif est très-faible, on a jugé nécessaire de poser le principe que chaque canton serait obligé de laisser passer, sans augmentation de droit, les marchandises sur son territoire pour se répandre dans les autres cantons. Autrefois, en Allemagne, une loi de l'Empire défendait aux princes souverains de frapper les marchandises de droits de péage, sur les rivières ou sur les ponts, sans le consentement de l'empereur ou de la diète. C'est qu'en effet, sans le pouvoir de réglementer le commerce intérieur, le pouvoir de régler le commerce étranger serait inefficace, et presque illusoire.

515. II. *Le pouvoir du congrès est-il exclusif?*— On a recherché, en outre, si le pouvoir de régler le commerce est exclusif du pouvoir réservé aux États, ou s'il concourt avec lui. Après une délibération très-solennelle, on a décidé que le pouvoir appartient exclusivement au gouvernement des États-Unis. Le raisonnement sur lequel s'appuie cette doctrine est en substance celui-ci : Le pouvoir de régler le commerce est, dans ses termes mêmes, général et illimité. Un pouvoir plein et entier de régler un objet déterminé implique naturellement un pouvoir complet, et ne laisse évidemment aucun point en dehors.

La concession du pouvoir de régler un objet exclut l'action de tout autre pouvoir qui prétendrait régler même une partie de cet objet. En effet, l'action de régler indique un résultat entier, comprenant le droit de maintenir ou de modifier les choses; elle produit un tout uniforme, et cette uniformité serait également troublée par tout changement apporté dans les choses maintenues ou modifiées par le pouvoir régulateur.

516. Le pouvoir de régler le commerce n'est pas, comme on pourrait le croire, la même chose que le pouvoir d'établir des taxes; ce dernier admet le concours du congrès et des États, tandis que le premier est exclusif, ainsi que nous venons de le dire. Cette différence résulte de la nature même de ces pouvoirs. Le pouvoir de taxation accordé au congrès n'est pas nécessairement et naturellement incompatible avec celui qui appartient aux États. Chacun d'eux peut établir une taxe sur les mêmes choses, sans empiéter sur le droit de l'autre; car imposer des taxes, c'est prendre de petites portions de la masse des biens qui sont susceptibles d'une division infinie. En établissant une taxe dans un intérêt d'État, un État ne fait pas ce que le congrès avait le droit de faire, car le pouvoir du congrès ne s'étend pas aux objets particuliers aux États. Ainsi donc, quand chaque gouvernement exerce le pouvoir de taxation, il n'empiète pas sur les droits de l'autre. Mais si, au contraire, un État veut régler son commerce avec les nations étran-

gères ou avec d'autres États de l'Union, il exerce alors un pouvoir qui n'a été accordé qu'au congrès; il n'y a donc aucune analogie entre le pouvoir de taxation et le pouvoir de régler le commerce.

517. De plus, on ne trouve dans les autres clauses de la constitution ou dans les pouvoirs reconnus aux États, aucune disposition qui suppose le droit de ces derniers à régler le commerce. La constitution défend aux États d'établir aucun impôt ou droit sur les importations et les exportations; on ne doit pas conclure de là qu'ils peuvent exercer ce pouvoir d'une autre manière, sous la forme d'un règlement de commerce. L'établissement de pareils droits peut bien être fait, comme règlement commercial, par les gouvernements qui jouissent de ce dernier pouvoir; mais l'établissement de tels droits a lieu certainement et plus ordinairement comme une dépendance du pouvoir de taxation, pouvoir qui a été évidemment accordé aux États. En sorte que la prohibition dont nous parlons, est une exception au pouvoir reconnu aux États d'établir des taxes, et non pas au pouvoir très-douteux de régler le commerce. En effet, la constitution traite ces pouvoirs comme distincts et séparés. Les mêmes remarques s'appliquent au droit sur le tonnage.

518. Reconnaître aux États des pouvoirs sur des matières qui ont une certaine connexion avec le commerce, ce n'est pas affaiblir les raisonnements qui précèdent. La nature de ces pouvoirs

est, en effet, entièrement distincte du pouvoir de régler le commerce, et quoique les mêmes moyens puissent quelquefois être employés pour exercer les uns et les autres, cela ne peut prouver en aucune façon qu'ils soient identiques. Telles sont les lois d'inspection, de santé, celles réglant les routes, les bacs; toutes lois qui peuvent être légitimement faites par les États, comme découlant de leurs pouvoirs généraux; pourvu cependant qu'elles ne se trouvent pas en conflit avec les pouvoirs réservés au congrès.

519. Le pouvoir du congrès étant exclusif, aucun État ne peut rendre de loi établissant une taxe sur les importations venant des pays étrangers, ou des autres États de l'Union : peu importe que la taxe frappe les marchandises importées, ou la personne qui a fait l'importation. Dans ces deux cas, ce serait une restriction à la liberté du commerce, ce qui n'est pas laissé à l'arbitraire des États. Comme le pouvoir du congrès, de régler le commerce, s'étend à l'intérieur des États, le congrès peut autoriser la vente des articles que le commerce a introduits. Le commerce n'est autre chose que l'intercourse, et le trafic est un de ses principaux éléments. On ne comprendrait pas que le pouvoir d'autoriser le trafic, donné au congrès avec toute l'étendue nécessaire à son efficacité, vînt à cesser au moment précisément où cette latitude devenait nécessaire. A quoi servirait le pouvoir d'autoriser les importations, s'il n'était accompagné du pouvoir de permettre la

vente des objets importés? La vente est le but de l'importation, et c'est un des éléments essentiels du droit d'*intercourse* qui comprend aussi l'importation. Comme le congrès a le droit d'autoriser l'importation, il doit aussi pouvoir permettre à l'important de vendre. Quelles ne seraient pas les plaintes des gouvernements étrangers, dont les produits ne pourraient être vendus après une importation autorisée! et quelles réponses le congrès pourrait-il faire à d'aussi justes plaintes? Un tel état de choses anéantirait évidemment le commerce. Vainement dirait-on que la taxe peut être modérée; si le pouvoir dont nous nous occupons appartient aux États, ils peuvent l'exercer dans toute son étendue selon leur volonté; s'il ne leur appartient pas, le moindre exercice est une violation du droit donné au congrès de régler le commerce.

520. Nous devons examiner dans quelle étendue, pour quels objets, et dans quel but le congrès peut exercer, d'une manière constitutionnelle, son pouvoir de régler le commerce.

521. 1° *Par rapport aux États de l'Union.*—On ne peut mettre en doute que ce pouvoir ne comprenne les règlements touchant la navigation, le commerce des côtes et les pêcheries au dedans comme au dehors des États, mais seulement dans les rapports commerciaux des États entre eux ou avec des nations étrangères. Il s'applique aux équipages à bord des navires américains; il s'étend aux lois touchant les quarantaines, le pilotage, ou les

naufrages; il règle le transport des passagers au moyen des bâtiments à vapeur ou tout autre; il comprend le droit de prononcer les embargos à l'intérieur ou à l'extérieur, les constructions de phares, le placement des signaux ou bouées, l'éloignement des objets qui pourraient entraver la navigation dans les rivières, les ports, les baies. Ce même pouvoir comprend le droit de désigner les ports particuliers d'entrée et de livraison pour les affaires commerciales. Ce pouvoir est exercé pour tous ces objets par le gouvernement central, au moyen d'un système de lois, dont la plus grande partie remonte au même temps que la constitution elle-même, et qui, jusqu'à ce jour, ont continué à fonctionner sans contestation, sinon dans toute leur étendue, du moins dans leurs principales parties.

522. 2° *Par rapport aux nations étrangères.* — Quelques-unes des applications précédentes du pouvoir de régler le commerce ont également rapport au commerce des États-Unis avec les nations étrangères; ainsi le pouvoir est exercé dans la vue d'augmenter le revenu, ou dans des vues de prohibition, d'autres fois comme représailles; pour prononcer des embargos, pour encourager la marine du pays et les intérêts commerciaux, pour des taxes, des droits différentiels et des priviléges spéciaux; enfin, d'autres fois, pour régler l'intercourse dans des vues purement politiques, comme de repousser une agression, d'augmenter le poids de la guerre, ou de réclamer le droit des

neutres. Dans tous ces cas, le pouvoir a été accordé au gouvernement national par le consentement unanime du peuple.

523. Ce pouvoir peut-il être appliqué à l'encouragement des manufactures? On a agité récemment la question de savoir si le congrès avait, d'après la constitution, le droit d'exercer le pouvoir de régler le commerce pour encourager et protéger les manufactures du pays. On ne peut nier que le congrès ne puisse incidemment encourager le développement des manufactures indigènes, par des dispositions relatives au revenu, ou répondant à des restrictions établies à l'étranger. Mais dans les derniers temps, on a soutenu avec force que, sous le prétexte de régler le commerce, le congrès n'avait pas le droit de prohiber les importations d'une manière permanente, ou de les soumettre à des taxes déraisonnables, dans le but d'assurer les marchés du pays, ou d'encourager les manufactures, puisque s'il en était ainsi, le congrès détruirait le commerce qu'il doit régler au contraire; il encouragerait des intérêts dont il n'a pas reçu mission de s'occuper. Cette opinion constitue la doctrine dominante de la plupart des États de l'Union, et ils la regardent comme essentielle à l'existence même de l'Union.

524. Nous avons déjà eu l'occasion, en traitant du pouvoir d'établir des taxes, d'examiner sommairement les raisons à l'aide desquelles on a soutenu que le pouvoir de régler le commerce ne

peut être employé comme moyen direct pour encourager les manufactures indigènes. Nous devons maintenant les présenter avec plus de détail. La constitution est une réunion de pouvoirs limités et définis. On ne peut nier que, lorsqu'un pouvoir est concédé, il ne comporte tous les moyens propres à son exercice; on ne peut nier davantage que l'établissement d'un impôt ne soit un moyen particulier de régler le commerce. La véritable difficulté est donc de savoir si, sous le prétexte d'exercer le pouvoir de régler le commerce, le congrès pourrait, en effet, imposer des droits pour des objets entièment distincts du commerce. Ou autrement, la question est de savoir si un pouvoir, exclusivement donné pour régler le commerce, peut aussi servir à régler l'industrie manufacturière. Ainsi posée, la question paraît indiquer la réponse : Un pouvoir, donné pour un objet, peut-il être appliqué à un autre? et, s'il le peut, où sont les limites de la constitution? Le commerce et les manufactures ne sont-ils pas choses distinctes aussi bien que le commerce et l'agriculture? Il est bien vrai que le commerce et les manufactures pourront quelquefois être intimement liés entre eux; les dispositions qui régleront l'un pourront affecter l'autre d'une manière utile ou nuisible; mais là n'est pas la difficulté; il faut décider si le congrès peut régler une matière qui ne lui est pas confiée, sous le prétexte qu'elle se lie plus ou moins intimement à une autre qui lui est attribuée. Si l'on admettait cette doctrine, l'énumération faite dans la constitution des pouvoirs donnés au congrès serait superflue. L'agriculture, les colonies, les capitaux, les machines, le produit des terres, les contrats, la propagation des sciences, etc., toutes ces choses rentreraient dans la sphère du pouvoir fédéral; car toutes, elles ont des rapports plus ou moins intimes avec le commerce. On arriverait à ce résultat, que les pouvoirs du congrès embrasseraient les limites les plus étendues des fonctions législatives; ce serait la destruction de la démarcation tracée par la constitution entre les gouvernements d'États et le gouvernement national. Lors donc que des impôts sont établis, non en vue du revenu public, mais comme des représailles, ou des restrictions pour combattre des restrictions étrangères, ils rentrent dens la sphère du pouvoir comme règlements de commerce; mais s'ils sont établis pour protéger des manufactures, il y a abus de pouvoir. Le congrès n'est pas plus appelé à régler l'industrie manufacturière qu'à intervenir dans les systèmes d'éducation, les lois des pauvres, ou les lois sur les routes dans les États. On peut d'ailleurs se rappeler qu'une tentative fut faite dans la Convention, pour introduire dans la constitution le pouvoir d'encourager les manufactures, et que cette tentative ne réussit pas. Au lieu d'accorder ce pouvoir au congrès, on permit, au contraire, aux États de s'imposer, avec le consentement de ce corps, pour encourager leurs propres manufactures; mettant ainsi, selon toute justice, la charge sur ceux qui devaient profiter des avantages. Il est vrai de dire que le congrès peut incidemment consulter les intérêts du pays quand il veut établir un impôt pour augmenter le revenu ; il peut aussi organiser les détails de manière à encourager indirectement les manufactures. Jamais le congrès n'avait été au delà, avant l'affaire des tarifs qui a donné lieu à la question actuelle.

525. Ceux qui soutiennent, au contraire, que le pouvoir de régler le commerce peut être employé dans le but d'encourager les manufactures du pays, appuient leur opinion sur les arguments suivants. Le pouvoir de régler le commerce, étant illimité dans ses termes, renferme tous les moyens appropriés à ses fins, et tous les moyens qui ont été habituellement employés sous ce pouvoir. Personne, en effet, ne peut nier que le pouvoir de régler le commerce ne renferme celui de le soumettre à une taxe. C'est, au contraire, un mode utile et très-ordinaire chez toutes les nations, mode connu et admis dans les États-Unis, quand ils n'étaient encore que colonies, et qui a toujours été depuis mis en pratique sans aucune opposition. Les colonies américaines refusèrent au parlement le pouvoir de les soumettre à des taxes, excepté comme moyen de régler le commerce ; sous ce rapport, elles regardaient l'exercice de ce pouvoir comme légitime et incontestable. Toutefois, dans la pratique, on établit difficilement la limite entre les lois de taxation, comme moyen de régler le commerce, et les lois de taxation, comme simple

revenu. Il est certain que le but évident et avoué des règlements commerciaux faits par le parlement, pour les colonies, était d'encourager l'industrie manufacturière de la Grande-Bretagne. On voit aussi ce pouvoir employé dans le même but par d'autres nations.

526. Les partisans de la doctrine opposée admettent bien que le pouvoir peut être exercé incidemment pour protéger les manufactures, pourvu que l'augmentation de revenu soit le but principal. Ils reconnaissent aussi qu'il peut être exercé pour combattre des dispositions nuisibles adoptées par des nations étrangères, sans que le revenu soit le but principal. Ces concessions prouvent que les règlements de commerce n'ont pas uniquement pour objet une augmentation de revenu, et ne sont pas complétement limités aux affaires commerciales en elles-mêmes; d'autres matières peuvent donc y être comprises. S'il en est ainsi, on ne voit d'autres limites possibles, quant à la nature et à l'étendue de la matière, que l'utilité, ou la politique. Sans doute, un pouvoir donné pour un objet ne peut être appliqué à un objet contraire, et il ne paraît pas détourné de son but quand on l'applique à des objets auxquels il a été habituellement appliqué. Si l'on admet ces principes, on admettra aussi qu'un pouvoir accordé sans restriction peut être valablement employé à de tels objets; pour qu'il en fût autrement, on aurait dû en manifester clairement l'intention.

527. Les termes de la constitution sont suffisamment larges pour embrasser ce pouvoir ainsi étendu ; la pratique des autres nations, et spécialement de la Grande-Bretagne et des États d'Amérique, a été d'en user en ce sens. Il fut une des raisons sur lesquelles on s'appuya pour réclamer et hâter l'établissement de la constitution ; à ces arguments on peut en ajouter d'autres qui viennent encore les fortifier.

528. D'abord, si le congrès ne possède pas le pouvoir d'encourager les manufactures indigènes par les règlements commerciaux, le pouvoir est perdu pour la nation entière. En effet, les États en seront privés, car ils l'ont abandonné volontairement ; et de plus, il n'appartiendrait pas au gouvernement national. Qu'une telle politique ait été adoptée volontairement par un peuple libre, en contradiction manifeste avec ses droits et sa liberté la plus chère, et sans qu'on puisse découvrir la raison d'un si grand sacrifice : ce serait là un événement très-extraordinaire et sans exemple dans l'histoire des peuples. L'anéantissement du pouvoir de protéger l'industrie manufacturière, par des règlements de commerce, nuira aux intérêts du pays, et servira au contraire ceux des autres nations. Notre nationalité sera affaiblie, et peut-être même détruite. Une nation étrangère victorieuse pourrait nous imposer des restrictions commerciales comme un signe de notre dépendance et de la perte de notre souveraineté ; mais nul ne pourrait comprendre que nous nous imposions volontairement de tels sa-

crifices sans compensation. Avec un pareil système, notre indépendance deviendrait une conquête sans valeur. En effet, ce serait reconnaître l'ancien système de monopole et d'encouragement en faveur des manufactures étrangères, d'entraves pour l'industrie nationale, système qui avait excité dans les colonies d'Amérique des plaintes si amères, et avait assujetti si profondément les colonies aux exigences de la métropole. Notre constitution ne se trouverait plus établie en vue des différents objets déterminés dans le préambule, mais en vue des intérêts exclusifs des nations étrangères, pour aider leurs manufactures et favoriser leur agriculture. Supposons qu'au moyen de droits et de règlements commerciaux les gouvernements étrangers encouragent la production du coton, du riz, du tabac, du blé, du sucre, ou d'autres matières premières, de manière à pouvoir les livrer à plus bas prix que nous; nos marchés devront-ils rester ouverts à ces produits au préjudice de notre agriculture et de notre industrie, sans aucune restriction, parce que ces restrictions n'augmenteraient pas notre revenu? L'Amérique doit-elle donc être toujours prête à tout accorder à l'Europe sans équivalent, et à recevoir tout ce que l'Europe jugera convenable de lui donner à ses propres conditions? A quoi servirait que le gouvernement national ne pût taxer nos exportations, si les gouvernements étrangers peuvent les taxer sans limites, de manière à encourager leurs propres exportations, et nous fournir les mêmes articles, après avoir écrasé les nôtres sous.

le poids de leurs droits? Quand on se rappelle avec quel mécontentement extrême et quelle répugnance les États manufacturiers et maritimes, encore colonies anglaises, accueillirent les lois restrictives du parlement britannique, on ne peut croire que les mêmes États soient disposés à adopter un système de gouvernement qui pourrait les soumettre aux mêmes inconvénients à perpétuité. Ainsi comprendrait-on, par exemple, que New-England et les États du centre aient ratifié une constitution qui n'offrirait aucune protection à leur industrie manufacturière? Et si la constitution a été adoptée dans la conviction d'y trouver ces moyens protecteurs, ne serait-ce pas un acte frauduleux très-blâmable que de donner à ses pouvoirs une interprétation différente?

529. Si, laissant de côté ces considérations générales, on veut rechercher quelle a été dans ces matières la conduite pratique du gouvernement, on trouvera qu'elle justifie les arguments qui précèdent. Le premier congrès, formé sous l'empire de la constitution, et composé d'une grande partie des hommes qui avaient concouru à sa rédaction, ou qui avaient pris part aux discussions des articles dans les Conventions d'État, a volontairement reconnu ces différentes applications du pouvoir qui nous occupe. Une circonstance plus remarquable encore, c'est que, dans une matière touchant des interêts si graves et si délicats, ayant à cette époque soulevé de longs débats, on n'ait élevé aucun doute sur la légalité d'une doctrine qui donnait au

gouvernement le pouvoir de protéger l'agriculture et l'industrie indigène par des taxes créées dans ce seul but. Bien plus, on a soutenu que cette protection, un des principaux motifs de l'adoption de la constitution, était un devoir impérieux pour le gouvernement; cette doctrine n'a rencontré aucun contradicteur dans les différents États de l'Union. Tout cela se passait cependant à une époque où les États montraient la plus grande susceptibilité, où ils intervenaient énergiquement dans les débats du congrès; à une époque où existaient déjà les deux grands partis qui divisèrent les États-Unis sur la question de l'interprétation large ou étroite de la constitution. Certainement, si des doutes eussent existé alors, le parti de l'opposition n'aurait pas manqué de s'en emparer; son silence dans de telles circonstances est la preuve la plus forte et la plus convaincante.

530. C'est par induction de ce pouvoir de faire des règlements généraux sur le commerce, que le congrès s'est cru complétement autorisé à établir pour les ports et côtes de l'Union des règlements sanitaires.

531. *Commerce avec les tribus indiennes.* — Le pouvoir de régler le commerce s'étend aussi au commerce avec les tribus indiennes. Cette application du pouvoir donné au congrès ne se trouvait pas dans la premier projet de la constitution; elle fut soumise à un comité chargé de délibérer sur différentes parties de la constitution, et spécialement sur la convenance de donner au

congrès le droit « de régler les affaires avec les Indiens, soit au dedans, soit au dehors des limites des États-Unis. » Dans le nouveau projet, le comité inséra la clause telle qu'on la lit aujourd'hui avec les seuls mots « avec les tribus indiennes. »

532. Avant la révolution d'Amérique, le pouvoir de régler le commerce et l'intercourse avec les tribus indiennes, établies au dedans ou au dehors des limites des colonies, était regardé comme une des prérogatives de la couronne britannique. Après l'affranchissement des colonies, un pouvoir semblable devait naturellement être donné au gouvernement fédéral, en vue de la paix générale et des intérêts de tous les États. On inséra toutefois dans l'acte de confédération deux restrictions qui soulevèrent des doutes et occasionnèrent de longues difficultés. Ainsi le pouvoir de régler le commerce, donné par cet acte au congrès, ne pouvait s'appliquer qu'aux tribus indiennes qui n'étaient pas membres d'un État ; de plus, il ne devait pas être exercé de manière à empiéter sur le pouvoir législatif des États en deçà de leurs propres limites. Quels Indiens pouvaient être regardés comme membres d'un État ? Ce fut là une question qui ne fut jamais résolue sous la confédération, et qui se présenta souvent comme une cause de débats et de dissension dans les conseils fédéraux. Comment le commerce avec des Indiens non membres d'un État, mais résidant cependant à l'intérieur de ses frontières et dans l'étendue de sa juridiction législative, pouvait-il être réglé par un pouvoir législatif extérieur sans empiéter sur le

pouvoir de l'État ? C'était là une autre question au moins aussi délicate et aussi difficile à résoudre. Dans ces cas, comme dans beaucoup d'autres, la confédération s'efforça de concilier le principe d'une souveraineté partielle dans l'Union avec celui d'une souveraineté absolue dans les États; elle ne vit pas qu'elle tentait une chose mathématiquement impossible, qu'elle voulait que le tout subsistât intégralement après en avoir distrait une partie. La constitution actuelle des États-Unis a sagement agi en affranchissant le congrès de ces deux restrictions; elle lui donne, comme au dépositaire le plus convenable, le pouvoir exclusif qui avait autrefois appartenu à la couronne. Lors des discussions qui eurent lieu sur cette matière, on reconnut que depuis l'établissement des colonies en Amérique, les Indiens avaient été traités comme une nation distincte, quoique dépendante sous certains rapports, et que leurs droits territoriaux et de souveraineté avaient été respectés. Il est vrai qu'on leur avait interdit le droit d'entretenir des relations commerciales avec les peuples étrangers, comme aussi le droit de céder leur territoire; mais cependant on leur avait reconnu le droit de se gouverner par eux-mêmes, et on leur avait laissé une existence nationale sous la protection de la mère patrie. Les tribus indiennes n'étaient pas soumises à l'action ordinaire du pouvoir législatif des colonies. Pendant la révolution et après, elles furent confirmées dans la jouissance de leurs droits et propriétés comme une société distincte. Le gouvernement des États-Unis, depuis la constitution, leur a toujours reconnu les mêmes attributs de souveraineté dépendante, tout en revendiquant aussi le droit exclusif de régler les relations commerciales avec les Indiens, et la même autorité pour défendre leurs possessions territoriales, leurs priviléges et leurs immunités.

533. Le pouvoir donné au congrès pour régler le commerce avec les Indiens s'étend donc également aux tribus en deçà ou au delà des frontières des États, en deçà ou au delà des limites du territoire de l'Union. Peu importe, dit un commentateur savant, si ces tribus habitent à l'intérieur des frontières, ou se trouvent dispersées et errantes sur les territoires non soumis à la domination des États-Unis. Le commerce avec les Indiens, en général, est réglé dans toutes ses formes d'après la volonté du congrès; et c'est là, il faut le dire, une preuve de la sagesse de la constitution; les Indiens, affranchis de tous les règlements contradictoires des différents États, sont plus portés à se confier à un seul grand corps politique, dont ils respectent la justice et dont ils craignent la puissance.

534. On a récemment agité la question de savoir si une tribu indienne établie dans l'intérieur des frontières d'un État, mais jouissant des prérogatives de la souveraineté sous la surveillance et la garantie du gouvernement de l'Union, pouvait être regardée comme un État étranger dans le sens de la constitution, et si, en cette qualité, cette tribu avait le droit de s'adresser aux cours de justice fédérales des États-

Unis. Après une discussion solennelle, on a décidé qu'une tribu d'Indiens, dans une telle situation, devait être regardee comme un État politique, c'est-à-dire comme une société politique, distincte et capable d'un gouvernement individuel ; mais on ne lui a pas reconnu la qualité d'État étranger dans le sens de la constitution; elle doit plutôt être regardée comme une nation dépendante ; elle est dans un état de minorité pour ainsi dire, et ses rapports avec l'Union sont ceux du pupille avec son tuteur.

# CHAPITRE XVII.

## NATURALISATION. — BANQUEROUTES.

Sous la Confédération, chaque État prescrivait les règles de naturalisation. — Inconvénient de ce système. — Formalités de l'adoption.—Droits des non naturalisés.—De la législation sur les banqueroutes (1) sous la Confédération. — Necessite d'une législation uniforme. —Le congrès doit être revêtu de ce pouvoir. — Ce pouvoir doit être exclusif. — L'uniformité de la législation est utile même pour les nations étrangères qui traitent avec les États-Unis. — Quelles lois peuvent être considérées comme lois de banqueroutes? — Le pouvoir du congrès est partagé par les Etats, mais il reste soumis au contrôle du gouvernement national.

---

535. La constitution porte ensuite que le « congrès aura le pouvoir d'établir une règle uniforme « de naturalisation, et des lois uniformes sur les « banqueroutes, dans l'étendue des États-Unis. »

536. *De la naturalisation.* — La convenance de

(1) Aux États-Unis on n'a pas, comme en France, distingue l'insolvabilité des commerçants et l'insolvabilité des non-commerçants. Les lois sur l'insolvabilité s'appliquent à tout individu, commerçant ou non; on distingue seulement l'insolvabilité complète ou la banqueroute, et l'insolvabilité partielle ou la faillite; s'il y a fraude dans l'un ou l'autre cas, l'insolvabilité s'appelle banqueroute frauduleuse. P. O.

confier au gouvernement national le pouvoir de prescrire des conditions uniformes pour obtenir la naturalisation, n'a soulevé ni doute ni débats dans la Convention. Sous la Confédération les États avaient seuls autorité pour régler cette matière, et la multitude de systèmes différents admis dans les États était regardée comme un vice grave de la Confédération, et qui donnait lieu à des difficultés presque insolubles. En effet, comme les habitants libres de chaque État jouissaient du droit de citoyen dans les autres États, il en résultait qu'un seul État pouvait, en admettant dans son sein un étranger, lui donner des droits de citoyen dans tous les États, quand bien même cette admission aurait été contraire à la politique, aux intérêts et aux préjugés des derniers. Ainsi chaque État avait complétement le pouvoir de naturaliser les étrangers dans les autres États, pouvoir nuisible par sa nature et injurieux dans son exercice. Dans quelques États, la simple résidence, pendant un temps assez court, suffisait pour donner les droits de cité; dans plusieurs autres, au contraire, on exigeait des conditions plus importantes. Un étranger reconnu incapable dans ces derniers aurait pu faire cesser son incapacité, et éluder ces conditions salutaires, en résidant dans les premiers pendant le temps voulu. De cette manière, les lois d'un seul État l'auraient emporté sur celles de tous les autres, même à l'intérieur de leur juridiction. On a fait, il est vrai, remarquer que ces circonstances se présentèrent très-rarement, et que l'exercice de ce pouvoir sous la Confédération n'eut pas de graves inconvénients pour l'Union. Quoi qu'il en soit, c'est un acte de sagesse d'avoir remis au gouvernement national le pouvoir de déterminer les règles uniformes de naturalisation dans toute l'Union (1). Le gouvernement national

(1) I. *Formalités de la naturalisation.*

Les formalités de la naturalisation sont réglees par les lois des 14 avril 1802, 26 mars 1804, 3 mars 1813, 22 mars 1816, 26 mai 1824 et 24 mai 1828.

L'étranger qui demande à être naturalisé est tenu :

I. De declarer par serment, devant une cour suprême, de circuit de district des États-Unis, ou d'un État, ou même d'un territoire, ou devant le greffier d'une de ces cours, ou enfin devant une cour *of record,* deux ans avant son admission, qu'il avait l'intention (*bona fide*) de devenir citoyen des États-Unis, et de renoncer pour toujours à tous liens de sujétion et de fidélité envers un État ou souverain étranger, nommément envers l'État ou souverain dont il a dependu jusqu'ici comme sujet.

II. De renouveler cette déclaration au moment de son admission, et de s'engager à défendre de tous ses moyens et de toutes ses forces la constitution des États-Unis.

III. De prouver par-devant la cour auprès de laquelle il sollicite la naturalisation :

1° Qu'il a fait une résidence de cinq ans au moins dans les États-Unis, et d'une année au moins dans l'État ou dans le territoire où siége la cour appelée à connaître de sa demande;

2° Que pendant ce temps il s'est conduit de manière à faire preuve d'un caractère moral et de son attachement pour la constitution des États-Unis, et de son amour pour le bien public et le bon ordre.

IV. De renoncer formellement à tout titre de noblesse ou autre distinction héréditaire.

*Effets de la naturalisation.*

La seconde prestation de serment confère les droits de citoyen, a le plus grand intérêt à fixer les conditions des droits de cité dans chaque État, puisque le droit de cité dans un État donne les mêmes droits dans toute l'Union. Si, comme au temps de

et couvre tout vice dans l'accomplissement des formalités préalables. Le naturalisé entre, dès lors, en possession de tous les *droits politiques* attachés à la qualité de *citoyen* des *États-Unis*, à l'exception de ceux dont l'exercice requiert la possession préalable du droit de citoyen pendant un certain nombre d'années. Ainsi, l'étranger naturalisé ne peut être élu *représentant* qu'après avoir été pendant sept ans *citoyen* des *États-Unis*, et il ne peut être choisi *sénateur* qu'après neuf années révolues.

Si un étranger, qui a rempli les conditions ci-dessus, meurt avant que la naturalisation ait été prononcée, sa veuve et ses enfants jouiront des droits de citoyen, en prêtant le serment prescrit.

Les enfants d'un étranger dûment naturalisé sous une loi quelconque des États-Unis, ou devenu citoyen d'un État antérieurement à la législation des États-Unis sur cette matière, s'ils avaient moins de vingt et un ans à l'époque de la naturalisation de leur père, sont considérés comme citoyens des États-Unis, s'ils habitent le territoire de l'Union.

Les enfants des personnes qui habitent actuellement ou qui ont été citoyens des États-Unis, seront, quoique nés hors du territoire des États-Unis, regardés comme citoyens. Ce droit ne descendra pas aux enfants dont les pères n'ont jamais résidé aux États-Unis.

Toute personne proscrite par un État, ou qui sera convaincue d'avoir combattu dans les rangs de l'armée anglaise, à l'époque de la révolution, ne pourra devenir citoyen des États-Unis sans le consentement de la législature de l'État qui a prononcé la proscription.

L'étranger naturalisé n'est, en aucun cas, éligible à la place de *président*, ni de *vice-président* des *États-Unis* la Confédération, les étrangers pouvaient être indistinctement admis à la naturalisation par la volonté d'un seul État, l'Union se trouverait exposée à une affluence d'étrangers hostiles à ses

Les sujets d'un État qui se trouve en guerre avec les États-Unis ne peuvent point être naturalises pendant la guerre.

II. *Droits des non-naturalisés.*

Nous croyons utile de terminer la matière de la naturalisation par une analyse des lois de l'Union relatives aux étrangers non naturalises.

I. *Droit d'aubaine.* — Ce droit, en tant qu'il n'a pas été aboli par des traites avec les puissances étrangères, subsiste encore dans les États-Unis quant aux immeubles; mais souvent son application est suspendue par des actes du pouvoir legislatif des États particuliers.

II. *Droit de détraction.* — On ne connaît point le droit de detraction dans les États-Unis, et les étrangers peuvent librement hériter de toutes espèces de biens mobiliers (*personal property*); les créances et les autres biens mobiliers ne sont point sujets à confiscation en cas de guerre; seulement la faculté de poursuivre judiciairement leur recouvrement est suspendue pendant la duree de la guerre.

III. *Les étrangers sont soumis aux lois de l'Union.* — Sous tous les autres rapports, les etrangers domiciliés dans les États-Unis en temps de paix, jouissent, à l'égard de leurs personnes et de leurs biens, de la même protection que les citoyens de l'Union. Ils peuvent librement exercer le commerce ou toute autre profession, et posseder des biens-fonds, sans être soumis à d'autres lois ni à d'autres charges que celles auxquelles sont soumis les citoyens de l'Union ou les étrangers naturalisés (*), mais ils ne peuvent exercer aucun droit politique.

(*) Aux termes du traité d'amitié et de commerce conclu entre les États-Unis et l'Angleterre, le 19 novembre 1794, il a été stipulé, art. X, « que institutions, ignorants de ses pouvoirs et incapables d'apprécier justement ses priviléges.

537. [Aux États-Unis on a généralement admis le principe, à l'égard des rapports qui existent

IV. *Exemption du service militaire.* — Les étrangers ne sont point soumis aux lois et réglements sur l'enrôlement des milices.

V. *Juridiction des étrangers.* — Les étrangers résidant dans un des États de l'Union sont, en général, soumis aux tribunaux de leur domicile. Cependant, la juridiction appartient exclusivement aux *tribunaux fédéraux* dans les cas ci-après (*) :

1° Lorsqu'un consul ou vice-consul étranger exerce une poursuite en réparation d'un tort essuyé en haute mer par un de ses nationaux de la part d'un citoyen de l'Union.

2° Lorsqu'un étranger réclame contre une infraction commise à la neutralité de l'Union, soit par une capture faite dans les limites de son territoire, soit par l'equipement, dans les ports de son territoire, de vaisseaux armes, et que la propriété capturée est portée dans les États de l'Union.

Dans les deux cas ci-dessus, la juridiction originelle est devolue aux *cours* FÉDÉRALES *de district.*

3° Lorsqu'un étranger intente une action contre un citoyen de l'Union, et que la valeur de l'objet en litige excède la somme de cinq cents dollars (excepté toujours les cas spécifiés 1° et 2°).

« les sujets britanniques qui sont possesseurs de terres sises sur le terri-
« toire des États-Unis, et les citoyens américains qui possèdent des terres
« dans les domaines de S. M., continueront à les occuper suivant la na-
« ture et la teneur de leurs propriétés et de leurs titres à la possession de
« ces terres; ils pourront les donner, les vendre, ou les léguer en tout ou
« en partie à qui bon leur semblera, de même que s'ils étaient natifs du
« pays, et ni eux ni leurs heritiers ou ayant-cause ne pourront, en tant
« que cela concerne lesdites terres et les droits légaux à elles attachés,
« être regardés comme étrangers. »

(*) Voyez plus loin les chap. XL et XLI, du pouvoir judiciaire de l'Union, et de son organisation.

entre le pays et le citoyen soit natif, soit naturalisé, que rien ne peut rompre le lien qui les unit l'un à l'autre, ni dégager le citoyen de la fidélité qu'il doit à sa patrie. C'est, en un mot, la doctrine anglaise sur l'indissolubilité de *l'allégeance* (*indefensible allegeance*), modifiée d'après la forme et la nature du gouvernement américain. On cite comme une application remarquable de cette règle, la décision du président Madisson, qui renvoya devant les tribunaux ordinaires, comme n'ayant jamais perdu la qualité de citoyen, un nommé Clark, citoyen des États-Unis, qui, s'étant retiré dans le Canada, avait été pris postérieurement dans les lignes de l'armée américaine, et condamné à mort comme espion par une cour martiale. RAWL. *Comm.*]

538. D'après la nature de ce pouvoir, il est évident que, pour être utile, il doit être exclusif, parce qu'un pouvoir partagé avec les États entraînerait tous les

4° Lorsque l'accusation criminelle d'une violation, soit des lois fédérales, soit des lois d'un État particulier, pèse sur un consul ou vice-consul etranger.

Dans les deux cas, la juridiction originelle appartient aux *cours* FÉDÉRALES *de circuit*.

5° Lorsqu'il s'agit de questions qui concernent les ministres ou agents diplomatiques étrangers, et qu'une intervention judiciaire est compatible avec le droit des gens.

6° Lorsqu'une puissance étrangère intente une action contre un citoyen de l'Union.

Dans ces deux derniers cas, la juridiction originelle est devolue à la *cour suprême* FÉDÉRALE, ou *de l'Union*.

P. O.

inconvénients et les dangers que la règle uniforme tracée par la constitution a pour but de prévenir; et bien que dans les premiers temps on ait douté si ce pouvoir serait encore exercé par les États sous le contrôle du congrès, il est maintenant laissé exclusivement au congrès.

539. *Des banqueroutes.* — Avant l'adoption de la constitution, les États avaient, comme une conséquence de leur autorité absolue, le droit de faire des lois sur les banqueroutes et l'insolvabilité. Sans chercher à établir ici la signification différente de ces deux mots, on peut dire que l'objet général de toutes les lois de banqueroute et d'insolvabilité est, d'un côté, d'assurer aux créanciers la garantie que leur offrent les biens de leur débiteur; et de l'autre, de mettre les débiteurs honnêtes et malheureux à l'abri d'un emprisonnement perpétuel pour les contraindre au payement intégral de la dette, et de les affranchir du droit absolu des créanciers de s'approprier leurs gains futurs. L'exercice de ce dernier droit aurait nécessairement pour effet de détourner les débiteurs de toutes entreprises nouvelles, puisqu'ils ne devraient retirer aucun profit de leur travail. Quant à la procédure de l'emprisonnement, elle est encore plus sévère et plus injuste, puisque la pauvreté et le malheur, ces fardeaux déjà si lourds, deviennent l'occasion de punitions et de châtiments corporels. L'emprisonnement, considéré comme remède civil, n'admet aucune justification, excepté lorsqu'on l'emploie pour

contraindre les débiteurs de mauvaise foi à céder leurs biens à leurs créanciers pour éteindre d'autant leurs dettes. Mais quand les débiteurs n'ont aucun bien, ou ont tout abandonné à leurs créanciers, autoriser dans ce cas l'emprisonnement selon le bon plaisir du créancier, ce serait un raffinement de cruauté, une complaisance pour les passions privées, difficilement justifiés dans un gouvernement despotique, mais évidemment condamnables dans les gouvernements libres. Un pareil système de législation incompatible avec les premiers préceptes du christianisme, est comme un reproche vivant contre les nations chrétiennes, en les ramenant aux plus mauvaises époques de paganisme. Un des principaux devoirs des législateurs est certainement, en même temps qu'ils pourvoient à l'exécution des obligations, de pourvoir aussi aux moyens de libérer le débiteur honnête et malheureux, de l'affranchir d'un état qui, troublant son esprit et gênant son corps, l'empêche de prendre part aux bienfaits de la société, et prive la famille de la protection de son chef et des fruits de son travail. Un gouvernement national qui n'aurait pas le droit de faire des lois sur ces matières, ne serait pas digne de la haute mission de veiller au bonheur d'un peuple libre et de conserver ses priviléges (1).

(1) Aux États-Unis, l'opinion publique se montre très-indulgente pour l'insolvabilité, et jusqu'en 1841, le congrès n'avait pu parvenir à présenter un projet de loi qui n'excitât pas

540. Indépendamment de ces considérations générales, il y en a d'autres plus spéciales qui prouvent la nécessité de confier au gouvernement de l'Union le pouvoir dont nous nous occupons,

de vives réclamations; il paraissait même y avoir renoncé. M. Michel Chevalier, entraîné par ses sympathies pour l'industrie, justifie de la manière suivante la tolérance excessive des Americains : « Ce serait être souverainement injuste à l'égard des Americains, dit-il, que de ne pas reconnaître qu'ils s'amendent tous les jours sous le rapport de la faillite. Dans un pays nouveau, il est naturel que l'on y regarde peu, puisque tout y est nécessairement expériences et tâtonnements, et que toute spéculation y est aléatoire. Aussi dans les États les plus jeunes on se résigne facilement à faillir; on liquide ainsi les opérations anciennes, et l'on en commence aussitôt de nouvelles. Le public est fort tolérant à l'égard des faillites individuelles, parce qu'il les prend pour ce qu'elles sont en effet, dix-neuf fois sur vingt, l'effet du malheur et non celui de la friponnerie. On regarde un failli comme un soldat qu'un boulet est venu frapper dans les rangs : il inspire de l'intérêt et non du mépris. Le congrès s'était réservé de faire une législation des faillites; mais il ne s'en occupe plus (*). » Les règlements provisoires qui subsistent dans les divers États sont très-indulgents à l'égard du failli (**). Il est quitte de tout

(*) Après bien des difficultés, cette loi avait été faite et sanctionnee le 19 août 1841 [1]. Cette loi en ne se bornant pas à libérer la personne, mais affranchissant même les biens à venir, a paru si exorbitante et a soulevé tant de réclamations, qu'elle n'a eu qu'une existence ephémere, et a été rapportée en mars 1843. On estime que dans ses deux années d'existence, la loi a profité à 40,000 debiteurs dans toute l'Union. P. O.

(**) Ici M. Michel Chevalier se trompe en généralisant cette mesure. Cette liberation complète de la personne du débiteur et de ses biens n'a

[1] Voir cette loi dans l'ouvrage de M. de Saint-Joseph sur les lois commerciales

pour maintenir l'harmonie dans la législation, assurer la justice, et traiter les citoyens de tous les États avec la même égalité. Il est évident que si la législation sur les débiteurs insolvables était

à la condition d'abandonner ses biens ostensibles à ses créanciers. C'est ce qui s'appelle prendre le bénéfice de l'acte d'*insolvency*. On sent que si l'on réprimait trop sévèrement le failli, on comprimerait l'esprit d'entreprise qui fait la force du pays. Il n'existe à l'égard du failli aucune de ces mesures de rigueur qui compromettent les intérêts des créanciers. On abuse quelquefois de l'indulgence de la loi; mais en somme, cette indulgence a beaucoup moins d'inconvénients que la sévérité des lois françaises.....

« Ainsi, il y a chez l'Américain, en présence des désastres commerciaux, un courage qui ressemble à celui du soldat sur le champ de bataille. Dans un moment critique, il affronte la faillite à la manière des vieux grenadiers qui marchent sous la mitraille d'une batterie pour en faire taire le feu. S'il était vrai que le commerce dût supplanter la guerre, il faudrait convenir que nous sommes moins avancés vers l'avenir que les Américains, car ils ont fait faire volte-face à leurs qualites; ils les ont tournées du côté de l'industrie, tandis que nous laissons les nôtres imperturbablement dirigées vers les batailles. Ils ont invente un courage nouveau qui féconde; nous ne brillons encore que par le courage qui tue ou se fait tuer..... » (*Lettres sur l'Amérique du Nord*, tome I$^{er}$, p. 382.)

Le jugement plus sévère porté par M. de Tocqueville sur l'absence de législation répressive en matière de faillite, sert de contre-poids à l'indulgence de M. Michel Chevalier. « Le peuple, dit-il, entouré de flatteurs, parvient difficilement à triompher de lui-même. Chaque fois qu'on veut obtenir de lui

jamais eu lieu que dans quelques États; dans plusieurs États, et notamment à la Louisiane, la loi libérait seulement la personne de l'insolvable, et tenait les biens à venir responsables. P. O.

abandonnée à chaque État, chacun d'eux serait libre de prescrire les mesures qu'il croirait les plus appropriées à ses besoins particuliers et aux circonstances locales. On n'aurait pu espérer aucune uniformité; un État aurait adopté un système d'insolvabilité général; un autre, un système temporaire et limité; d'autres auraient relâché le lien du contrat, ou supprimé l'emprisonnement; quelques-uns, au contraire, auraient pu adopter une procédure plus sévère ou refuser toute action; les lois d'un État auraient pu établir des préférences injustes au profit de certains créanciers, par exemple les créanciers en vertu de jugement ou en vertu de cautionnement; d'autres lois, en sens inverse, auraient pu consacrer les principes de l'égalité parmi les dettes et la distribution proportionnelle sans distinction. En un mot, on voit que le système des législations locales introduirait une variété infinie de distinctions, ou de dispo-

une privation ou une gêne, même dans un but que sa raison approuve, il commence presque toujours par s'y refuser... Mais il est permis de croire qu'une loi gênante, dont la majorité ne sentirait pas l'utilité actuelle, ne serait pas portée ou ne serait pas obéie.

« Aux États-Unis, il n'existe pas de législation relative aux banqueroutes. Serait-ce qu'il n'y a pas de banqueroutes? Non, c'est au contraire qu'il y en a beaucoup. La crainte d'être poursuivi comme banqueroutier surpasse, dans l'esprit de la majorité, la crainte d'être ruiné par les banqueroutes; et il se fait dans la conscience publique une sorte de tolérance coupable pour le délit que chacun individuellement condamne. » (*De la démocratie en Amérique*, tome II, p. 93.) P. O.

sitions même contradictoires, et causerait ainsi de graves injustices qui entretiendraient entre les États des jalousies funestes. Les dangers que nous signalons ne sont pas purement spéculatifs, ils sont réels, et l'histoire des États de l'Union en offre de nombreux exemples. Ajoutons à cela, comme une circonstance aggravante, que jamais, on ne vit les États disposés à aucune concession pour mettre fin à un état de choses nuisible à chacun d'eux. Le seul remède est donc de donner au gouvernement national le pouvoir efficace d'établir un système uniforme.

541. De plus, il faut dire qu'un État ne peut établir un système de législation exécutoire au delà de ses limites territoriales, et sur des individus non soumis à sa juridiction. Des créanciers résidant dans un État ne peuvent donc pas être liés par les lois d'un autre État; et les dettes contractées dans un État ne sont pas soumises à la législation d'un autre. On voit par là que les débiteurs les plus dignes d'indulgence pourraient être harcelés de poursuites sans cesse renaissantes, toutes les fois qu'ils passeraient les frontières d'un État; leurs biens seraient distribués en totalité entre les créanciers résidant dans un seul État, et leurs personnes resteraient soumises aux plus sévères exigences de la législation des autres États. Dans toute nation comme les États-Unis dont les relations commerciales sont si étendues, et vont toujours croissant, une situation pareille aurait pour le commerce des conséquences très-funestes; car il est peu de

personnes engagées dans les affaires qui ne se trouvent en contact avec des débiteurs ou des créanciers dans plusieurs États de l'Union. Aussi l'absence de tout système de législation uniforme en matière de banqueroute a donné lieu aux plaintes les plus pressantes, par rapport aux intérêts commerciaux, manufacturiers et agricoles.

542. Le pouvoir du congrès de faire des lois générales en matière de banqueroute est également d'une très-grande importance par rapport aux pays étrangers, et par rapport aux relations commerciales des États-Unis avec ces derniers. Si le gouvernement national n'avait pas le pouvoir de faire des lois qui pussent établir une réciprocité et une égalité parfaite dans les cas de banqueroutes, ne pourrait-on pas craindre que les législations d'État, par des préférences locales et injustes, n'entraînassent les États étrangers à adopter des mesures de représailles en faveur des créanciers nationaux au préjudice des créanciers américains? Ainsi, en résumé, le pouvoir du congrès est doublement utile : d'abord, pour écarter toute partialité des législations d'État, ensuite pour donner le moyen de faire droit aux plaintes des nations étrangères dans les affaires commerciales.

543. En reconnaissant la convenance et l'utilité du pouvoir du congrès, reste encore la difficulté de décider quelles lois doivent être regardées comme lois de banqueroutes d'après l'esprit de la constitution. On a plusieurs fois essayé d'établir une distinction entre les lois de banqueroutes et les lois

d'insolvabilité; par exemple, on a dit que les lois qui se bornent à libérer les personnes sont les lois d'insolvabilité, et que celles qui déclarent la dette éteinte sont des lois de banqueroutes. Mais on pourrait difficilement appuyer une semblable distinction sur un système de législation uniforme au dedans et au dehors (*at home or abroad*) (1). Dans quelques États les lois connues sous le nom de lois d'insolvabilité se bornent à décharger la personne du débiteur ; dans d'autres, elles opèrent même la décharge du contrat. Si le congrès passait une loi de banqueroute, qui déchargeât la personne seulement du débiteur, et laissât ses biens futurs obligés envers ses créanciers, on ne pourrait pas dire qu'une telle loi ne serait pas une loi de banqueroute dans le sens de la constitution et par conséquent dans la sphère des pouvoirs du congrès. Quelques jurisconsultes prétendaient qu'une loi d'insolvabilité devait agir à la demande des débiteurs emprisonnés, et les lois de banqueroutes à la requête des créanciers. Cette dis-

(1) A l'époque des commentaires de Story, les mots *at home, abroad*, avaient ici une double signification : *at home*, qui, en général, doit s'entendre de toute la confédération américaine, comme *abroad* de ce qui est en dehors de cette confedération, signifiait, à cette époque, l'État de l'Union qui avait fait passer une loi de banqueroute, et *abroad* les autres États et les pays etrangers. Sous l'empire de la loi uniforme des banqueroutes, passée le 19 août 1841, et rapportée en mars 1843, les expressions *at home* et *abroad* avaient repris leur signification générale. P. O.

tinction, qui aurait pu être vraie dans les temps passés, et qui existe encore dans la législation anglaise, n'a jamais été admise dans la législation coloniale. En Angleterre, cette distinction est un accident de la législation, et ne peut servir de base pour distinguer la banqueroute et l'insolvabilité en général. Si le congrès faisait une loi qui autorisât la mise en banqueroute sur la demande du débiteur, on ne pourrait pas prétendre davantage qu'une telle loi serait inconstitutionnelle, et la procédure nulle. Il est possible que parmi toutes les lois faites en Amérique, sous le régime colonial ou sous le régime des États, on n'en trouvât aucune portant le nom technique de «loi de banqueroute;» mais on trouve dès ces temps des lois d'insolvabilité aussi étendues dans leurs opérations et leurs objets que les lois anglaises sur les banqueroutes. Aucune distinction n'a donc été faite dans la pratique, ou même dans la théorie, entre l'insolvabilité et la banqueroute. De plus, l'examen de la législation coloniale prouverait qu'une loi de banqueroute peut contenir les dispositions qui se trouvent ordinairement dans les lois d'insolvabilité, et réciproquement.

544. Une autre question, également l'objet de longs débats, fut de savoir si le pouvoir du congrès pour établir une législation uniforme était exclusif de celui des États. Quelques hommes distingués soutenaient que le pouvoir donné au congrès était exclusif, qu'il fût exercé ou non: d'autres, au contraire, prétendaient que les États

jouissaient, en ces matières, du même pouvoir, limité cependant et contrôlé par la législation nationale si le congrès exerçait son droit. Cette dernière opinion a été consacrée par de nombreuses décisions judiciaires ; il est donc par cela même inutile d'examiner les motifs sur lesquels on appuyait chaque prétention.

545. Il faut toutefois savoir que le pouvoir retenu par les États de faire des lois sur l'insolvabilité et la banqueroute n'est pas aussi étendu qu'il était avant la constitution. Aujourd'hui aucune loi locale ne pourrait prononcer la décharge des contrats antérieurs; elle pourrait seulement prononcer la décharge des contrats *postérieurs* à l'adoption de la loi, et même seulement des contrats faits dans l'Etat entre les citoyens du même État ; mais elle ne s'étendrait pas aux contrats faits dans l'État avec un citoyen d'un autre État, ou à des contrats formés dans d'autres États (1).

(1) Ces principes, devenus un moment inapplicables par suite de la loi générale des banqueroutes du 19 août 1841, reprennent aujourd'hui leur importance par le rapport de cette loi. P. O.

# CHAPITRE XVIII.

## POUVOIR DE BATTRE MONNAIE ET DE FIXER LES POIDS ET MESURES.

Lacune de la confédération. — Nécessité de donner au gouvernement de l'Union un pouvoir de contrôle. — Utilite et convenance du pouvoir de fixer les poids et mesures. — Le congrès n'a pas encore exercé ce pouvoir. — Droit des États en cette matière. — En Angleterre, ce pouvoir est-il une prérogative de la couronne? — Pouvoir, de punir les faussaires. — Ce pouvoir appartient exclusivement au congrès.

---

546. Un autre pouvoir du congrès est celui « de « battre la monnaie, d'en régler la valeur, ainsi « que celle des monnaies étrangères, et de fixer « les poids et mesures. »

547. Sous la confédération, le congrès continental lui avait délégué « le droit et le pouvoir exclusif « de fixer le titre et la valeur de la monnaie frap- « pée sous son autorité, ou sous l'autorité des « États; » mais il faut remarquer qu'aucun pouvoir n'avait été donné pour régler la valeur des monnaies étrangères : c'était là un oubli qui empêchait jusqu'à un certain point toute uniformité dans la valeur des monnaies en circulation, parce que cha-

que Etat pouvait, par des règlements, donner aux monnaies étrangères une valeur différente. La constitution a comblé cette lacune avec beaucoup de sagesse, par la clause actuelle, qui ne paraît avoir soulevé aucune discussion dans la Convention.

548. Il n'est pas nécessaire d'entrer dans de longs commentaires pour justifier ce pouvoir donné au gouvernement national. Son but est d'établir l'uniformité dans la valeur de la monnaie en circulation dans toute l'Union, et de mettre ainsi l'Union à l'abri des embarras résultant d'une valeur variable. L'argent est un signe qui représente la valeur respective de toutes choses; l'argent est donc indispensable aux transactions commerciales de l'intérieur ou de l'extérieur. Le privilége de battre monnaie est une des prérogatives de la souveraineté, et elle doit être exercée dans le but de mettre en circulation sur les marchés du pays une monnaie d'une valeur fixe et connue. Pour éviter toute altération, il est nécessaire de confier au gouvernement un droit de contrôle et de règlement; car si chacun pouvait mettre en circulation telle monnaie qui lui conviendrait, le public pourrait être souvent trompé par l'émission de fausse monnaie. Les mêmes observations sont applicables, avec une force égale, à la faculté de mettre en circulation des monnaies étrangères sans le contrôle du gouvernement. Tous les gouvernements civilisés, afin d'éviter les abus que nous signalons, et pour faciliter les échanges et prévenir un manque de numéraire qui préjudi-

cierait à leurs intérêts et au crédit public, ont jugé nécessaire de retenir le droit de battre monnaie, ainsi que celui de régler l'introduction des monnaies étrangères et leur valeur.

549. L'autre pouvoir, « de fixer les poids et mesures, » a été donné au congrès probablement par les mêmes raisons politiques, pour obtenir l'uniformité et en vue des intérêts commerciaux. Jusqu'à ce jour, cependant, ce pouvoir n'a pas été exercé, à cause des difficultés de la matière, et quoiqu'elle ait été plusieurs fois rappelée à l'attention du congrès. En attendant, on s'accorde à penser que les États conservent le droit de fixer chez eux leurs poids et mesures, ou du moins, que les types existant à l'époque de l'adoption de la constitution doivent continuer à être observés. Sous la confédération, le congrès avait en cette matière un pouvoir exclusif. Blackstone dit qu'en Angleterre le pouvoir de fixer les poids et mesures est une prérogative de la couronne. Néanmoins un savant commentateur des œuvres de ce publiciste a fait observer que ce pouvoir ne pouvait pas être regardé avec justesse comme une des prérogatives royales, parce que depuis la grande charte jusqu'à nos jours on trouvait près de vingt actes du parlement ayant pour but de fixer les poids et mesures et d'en établir l'uniformité.

550. Le congrès a encore le pouvoir « de punir « ceux qui contrefont les effets publics et les coins « des monnaies en circulation dans les États-Unis.» Ce pouvoir est une conséquence naturelle de ceux

d'emprunter et de frapper la monnaie. Autrement ces derniers seraient en effet illusoires. Nous pensons que ce pouvoir doit appartenir exclusivement au congrès, puisqu'il sert à protéger des pouvoirs qui ne sont pas partagés par les États.

# CHAPITRE XIX.

## POUVOIR D'ÉTABLIR DES BUREAUX ET DES ROUTES DE POSTES.

Les avantages de ce pouvoir n'avaient pas été compris dans les premiers temps. — Progrès de cette institution. — Son utilité en temps de paix ou en temps de guerre. — Le congrès a-t-il le droit de faire construire les bâtiments des postes et les routes de postes, ou son droit se borne-t-il à désigner les localités, et les routes qui devront être suivies? — Pratique du gouvernement jusqu'à ce jour. — Le pouvoir du congrès peut-il être exercé concurremment par les États?

---

551. Le congrès « a le pouvoir d'établir des bureaux et des routes de postes. » La nature et l'étendue de ce pouvoir, d'une grande importance en théorie comme en pratique, ont soulevé des discussions fort animées; cette matière mérite donc d'être examinée. Le Fédéraliste se borne à faire remarquer que ce pouvoir paraît peu dangereux dans son but, et que son exercice ne sera pas contesté. On a peine à se défendre de quelque étonnement en lisant aujourd'hui la réserve et l'hésitation avec laquelle on reconnaissait alors l'importance

de ce pouvoir (1). Cela prouve combien le développement et la prospérité du pays ont dépassé les plus brillantes prévisions des citoyens les plus éclairés.

552. L'établissement de l'office des postes est devenu, sous le gouvernement national, une des institutions les plus utiles et les plus avantageuses. Les postes mettent en circulation, avec une vitesse et une régularité surprenante, les nouvelles commerciales, politiques, intellectuelles, ou seulement particulières; elles satisfont aux intérêts et aux besoins des individus de tout rang et dans toutes les situations de la vie; elles mettent en rapport les localités et les personnes malgré les plus grandes distances (2); elles donnent une influence plus grande aux intérêts privés, et, par une diffusion plus grande des connaissances, elles facilitent la jouissance des droits, et rendent l'exécution des devoirs plus uniforme et mieux comprise. Comme moyen

(1) Les hommes d'État fondateurs de la constitution n'avaient probablement pas prévu que ce pouvoir pourrait devenir, entre les mains des agents de l'autorite executoire, une arme énergique comme moyen de censure. On a vu, en effet, il y a quelques années, certains directeurs de postes refuser de recevoir les journaux publiés contre l'esclavage; à Charleston, le directeur faisait ouvrir le sac des dépêches par un comite qui supprimait, de sa seule volonté, les écrits supposés contraires à l'esclavage. P. O.

(2) L'État du Michigan, aujourd'hui si peuplé, n'avait, en 1832, que 31,639 habitants, et présentait néanmoins un développement de 940 milles de route de poste. En 1833, le territoire, presque entièrement sauvage d'Archansas, était déjà traverse par 1738 milles de route de poste. P. O.

d'action de gouvernement, cette institution n'est pas moins énergique. En temps de paix, en effet, elle donne les moyens, sans augmentation de dépenses, de transmettre rapidement les ordres, de diriger les mesures d'intérêt général, de transporter les fonds publics, en un mot, d'agir avec une facilité et une promptitude qui surprend l'imagination, quand on se rappelle la lenteur des opérations, et la faiblesse des moyens dans les premiers temps. En temps de guerre, elle est peut-être encore plus utile et plus importante; elle donne la vie aux mouvements des armées ou des flottes, avec une célérité qui peut ne pas toujours assurer la victoire, mais qui, du moins, prévient la ruine. On voit donc que l'institution des postes, considérée au point de vue public ou privé, a une influence extrême sur les intérêts de l'Union, et l'on doit être convaincu que si son organisation avait été abandonnée aux États, elles n'auraient pu remplir ces différents buts. Le défaut d'uniformité dans les systèmes aurait produit de grands retards; il aurait soumis les postes à une variété onéreuse de taxations et de règlements. Quiconque aura éprouvé les retards des postes qui traversent certains États indépendants de l'Europe, appréciera le bienfait d'un pouvoir qui soumet à des règles uniformes le service des postes dans l'Union tout entière. Le gouvernement national pouvait seul être chargé de cette organisation, parce que seul il pouvait l'entreprendre d'une manière efficace, uniforme et économique. Les bureaux de postes établis jusqu'à ce jour donnent un bénéfice de deux millions de dollars, déduction faite de tous les frais; elles parcourent dans des directions très-variées une étendue de plus de 120,000 milles; elles transmettent en un seul jour les nouvelles à des localités où elles ne seraient parvenues auparavant qu'en une semaine (1). Aujourd'hui il y a plus de huit mille cinq cents bureaux de postes dans les États-Unis; à chaque session de la législature, de nouvelles routes sont créées et de nouveaux bureaux établis. Il faut donc reconnaître l'utilité d'un pouvoir qui ne peut guère être exercé que pour le bien public; qui remplit à un haut degré quelques-uns des objets indiqués dans le préambule de la constitution : la consolidation de l'Union, la défense commune, et le bien-être général.

553. Quant à l'interprétation des termes de la constitution, deux opinions opposées se sont manifestées. L'une prétend que le pouvoir d'établir

(1) On lira avec intérêt dans le nouvel ouvrage de M. Poussin (*), des détails curieux sur la rapidité des communications aux États-Unis. « En prenant New-York pour point de départ, dit-il, on arrive en 5 heures à Philadelphie, éloignée de 35 lieues; à Baltimore, à 32 lieues de Philadelphie, et 67 de New-York, en 10 heures; à Washington, 88 lieues de New-York, en 10 heures; à Norfolk en 20 heures; à Charleston, dans la Caroline du sud, en 40 heures; à la Nouvelle-Orléans, à l'embouchure du Mississipi, ou 900 lieues de distance, en 168 heures ou 7 jours. Il fallait autrefois 84 jours et une dépense de 700 fr. pour faire ce dernier voyage. » P. O.

(*) *De la Puissance americaine*, 2 vol.

des bureaux et des routes de postes ne comprend que le pouvoir de déterminer les localités où les bureaux seront établis, d'indiquer les routes qui seront suivies par la malle-poste, et de fixer les droits de passage sur les routes de postes (1). L'autre opinion, reconnaissant que ces différentes manières d'exercer le pouvoir sont conformes à la constitution, soutient qu'elles ne sont pas les seules, et que le pouvoir donné au congrès comprend aussi le droit de faire et de construire les routes que le congrès peut juger utiles au service des postes, et de faire toutes les réparations nécessaires.

554. Tous les actes du gouvernement, depuis son établissement jusqu'à nos jours, et sous les différentes administrations qui se sont succédé, réfutent l'interprétation étroite et restreinte donnée aux termes de la constitution. Le pouvoir d'établir des bureaux et des routes de postes n'a jamais été regardé comme limité à la seule faculté d'indiquer les bureaux de postes et les routes de postes. Une interprétation plus large a toujours été donnée au mot *établir*, et nulle autre ne pourrait renfermer les différents objets qui sont réglés ordinairement par les lois postales. Il n'est donc pas vrai de dire que le texte de ces

(1) Voyez dans la correspondance de Jefferson, publiée par par *L. P. Conseil*, une lettre à James Madison, du 7 mars 1796, dans laquelle cette opinion est appuyée sur la difficulté de bien connaître les besoins des différents États ; cette raison est importante, quand on songe à l'immense étendue du territoire de l'Union, et à la varieté des climats et des interêts locaux. P. O.

lois n'est pas assez explicite pour justifier la construction des routes; car il suffit pour autoriser certains modes d'exercice de ce pouvoir encore plus éloignés de son objet immédiat. Si les actes du gouvernement ne suffisent pas pour rendre une interprétation constitutionnelle, du moins doit-on reconnaître qu'ils sont favorables à l'interprétation large de la clause.

555. Indépendamment de ces considérations, on peut se demander encore pourquoi le pouvoir d'établir des bureaux et des routes de postes ne renfermerait pas le pouvoir, aussi nécessaire, de les faire construire; de même que le pouvoir d'établir des hospices maritimes pour les flottes, ou des douanes, comprend aussi celui de les construire; et à l'égard de ces derniers cas, aucun doute ne s'est élevé. Dans les deux exemples, en effet, le mot *établir* paraît avoir le même sens. En outre, pourquoi le congrès ne pourrait-il pas acheter ou élever le bâtiment d'un bureau de poste, et acheter le terrain nécessaire, s'il le juge utile? Ne serait-ce pas une étrange interprétation de dire que la chose abstraite pourra être créée, mais non le bâtiment où la fonction sera exercée? On pourra trouver des localités particulières convenables pour l'établissement d'un bureau de poste, et dans lesquelles cependant n'existeront aucuns bâtiments. Si, d'un autre côté, le pouvoir comprend celui d'élever les bâtiments du bureau de poste, pourquoi ne comprendrait-il pas celui de construire les routes de postes?

556. Quelle que soit l'interprétation étroite ou large de ce pouvoir, reste la question de savoir s'il appartient exclusivement au congrès, ou s'il peut être exercé conjointement par les États. Cette question n'est peut-être pas très-importante, car on reconnaît que même en admettant le concours, il resterait subordonné au congrès. Un savant commentateur pense qu'il peut être exercé concurremment par les États, parce qu'il n'y a rien dans la constitution ou dans la nature du pouvoir qui s'oppose à l'exercice par les deux gouvernements, sans préjudice toutefois de la subordination de l'un envers l'autre ; parce que, lorsqu'un pouvoir est accordé au congrès, c'est un principe incontesté, que l'autorité d'un autre État ne peut lui résister. Un État pourrait donc établir une route, un bureau de poste, là où le congrès n'a rien établi. Un autre commentateur a soutenu, au contraire, que le pouvoir du congrès est exclusif, au moins quant au transport des lettres. Jusqu'à présent la question est restée dans le domaine de la théorie, et nous croyons peu utile de l'examiner davantage, car il n'est pas probable qu'un État essaye d'exercer ce pouvoir sans la coopération du congrès, par suite des difficultés qu'il rencontrerait.

# CHAPITRE XX.

## POUVOIR D'ENCOURAGER LES SCIENCES ET LES ARTS UTILES.

Omission de la Confédération au sujet de la propriété littéraire et des découvertes.— Le droit de propriété était reconnu par la mère patrie avant la révolution. — Utilite de conférer au congrès et non aux États le pouvoir d'encourager les sciences et les arts.— La constitution ne reconnaît pas la propriété des ouvrages ou des découvertes importés. — Législation sur la matière.

---

557. Le congrès a le pouvoir « d'encourager les « progrès des sciences et des arts utiles, en assu- « rant pour un temps limité, aux auteurs et aux « inventeurs, un droit exclusif sur leurs ouvrages « ou leurs découvertes. »

558. Ce pouvoir n'existait pas sous la confédération ; son utilité ne paraît même pas avoir été entrevue. Dans la Grande-Bretagne, on avait reconnu, dès avant la révolution, que le droit de propriété littéraire était fondé sur le droit commun, et ce droit de propriété était réglé et limité par des actes du parlement. Le droit de propriété des inventions semble par les mêmes raisons appartenir aux inventeurs, et en effet ce droit avait été garanti

sous le règne de Jacques I^er^, et fut toujours accordé depuis pour une période n'excédant pas 14 ans. Ce fut sans doute en conséquence du droit commun et de ces statuts que la constitution reconnut les droits des auteurs et des inventeurs. C'est certainement un avantage pour toutes les parties que le pouvoir en question ait été confié au gouvernement central : — pour les auteurs et les inventeurs, car autrement ils pourraient être soumis à des lois et à des systèmes variables, contradictoires même, dans chaque État ; — pour le public, car le congrès encouragera et facilitera les progrès des sciences et des arts, il admettra le peuple en général, après un court intervalle, à la pleine possession et la libre jouissance de tous les écrits et de toutes les découvertes. En un mot, le seul avantage que l'on puisse offrir aux inventeurs pour les engager à divulguer leurs découvertes, est de leur assurer un droit exclusif sur la vente et les profits pendant un temps fixé ; et quant aux auteurs, rien ne les encouragerait à consacrer leurs veilles pour arriver à la découverte des vérités morales, ou préparer quelques chefs-d'œuvre littéraires, si, après avoir fait les dépenses de publication, ils ne pouvaient empêcher leurs travaux de tomber dans le domaine public ; ce serait livrer à la déprédation les travaux de l'intelligence. Les États isolément ne pourraient évidemment faire aucun règlement efficace sur ces matières ; plusieurs d'entre eux à l'époque de l'adoption de la constitution avaient devancé la concession de ce pouvoir, en rendant, à la demande du congrès continental, plusieurs lois sur ces objets.

559. Le pouvoir du congrès, limité dans la constitution aux auteurs et aux inventeurs, ne paraît pas pouvoir être étendu à ceux qui importent des ouvrages ou des découvertes étrangères. Quelques publicistes et jurisconsultes ont pensé qu'il y avait, à cet égard, une lacune dans la constitution; mais on peut douter cependant si l'extension plus grande de ce pouvoir serait d'une bonne politique. On peut affirmer, du moins, que cette restriction n'a pas eu, jusqu'à présent, une influence fâcheuse sur les sciences et les arts (1).

(1) Aux États-Unis le droit de propriéte littéraire et artistique est aujourd'hui réglé par la loi du 3 février 1831, formant le chapitre 16 des statuts de la seconde session du 16e congrès, intitulée : *Loi portant des modifications aux différentes lois antérieures sur les droits de copie*, et par celle du 30 juin 1834, formant le chapitre 157 de la première session du 23e congrès des États-Unis, intitulée : *Loi additionnelle sur le droit de copie* (*). D'après ces lois, la propriété est garantie pendant une periode de 28 ans, à partir du jour où les formalités de publicité ont été remplies; et pendant une période de 14 ans, à partir de l'expiration de la dernière période au profit seulement de l'auteur, de sa veuve ou de ses enfants, à la charge de renouveler les formalités de publicité. Le droit de propriété sur les découvertes est réglé par les lois des 4 juillet 1834 et 3 mars 1837. P. O.

(*) On trouve la traduction du texte de ces deux lois dans le *Traité des droits d'auteur*, par M. Renouard, conseiller à la cour de cassation, tom. I, p. 241, et dans la *Revue étrangère*, deuxième année, p. 449.

# CHAPITRE XXI.

## POUVOIR DE CONSTITUER DES TRIBUNAUX INFÉRIEURS.

560. Le congrès a, en outre, le pouvoir « de « constituer des tribunaux subordonnés à la cour « suprême. » Cette disposition dépend spécialement de l'art. III de la constitution, et sera examinée en même temps que l'organisation du pouvoir judiciaire.

# CHAPITRE XXII.

## POUVOIR DE DÉFINIR ET DE PUNIR LES PIRATERIES ET LES FÉLONIES.

Le droit des gens definit le crime de piraterie. — Le pouvoir de definir etait necessaire quant aux crimes de félonie, et aux offenses contre les nations.—Le pouvoir doit appartenir au congrès.—Danger de le donner aux États.—Les États ont-ils au moins concurremment avec le congrès le droit de punir?— Signification de l'expression *haute mer.*

---

561. Le congrès a le droit « de définir et de « punir les pirateries et félonies commises sur la « haute mer et les offenses contre la loi des na- « tions. »

562. Si la disposition de la constitution avait été limitée au crime de piraterie, il n'y aurait eu aucune nécessité de conférer aussi le pouvoir de définir ce crime, puisque le pouvoir de punir le crime devait nécessairement comprendre celui d'en fixer la définition. Certes, il ne semble pas nécessaire de définir la piraterie, car la piraterie est parfaitement expliquée dans le droit des gens, et quelquefois même dans les lois positives des différents pays. La loi internationale définit piraterie, brigandage,

déprédation sur mer à main armée, *animo furandi*. Le droit commun reconnaît et punit la piraterie comme une offense, non pas contre la loi du pays, mais comme une offense contre le droit des gens. Un pirate étant considéré comme ennemi de l'espèce humaine, le droit commun regarde, par conséquent, la piraterie comme un brigandage sur mer, c'est-à-dire, comme un crime pareil à celui qu'on appelle brigandage quand il est commis sur terre. Si le congrès avait simplement déclaré que la piraterie serait punie de mort, le crime se serait déjà trouvé suffisamment défini. Le congrès peut, en effet, définir tout aussi bien, en se servant d'un mot ayant un sens précis et connu, qu'en énumérant les particularités différentes que renferme la définition. Si le congrès, par exemple, déclarait que l'assassinat [*murder* (1)] est un acte de félonie, personne ne se méprendrait sur le sens du mot assassinat. Et en effet, si le congrès déclarait que l'homicide avec préméditation est considéré comme un assassinat et comme un acte de félonie, il n'y aurait pas non plus nécessité à rechercher dans le droit commun ce que c'est que la préméditation; car si chaque définition successive contenait des termes qui exigeraient de nouvelles définitions, il en résulterait des difficultés infinies. La véritable intention de la constitution,

(1) On sait que dans le langage juridique anglais, le terme *murder*, meurtre, implique l'idée de préméditation et répond au terme français *assassinat*. P. O.

dans cette clause, n'est pas seulement de définir la piraterie, puisque le droit des gens la définit suffisamment, mais d'énumérer les crimes qui, dans les lois nationales, sont assimilés à la piraterie; c'est ainsi que le congrès a interprété ce pouvoir dans la pratique.

563. Le congrès n'a pas le pouvoir de définir et de punir seulement les pirateries, mais aussi les félonies et les offenses contre le droit des gens; à cet égard, le pouvoir de définir est aussi convenable que celui de punir. En effet, on a fait remarquer que la félonie est un terme d'une signification élastique, même dans la loi commune, et pris dans des acceptions différentes dans les statuts de la Grande-Bretagne. Blackstone dit que la félonie, dans l'acception générale de la loi anglaise, comprend tous les crimes qui entraînent dans la loi commune la confiscation des terres et des biens. Cela arrive le plus souvent pour les crimes punis de la peine capitale. Tous les crimes aujourd'hui punis de mort par la loi anglaise sont des félonies; mais il y a d'autres crimes, non punis de la peine capitale, et qui cependant entraînent contre les auteurs la confiscation des terres et des biens, par exemple, le larcin, l'homicide non prémédité. Toutefois, l'idée de peine capitale est aujourd'hui en Angleterre associée à l'idée de félonie, tellement que si un acte du parlement classe un nouveau crime parmi les félonies, la loi suppose comme conséquence qu'il doit être puni de mort et de confiscation.

564. Quelle que soit d'ailleurs dans la loi commune la véritable signification du mot félonie appliqué aux délits civils, sa signification, par rapport aux délits commis sur la haute mer, est, jusqu'à un certain point, indéterminée, puisque le terme n'est pas employé dans la jurisprudence criminelle de l'amirauté avec le sens technique de la loi commune. Lord Coke a établi, il y a longtemps, que le pardon de la félonie n'entraîne pas le pardon de la piraterie ; « car les pirateries, ou brigandages commis en haute mer, ne sont pas des félonies dont s'occupe la loi commune, etc., mais des crimes seulement punissables par la loi civile, etc., et une condamnation par cette loi n'entraîne ni confiscation, ni *corruption du sang*. » Lord Coke ajoutait que le statut 28 de Henri VIII, chap. 15, qui créa la haute cour pour le jugement de toutes les trahisons, félonies, pillages, meurtres, cabales, ne changeait pas la nature de l'offense, pour la rendre une félonie, mais laissait l'offense telle qu'elle était auparavant, c'est-à-dire, une félonie seulement d'après la loi civile.

565. Les offenses contre le droit des nations sont également importantes ; on ne peut pas dire qu'elles aient été précisées et définies dans aucun code public, reconnu par le consentement unanime des nations. A cet égard donc, il y avait une grande convenance à donner au congrès le pouvoir de déterminer ces offenses et de les punir. On ne peut douter que cette considération n'ait été d'un grand poids au sein de la Convention

pour décider la rédaction de la clause actuelle. En effet, et c'était une chose peu convenable, et même impraticable, d'en référer aux codes des États, tant à cause de leur imperfection qu'à cause des énumérations différentes des cas d'offense. Il fallait, pour obtenir l'uniformité, que le pouvoir de définir et de punir s'étendît sur toutes les catégories d'offenses.

566. [Il est douteux qu'en ce qui concerne le droit de punir, le pouvoir conféré au gouvernement de l'Union soit exclusif du droit des États; en tous cas, il est certain que les lois que le congrès rendrait à ce sujet, devraient remplacer, dans toutes leurs dispositions, les lois particulières de chaque État. Dans l'absence de lois, les cours de l'Union, ainsi que celles des États, n'ont à appliquer que les principes généraux qui constituent le droit commun des nations. Rawl. *Comm.*]

567. On ne peut pas avoir de doute sur le sens de l'expression « haute mer; » d'après l'esprit de la disposition, on doit entendre non-seulement les eaux de l'Océan qui sont hors de la vue de terre, mais même les eaux qui baignent les côtes des État-Unis ou des pays étrangers, à la limite des plus basses marées. Blackstone a fait remarquer que la haute mer, ou la pleine mer, commence au niveau des plus basses eaux; mais entre le niveau des plus hautes eaux et le niveau des plus basses, là où la marée monte et descend, la loi commune et l'amirauté ont un *divisum imperium*, une juridiction alternative, l'une sur l'eau, quand

la mer est haute, l'autre sur terre, quand elle se retire. Blackstone désigne ici, sans nul doute, les eaux de l'Océan qui baignent les côtes, et non pas les anses et les criques.

568. [Un acte du congrès du 20 avril 1818, section 7, limite à une lieue marine de la côte, la mer territoriale des États-Unis : d'où l'on peut conclure que la haute mer commence au delà de cette distance. P. O.]

# CHAPITRE XXIII.

## POUVOIR DE DÉCLARER LA GUERRE ET DE FAIRE DES PRISES. — ARMÉE. — MARINE.

Le congrès avait sous la Confédération le pouvoir de déclarer la guerre. — Danger de donner ce pouvoir aux États. — A qui doit-on le confier dans le gouvernement de l'Union ? — Proposition de le confier au sénat seul. — Examen de cette proposition. — Pouvoir de délivrer des lettres de marque. — Pouvoir de lever des armées permanentes et de les entretenir. — Examen du système des réquisitions en usage sous la confédération. — Pouvoir de creer une flotte et de l'entretenir. — Nécessite de ce pouvoir pour l'Union. — Examen des objections sur le danger pour l'Union de prétendre au rang de puissance maritime. — Pouvoir de faire les règlements pour les armées de terre et de mer. — Organisation de l'armée régulière et de la marine militaire.

---

569. Le congrès a le droit « de déclarer la guerre, « d'accorder des lettres de marque et de repré« sailles, et de faire des règlements concernant les « prises sur terre et sur mer. »

570. Sous la confédération, le congrès jouissait d'un semblable pouvoir exclusif. Quiconque pense que le congrès doit avoir des pouvoirs offensifs et dé-

fensifs assez énergiques pour pourvoir au bien-être général et à la protection de tous, trouvera nécessaire de donner au gouvernement national le pouvoir de déclarer la guerre. Ce serait donc une chose inutile d'insister sur l'utilité de ce pouvoir. Ce pouvoir n'aurait pu être abandonné aux différents États sans causer de grands dangers pour l'Union, et peut-être même sa ruine; car un seul Etat aurait pu entraîner les autres dans les malheurs et les risques d'une guerre. De la part du gouvernement national, au contraire, on n'a rien de semblable à craindre, puisque la guerre ne peut être décidée que par la majorité des États dans le congrès.

571. La seule difficulté réelle qui puisse être soulevée est de savoir quelle est la branche du gouvernement national qui assure davantage l'exercice réfléchi de ce pouvoir extrême, que l'on a appelé l'*ultima ratio regum*. Dans la Grande-Bretagne, c'est une des prérogatives de la couronne; dans les autres pays, ce pouvoir est en général confié à l'autorité exécutive; aux États-Unis, on avait à choisir le département de l'exécutif, le sénat, ou tous les deux réunis.

572. Dans un projet de constitution présenté à la Convention, on avait proposé de confier au sénat seul le pouvoir de déclarer la guerre. On disait, à l'appui de ce système, que le sénat étant un corps peu nombreux composé de représentants des États, influents par leur sagesse et leur expérience, on obtiendrait plus facilement la fermeté réfléchie et la promptitude d'action, qui

doivent toujours accompagner l'exercice de ce pouvoir. Des assemblées nombreuses sont difficilement mises en mouvement, et toutes les fois que la coopération de différents corps est exigée, il en résulte encore plus de lenteur dans l'exécution des mesures. Cela n'est pas un inconvénient dans les matières ordinaires de la législation; mais quand il s'agit de l'exercice d'une prérogative comme celle de déclarer la guerre, alors la promptitude, le secret et la vigueur sont souvent indispensables, ou du moins toujours utiles au succès. D'un autre côté, on répondait que le pouvoir de déclarer la guerre n'est pas seulement la plus haute prérogative de la souveraineté, mais qu'elle est, par sa nature, si dangereuse, qu'elle exige des délibérations plus approfondies et l'attention de tous les conseils d'une nation. La guerre même la plus juste ne manque jamais d'imposer de lourdes taxes au peuple et des souffrances personnelles; elle est préjudiciable, quelquefois ruineuse pour les intérêts agricoles, manufacturiers et commerciaux; elle compromet toujours la prospérité, et quelquefois l'existence de la nation. De plus, la guerre est souvent même fatale à la liberté publique, en développant un amour de gloire militaire toujours prêt à se laisser entraîner par un chef heureux. Dans une république dont les institutions sont essentiellement fondées sur la paix, on a toujours à craindre que la guerre trouve le pays faible dans la défense, et ardent à l'attaque; l'histoire des républiques prouve qu'elles sont trop ambitieuses de la gloire militaire et de la conquête, et trop aisément séduites par les projets des démagogues qui flattent leur orgueil et trahissent leurs intérêts. Par conséquent on doit, dans une république, se montrer difficile à déclarer la guerre et facile à accepter la paix. Comme les représentants du peuple doivent imposer les taxes pour les frais de la guerre, ils doivent être consultés sur sa convenance et sa nécessité. Et, de plus, comme le pouvoir exécutif doit agir, il doit aussi être consulté sur le temps et les moyens. D'après cela, la coopération de toutes les branches du pouvoir législatif devrait être requise pour un acte législatif de cette importance, comme elle est requise pour les autres. Ce serait peut-être même une mesure convenable d'exiger, comme un frein contre trop de précipitation, le consentement des deux tiers des deux chambres.

573. Ces raisons paraissent avoir motivé le choix de la Convention entre les différentes propositions, et ce choix a reçu l'approbation générale du pays.

574. Le pouvoir de faire la guerre entraîne accessoirement le pouvoir de délivrer des lettres de marque et de représailles, et de régler les prises. Il est très-probable que cette disposition fut insérée dans la constitution pour suivre l'ordre des pouvoirs énumérés dans l'acte de confédération; mais remarquons qu'une pareille énumération était nécessaire dans ce dernier acte, puisque tous les pouvoirs qui n'étaient pas expressément délégués

étaient prohibés, et que cette nécessité n'existait pas pour la constitution, qui, par une disposition expresse, donne au congrès les pouvoirs implicites. Du reste, nous avons déjà eu l'occasion de faire observer que la constitution contient plus d'une répétition de ce genre, par excès de précaution, négligence ou imperfection de langage.

575. Toutefois, la concession expresse du pouvoir de donner des lettres de marque et de représailles a pu paraître nécessaire, parce que ce sont là quelquefois des mesures en vue de la paix, et pour éviter la guerre. Ainsi, quelques individus d'une nation ont eu à souffrir des déprédations de la part d'individus appartenant à une nation étrangère; répondre à ces faits particuliers par une déclaration de guerre, serait un acte inconsidéré et violent; dans de telles circonstances, le droit des gens donne aux chefs des gouvernements le droit d'accorder aux individus lésés ce moyen de réparation toutes les fois qu'ils n'ont pu obtenir justice du gouvernement de l'agresseur. Dans ces cas, les lettres de marque et de représailles contiennent l'autorisation de saisir les personnes et les biens des sujets du pays offensant partout où l'on pourra les rencontrer, jusqu'à ce que satisfaction entière ait été obtenue. On voit que le droit de représailles dérive du pouvoir de déclarer la guerre; car c'est un état de guerre incomplet, qui peut dégénérer en une déclaration de guerre formelle, si l'on n'obtient pas satisfaction, ou si les

représailles prennent une certaine extension (1).

576. Par une autre clause, le congrès peut « lever et entretenir des armées; mais aucun fonds « pour cet objet ne pourra être voté pour plus de « deux ans. »

577. Le pouvoir de lever des troupes est un accessoire indispensable du pouvoir de déclarer la guerre; ce dernier ne serait autrement qu'une vaine menace, qu'une attaque sans moyens de défense. Sous la confédération, le congrès n'avait aucun pouvoir pour lever des troupes, mais seulement « le droit de fixer le nombre des forces de « terre, et de faire les réquisitions aux États « en proportion de leur population blanche. » Ces réquisitions étaient obligatoires; les officiers des régiments étaient nommés par la législature de chaque État, et les troupes levées, habillées et armées aux frais des États-Unis. L'expérience de ces réquisitions pendant la guerre de la révolution a prouvé à tous les hommes d'État combien elles étaient insuffisantes. Ce système ne présentait ni économie, ni efficacité, ni sûreté; il avait excité entre les États une concurrence qui avait mis les soldats aux enchè-

(1) *Jugement des prises.*

Toutes les causes relatives aux captures de navires faites en temps de guerre, appartiennent exclusivement aux cours fédérales de district qui ont les attributions de *cours d'amirauté*. Le congrès seul a le pouvoir: 1° de définir et de punir les pirateries et félonies commises en haute mer, etc.; 2° de déclarer la guerre, d'accorder des lettres de marque, etc.

res. Les États, afin de pouvoir fournir leur contingent, enchérissaient l'un sur l'autre, et les primes s'étaient élevées d'une manière exorbitante. Il en était résulté que beaucoup d'individus retardaient leur enrôlement, ou ne s'enrôlaient que pour un temps très-court. Aussi, pendant toute la durée de ces temps critiques, on n'eut que des levées tardives et peu nombreuses. Ces enrôlements à courte durée occasionnaient des dépenses considérables et une fluctuation continuelle dans le nombre des troupes; ce dernier inconvénient rendait impossible toute discipline et exposait la sûreté publique, confiée à une armée ainsi désorganisée. D'un pareil état de choses naquirent les expédients oppressifs employés accidentellement pour enrôler des soldats, expédients que l'enthousiasme du peuple pour conquérir sa liberté put seul l'engager à supporter. Les États voisins du théâtre de la guerre, animés par le désir de leur propre conservation, faisaient, pour fournir leur contingent, des efforts excessifs et ruineux, tandis que les États éloignés se montraient peu empressés de satisfaire à leurs obligations. L'armée était composée de trois classes d'individus : d'abord les recrues, ensuite les soldats qui achevaient la durée de leur service, et enfin ceux qui avaient passé la moitié du terme, et attendaient la fin avec inertie. Avec de pareils éléments, on ne doit pas s'étonner si les opérations d'une telle armée étaient lentes, irrégulières, et souvent sans réussite; mais, au contraire, comment elles purent même résister à des troupes solidement établies, bien armées, bien vêtues et bien payées. La nomination des officiers par les États tendait également à détruire l'harmonie et la subordination si nécessaires au succès des entreprises militaires.

578. C'était donc un acte de sagesse que de délivrer le gouvernement du système incommode et dangereux des réquisitions. Le système actuel de l'Union agit d'une manière générale et directe; il rend possible l'uniformité d'organisation. En effet, il importe à la défense commune, que le gouvernement national ait le pouvoir de lever les armées, construire et équiper les flottes, faire des règlements sur ces objets, diriger leurs opérations, et pourvoir à leur entretien. Ce pouvoir cependant fut attaqué dans les Conventions d'État et devant le peuple avec une violence aveugle, et une ténacité aussi dangereuse pour la liberté que contraire à tout principe de gouvernement. Les objections portaient surtout sur le pouvoir général de lever des troupes, et de les entretenir en temps de paix comme en temps de guerre.

579. Les réponses à ces objections nous paraissent vraies et convaincantes; on disait que pour avoir quelque force, le pouvoir donné au congrès devait être nécessairement sans limite. Il est impossible, en effet, de prévoir et de déterminer l'étendue et la variété des besoins de la nation, de même que l'étendue de ses ressources pour sa-

tisfaire à ces besoins. Ce pouvoir doit donc être calculé de manière à répondre à toutes les combinaisons possibles d'événements, la direction doit être laissée aux conseils chargés de la défense commune. Nier ces principes, ce serait vouloir la fin et refuser les moyens. Ces moyens doivent être illimités dans toutes les choses qui sont essentielles à leur efficacité, c'est-à-dire, dans la formation, l'organisation et l'entretien des forces nationales. Ces principes n'étaient pas mis en doute sous la confédération, bien qu'on ait adopté, pour les mettre en œuvre, des mesures insuffisantes et illusoires.

580. De plus, on ne doit pas perdre de vue que le plus sûr moyen d'éviter la guerre est d'y être préparé pendant la paix. Si le gouvernement des États-Unis n'avait pas le pouvoir de lever des troupes en temps de paix, on aurait le spectacle extraordinaire d'une nation incapable, par une constitution de son choix, d'organiser des moyens de défense avant l'invasion. Et comme dans les temps modernes on néglige les formalités d'une déclaration de guerre, la présence de l'ennemi sur notre territoire serait nécessaire pour donner au gouvernement le droit d'employer les moyens de le défendre. Un tel système encouragerait les agressions et les insultes; il mettrait un rival puissant ou un ennemi caché en état de se jeter sur notre pays comme sur une proie sans défense, ou d'épuiser nos ressources par des contributions ruineuses; on aurait alors inutilement recours à

la milice; une semblable confiance a déjà failli nous coûter notre indépendance. et nous a certainement occasionné une dépense inutile de plusieurs millions.

581. Le congrès a encore le pouvoir « de créer « et d'entretenir une force maritime. »

582. Sous la confédération, le congrès avait eu le pouvoir de « créer et d'équiper une flotte. » Ces mêmes termes se trouvaient dans le premier projet de constitution, mais on y substitua la rédaction actuelle, sans objection, et comme étant plus large et plus convenable. Dans la Convention, l'utilité de donner un semblable pouvoir ne fut pas mise en doute, mais elle fut vivement attaquée dans les Conventions d'État. On disait que les pays maritimes de l'Europe tirait du commerce étranger et de la navigation les principales sources de leurs richesses, nous en ferions bientôt nos rivaux, en nous livrant aux mêmes entreprises; on ajoutait que la création de forces maritimes deviendrait bientôt une nécessité pour l'Union; mais que nos tentatives de créer une marine seraient regardées comme une provocation, et que les gouvernements ne nous laisseraient pas devenir puissance maritime; qu'ainsi nous serions immédiatement en guerre avec eux. On ajoutait, en outre, que les dépenses pour entretenir une marine convenable seraient énormes, et hors de proportion avec nos ressources; que si une marine était nécessaire, elle devait se borner à la protection du commerce à l'intérieur (*trade*); enfin on

insistait sur cette circonstance, que les États du Sud supporteraient une part importante des dépenses de cette marine sans y avoir un intérêt égal.

583. Ces objections n'eurent aucune force sur la nation en général. La nécessité d'une marine pour protéger notre commerce à l'étranger (*commerce*) (1) et notre navigation fut non-seulement admise, mais devint un des principaux motifs de la concession du pouvoir. L'encouragement et la protection du commerce est un des objets les plus importants de la constitution : sans une marine, on ne pourrait maintenir nos droits aux grandes pêches, notre commerce et notre navigation sur les lacs et le Mississipi, ainsi que notre commerce étranger. En outre, une marine est indispensable pour la défense de nos frontières atlantiques, en cas de guerre avec une puissance maritime; autrement, nous serions exposés, non-seulement à l'invasion de forces considérables et régulières de l'ennemi, mais même aux attaques et aux incursions des aventuriers; nos villes maritimes seraient mises à contribution; l'entrée ou la sortie de nos propres ports nous serait interdite selon le caprice de l'ennemi. Une flotte sera donc notre meilleur moyen de défense, et même le moins coûteux, puisqu'elle nous évi-

(1) Il faut distinguer en anglais les mots *trade* et *commerce ;* le premier signifie les relations commerciales et les affaires dans l'intérieur du pays; le second signifie les relations avec les nations étrangères ou les colonies. P. O.

tera les frais de beaucoup de citadelles et de fortifications. En un mot, en cas de guerre maritime, si nous n'avions aucun moyen de défense, notre commerce serait chassé de l'Océan, nos ports seraient bloqués, nos côtes infestées de brigands et nos plus chers intérêts abandonnés au hasard.

584. Un autre pouvoir donné au congrès est « celui d'établir les règles pour l'administration et « l'organisation des forces de terre et de mer. » Ce nouveau pouvoir est un accessoire naturel et nécessaire des pouvoirs de déclarer la guerre, de lever des troupes, de créer et d'entretenir une force maritime (1). Sa convenance ne pouvait donc

(1) Nous empruntons une grande partie des détails suivants sur l'organisation des forces de terre et de mer des États-Unis, aux travaux consciencieux de M. le major Poussin : *Considérations sur le principe démocratique qui régit l'Union.* — *De la Puissance américaine.*

Armée régulière des États-Unis.

*Personnel.*

La nation américaine a une armée régulière forte d'environ 12,500 hommes, mais organisée de manière à pouvoir aisément être triplée. Elle comprend à cet effet les divers corps indispensables à la direction et à l'administration d'une armée ordinaire, et les cadres d'officiers nécessaires à son accroissement immédiat; ainsi elle se divise en état-major général, en corps du génie, d'ingénieurs-géographes, d'*ordnance*, de cavalerie, d'artillerie et d'infanterie. C'est le gouvernement général qui est chargé de ce devoir par l'organe de la législature nationale ; ainsi, dans des occasions récentes, le présipas être contestée; et en effet, rien n'indique qu'aucune objection ait été faite; aussi nous n'avons pas à entreprendre sa justification. En Angleterre, le roi, comme commandant de toutes les

dent des États-Unis a été autorisé à porter l'armée régulière à 50,000 hommes.

L'ÉTAT-MAJOR GÉNÉRAL se compose d'un major général commandant en chef; 2 généraux de brigade sous ses ordres, chargés chacun d'une division; 1 adjudant genéral (grade de colonel), et 6 officiers de differents grades immediatement sous ses ordres; 2 inspecteurs généraux ayant rang de colonel; 36 officiers remplissant les fonctions d'intendants et de sous-intendants militaires sous les ordres d'un général de brigade ayant le titre de quartier-maître général; 1 commissaire général chargé de l'habillement et 3 employés; 1 commissaire général pour les vivres ayant rang de colonel; 7 officiers employés dans cette administration; 10 officiers payeurs de l'armée, composant une administration distincte, sous les ordres d'un général de brigade; enfin, 80 officiers de santé de tout rang.

LE CORPS DU GÉNIE a une organisation complète, quant au nombre d'officiers dont il se compose, mais il lui manque encore des troupes pour l'exécution de ses travaux : on s'occupe de la création de ce complément indispensable à l'efficacité de cette arme. Ce corps est commandé par un colonel remplissant à la fois les fonctions de commandant supérieur, d'inspecteur des fortifications et de l'école militaire de Westpoint, d'où sortent tous les officiers. Il est chargé de la construction des fortifications, auxquelles on consacre annuellement de 4 à 5 millions.

LE CORPS DES INGÉNIEURS-GÉOGRAPHES a également reçu une organisation régulière et complète; il est sous les ordres d'un colonel; tous les officiers sortent de l'école militaire. Ce corps remplit à la fois les fonctions de nos ingenieurs-géographes et de ceux des ponts et chaussées, pour l'exécution des traforces du royaume, a seul le pouvoir de faire les règlements concernant les flottes et les armées. Plusieurs fois, le parlement est intervenu et aujourd'hui ces règlements sont faits le plus souvent

vaux d'amélioration intérieure et la construction des phares.

Le corps de l'*ordnance* est spécialement chargé de la fabrication et de l'entretien des armes de guerre; cette disposition, qui ne laisse à l'artillerie que la manœuvre des pièces, est une imitation du système anglais. L'effectif de ce corps est de 322 hommes, dont 28 officiers sous les ordres d'un colonel.

Les établissements militaires américains sont divisés en trois classes. — Dans ceux de première classe, on s'occupe spécialement de la fabrication du matériel; dans ceux de la seconde, on s'occupe spécialement de la réparation et de l'entretien du matériel; enfin, ceux de la troisième classe sont de simples magasins de depôts d'armes, de munitions et d'approvisionnements de tout genre.

L'Union americaine possède vingt et un de ces établissements, dont huit de la première classe, dix de la deuxième classe, et cinq de la troisième classe, répartis dans les États, savoir :

Un dans le Maine, un dans le Massachusetts, un dans le Vermont, trois dans le New-York, deux dans la Pensylvanie, un dans le Maryland, un à Washington, siége du gouvernement, un en Virginie, un dans la Caroline du Nord, un dans la Caroline du Sud, un dans le Missouri, un dans la Louisiane, un dans l'Alabama, deux en Géorgie, un dans l'Arkansas et un dans le Michigan. Chacun de ces arsenaux est sous la surveillance d'un officier de l'*ordnance*.

La cavalerie est composée de deux régiments de dragons forts de 750 hommes chacun.

L'artillerie compte 3,000 hommes dans ses rangs; elle est divisée en quatre régiments.

par actes du parlement. Le pouvoir général est beaucoup plus en sûreté dans les mains du congrès que dans celles du département de l'exécutif; s'il en était autrement, les châtiments les plus

L'INFANTERIE, composée de huit régiments, présente un effectif d'environ 7,500 hommes.

Enfin, l'armée américaine compte 735 officiers.

*Appointements des officiers de l'armée et des troupes.*

| | | |
|---|---|---|
| Le major général. | En service. | 25,000fr |
| | En congé. | 22,000 |
| Général de brigade (maréchal de camp). | En service. | 22,000 |
| | En congé. | 17,000 |
| Colonel. | Commandant un régiment, un poste militaire, ou remplissant des fonctions d'état-major. | 20,000 |
| | Pour tout autre service. | 17,500 |
| | En congé. | 12,500 |
| Lieutenant-colonel. | Commandant un régiment ou un poste militaire. | 15,000 |
| | Pour tout autre service. | 12,000 |
| | En congé. | 10,000 |
| Major. | Commandant un régiment ou un poste militaire. | 12,500 |
| | Pour tout autre service. | 10,500 |
| | En congé. | 9,000 |
| Capitaine. | Commandant un poste ou sa compagnie. | 9,000 |
| | Pour tout autre service. | 7,500 |
| | En congé. | 6,000 |
| Lieutenant en premier. | Commandant une compagnie ou attaché au service de l'état-major. | 6,000 |
| | Pour tout autre service. | 5,000 |
| | En congé. | 4,500 |

prompts et les plus sévères pourraient être infligés selon le seul caprice de l'autorité exécutive.

| | | |
|---|---|---|
| Lieutenant en second. | Commandant une compagnie. | 5,500 |
| | En service hors de son grade. | 3,700 |
| | En congé. | 3,000 |
| Lieutenant à la suite, n'ayant qu'une commission pour brevet. | Commandant une compagnie. | 4,500 |
| | En service hors de grade. | 3,750 |
| | En congé. | 3,000 |

Les commissaires adjoints aux vivres reçoivent une gratification de 500 fr. en sus des appointements de leurs grades respectifs.

Tout officier dans l'emploi d'un grade supérieur a droit aux appointements de ce grade.

Les officiers reçoivent, en outre, sans distinction de grade, des frais de route à raison de 1 fr. 25 c. par 4,000 mètres; ils peuvent aussi toucher en argent le prix de leur chauffage et du logement, lorsque l'État ne le fournit pas.

La position de l'officier americain est assurée : et comme le grade confère peu d'avantages, en compensation, le législateur américain a trouvé juste d'en assurer la jouissance à celui qui l'occupe. Ainsi, l'officier reste sur les cadres effectifs de l'armée tant qu'il conserve ses facultés; car aux États-Unis, on ne connaît pas plus le principe des retraites pour les services militaires que pour les services civils. Les officiers américains conservent leur emploi et les émoluments qui y sont attachés, jusqu'à la fin de leur carrière. On pourvoit généralement aux besoins des officiers ou soldats devenus invalides au service de l'État.

La paye de la cavalerie est pour un simple dragon de 40 fr. par mois, et 12 fr. 50 pour son habillement, prix sur lequel il peut facilement économiser 5 fr.

La paye de l'infanterie est de 35 fr. par mois et 10 fr. pour son habillement.

La paye de l'artillerie est la même que celle de l'infanterie.

585. Le pouvoir souverain accordé au congrès sur la marine des États-Unis doit nécessairement

Les musiciens reçoivent 50 fr. par mois, et 10 fr. en sus, préleves sur les fonds du regiment.

Toutes les troupes reçoivent une ration entière de vivres de la valeur de 1 fr. 25 c., et un tiers plus forte que la ration du soldat français.

*Recrutement.*

Le recrutement de l'armée se fait par enrôlement volontaire pour un terme de cinq ans; les recrues doivent être citoyens des États-Unis, avoir au moins dix-huit ans, trente ans au plus, et la taille de 1 mètre 70 centimètres; elles ont droit à toucher 60 fr. pour leur engagement, dont cependant 30 fr. ne leur sont payés qu'après avoir rejoint. (Quelquefois, pour determiner les enrôlements dans les cas de guerre, le gouvernement accorde des terres de l'État à chaque recrue qui prend l'engagement de servir pendant sa durée.) Ce mode de recrutement amène dans les rangs une classe d'hommes qui ne peuvent être retenus au service que par une discipline rigoureuse : aussi le soldat américain de l'armee regulière a-t-il une physionomie inerte et impassible qui contraste singulièrement avec le caractère national.

Telle est l'organisation de l'armée américaine, dont les depenses annuelles s'élèvent à moins de 22 millions, y compris l'école militaire de Wespoint. Les dépenses des fortifications, des travaux exécutés sous la responsabilité des ingénieurs-géographes, celles du contingent des corps de volontaires et de milices appelés sous les armes par suite des guerres avec les Indiens; enfin, celles des pensions aux invalides sont considérées comme éventuelles et votées à part.

Cette petite armée, dont la force numérique semble dérisoire comparée à celle des moindres puissances européennes, est suffisante, avec les milices, pour préserver le vaste territoire de l'Union d'une invasion; elle est remarquable par la être exclusif. Toutes les fois que des crimes sont commis à bord d'un vaisseau de guerre de l'Union,

supériorite de son corps d'officiers, son instruction, sa bonne tenue et sa forte discipline. Elle est répartie suivant les besoins sur toute l'etendue du territoire, qui, à cet effet, est partagé en deux grandes divisions, de l'Occident et de l'Orient. La ligne de démarcation part de l'embouchure du Mississipi et remonte ce fleuve jusqu'à Castville, dans le Wisconsin, et de là se dirige au nord jusqu'à la frontière du Canada. Chacune de ces divisions est sous le commandement d'un brigadier (maréchal de camp), dont le quartier général, pour la division de l'Occident, se trouve à Saint-Louis (Missouri), et pour celle de l'Orient à Elisabeththown (New-Jersey).

Jamais un corps de troupes quelconque ne peut s'arrêter ou camper sur un terrain relevant de la juridiction d'une ville ou d'un État particulier, sans en avoir préalablement reçu la permission des autorites civiles compétentes.

Le quartier general de l'armee est établi au siége du gouvernement, à Washington, où résident le major général chargé du commandement en chef et tous les chefs de service.

Pour remedier au grave inconvenient d'une armée fractionnée sur un aussi vaste territoire, on réunit dans des camps de manœuvre, pendant un certain temps, le nombre d'hommes nécessaire pour faire passer toute l'armée par l'application des grandes théories.

### MARINE MILITAIRE DES ÉTATS-UNIS.

#### *Matériel.*

La marine militaire des États-Unis présente un effectif de 69 bâtiments de guerre, d'après l'etat officiel suivant:

11 vaisseaux de ligne, montés de 74 à 120 canons.
15 frégates de 1re classe, de 44 à 56 canons.
2 frégates de 2e classe, de 36 canons.
22 sloops de guerre, de 18 à 20 canons.

dans le port ou en pleine mer, le gouvernement des États-Unis est seul appelé à en connaître et à punir.

12 schooners ou goelettes, de 18 canons.
3 — — de transport.
4 fregates à vapeur.

On compte, en outre, sur les etats de la marine, un certain nombre de bateaux à vapeur de dimensions ordinaires, mais armés, et quelques bâtiments à voiles légers employés au service de sauvetage sur les côtes, à des travaux hydrographiques et à des voyages d'exploration.

L'accroissement progressif de cette force maritime déjà si importante a été determiné par une loi de l'État de 1816.

Le congrès affecte chaque année des allocations plus considerables au budget de la marine : aussi les chantiers de l'État contiennent-ils dans ce moment en magasin tout le matériel necessaire à la construction immédiate de 4 vaisseaux de ligne, 7 frégates de 1re classe, 4 sloops de guerre, 2 goelettes, et 2 steamers ou fregates à vapeur. Mais c'est surtout sur la marine à vapeur que le gouvernement des États-Unis paraît porter toutes ses prévisions d'accroissement.

L'Union compte sept arsenaux maritimes : Portsmouth, dans le New-Hampshire; Charlestown, dans le Massachusetts; Brooklyn, dans la baie de New-York; Philadelphie, Washington, Norfolk et Peasacolo. On ne trouve des formes pour les réparations des vaisseaux de ligne que dans les trois principaux : Brooklyn, Norfolk ou Gospon, et Charlestown.

La marine américaine est la première qui ait adopté le système d'un calibre uniforme d'artillerie pour chaque service.

*Personnel.*

Le personnel de la marine militaire se compose, pour le cadre des officiers, de 50 capitaines de vaisseau ou de frégate; 50 *masters commandant* (ce grade n'a pas d'analogue dans la marine française, mais ses fonctions sont celles de nos

Les vaisseaux des puissances étrangères sont considérés, partout où ils se trouvent, comme une

chefs de timonerie et de nos maîtres d'equipage); 279 lieutenants de vaisseau; 50 chirurgiens en chef; 24 chirurgiens de 1re classe; 23 de 2e classe; 45 tresoriers; 9 aumôniers ou ministres du culte; 181 aspirants ou enseignes de 1re classe; 227 de 2e classe; 27 *sailing masters* (chefs d'équipage); 22 contre-maîtres; 27 canonniers chefs; 26 maîtres charpentiers, 25 maîtres voiliers. Il y a aujourd'hui sur les vaisseaux de l'État environ 9,000 hommes, dont 500 soldats de marine appartenant à un régiment de cette arme completement organisé et fort de 2,283 hommes, y compris un état-major de 60 officiers sous les ordres d'un colonel.

*Émoluments des différents grades.*

| | | |
|---|---|---|
| Capitaine de vaisseau commandant une division.. | | 22,500fr. |
| Capitaine de vaisseau en service ordinaire....... | | 20,500 |
| Capitaine de vaisseau........................ | | 20,000 |
| — — | hors de son commandement. | 17,500 |
| — — | en conge................ | 12,500 |
| Master commandant | dans son grade.......... | 12,500 |
| — | hors de son grade........ | 10,500 |
| — | en congé................ | 9,000 |
| Lieutenant de vaisseau | dans son grade.......... | 9,000 |
| — — | hors de son grade........ | 7,500 |
| — — | en congé................ | 6,000 |
| Aspirant de 1re classe | en service............. | 3,750 |
| — — | en disponibilité......... | 3,000 |
| Aspirant de 2e classe | en service.............. | 2,000 |
| — — | lorsqu'il n'est pas en mer.. | 1,750 |
| — — | en congé................ | 1,500 |

Tous les officiers ont droit à une ration de 1 fr. 25 c., ou à toucher 500 fr. par an lorsqu'ils sont en mer.

Le budget de la marine, pour 1840, portait les dépenses totales de ce département à 26,200,000 fr., dont près de 10.

partie du territoire de leur nation, et jouissent du privilége de la juridiction qui appartient à leur souverain.

millions sont appropriés aux dépenses courantes des bâtiments en service, et 2,500,000 fr. aux dépenses du régiment des soldats de marine et de casernement dans les arsenaux maritimes.

*Recrutement.*

Le mode de recrutement de la marine militaire est très-simple; il consiste en engagements volontaires pour toute la durée de la campagne, qui généralement ne se prolonge pas au delà de trois ans; et comme le service de l'État est moins laborieux que celui du commerce, tandis que la paye est la même et que le sort des invalides, des veuves des marins ou de leurs orphelins, est assuré, il s'ensuit que le gouvernement a le choix des hommes pour ses besoins, et qu'il ne rétribue que des services effectifs.

Du reste, le nombre total des marins parmi lesquels l'État peut choisir pour l'armement de ses flottes dépasse cent cinquante mille hommes, employés dans la marine marchande au long cours, dans le cabotage, à la pêche, sur les lacs et sur les bateaux à vapeur. La marine commerciale des États-Unis occupe environ 16,600 navires.

Toutes les ressources de défense nationale permettent au président d'être fort lorsque les circonstances le requièrent, parce que par la loi elles sont mises à sa disposition; mais ces circonstances sont extrêmement rares, et lorsquelles surgissent, la tendance naturelle de l'esprit national est de les assoupir et d'éviter jusqu'au dernier moment d'avoir recours à la force. P. O.

# CHAPITRE XXIV.

## POUVOIR SUR LA MILICE.

Utilité de la milice en temps de paix comme en temps de guerre. — Pouvoir de régler et d'organiser les milices. — La convocation des milices peut être faite en vue d'un danger.— Qui est juge de la nécessité de la convocation.— La cour suprême fédérale s'est prononcée en faveur du président de l'Union. — Le pouvoir de donner des ordres aux milices appartient exclusivement au président. — Organisation des milices.

586. Le congrès a le droit de « pourvoir à ce « que la milice soit convoquée pour exécuter les « lois de l'Union, pour réprimer les insurrections « et repousser les invasions. »

587. Cette clause paraît avoir passé dans l'assemblée sans opposition. Elle remédie à un vice que l'on avait profondément senti sous la Confédération, qui ne contenait à ce sujet aucune disposition.

588. Le pouvoir de régler la milice et de l'employer pour l'exécution des lois, pour réprimer les insurrections ou repousser les invasions, est naturellement dans les attributions de ceux qui doivent veiller à la défense commune et au main-

tien de la paix (1). En un mot, tous les arguments que l'on peut faire valoir pour la permanence de l'armée en temps de paix, s'appliquent à la convenance de remettre au gouvernement national le pouvoir sur la milice. En cas d'insurrection, d'invasion, ou de résistance à la loi, on n'a que deux partis à prendre : employer pour les combattre, ou les troupes régulières, ou les milices. Dans les cas ordinaires, la résistance ouverte à la loi pourra être vaincue par le *posse comitatûs* (2), ou par l'intervention des fonctionnaires ordinaires. Mais il peut arriver des cas dans lesquels ces recours seraient complétement inutiles et même dangereux; car ces recours inefficaces pourraient encourager les factieux à opposer des moyens plus violents; et empêcheraient l'emploi de la force publique qui, autrement, aurait pu détruire les espérances des rebelles et comprimer leurs efforts. Le pouvoir général du gouvernement, de faire les lois nécessaires à l'exercice des droits qui lui sont conférés, donne sans aucun doute le droit de proclamer le *posse comitatûs*, et d'employer les magistrats ordinaires dans

(1) L'organisation des milices repose sur les lois des 8 mai 1792. — 2 janvier 1795. — 28 février 1795. — 2 mars 1803. — 2 février 1813. — 12 avril 1814. — 20 avril 1816. — 12 mai 1820. Voyez, ci-après, la note p. 126. P. O.

(2) Le *posse comitatûs*, terme de la loi commune d'Angleterre, signifie l'appel fait aux assistants par un magistrat à qui on oppose résistance dans l'exercice de ses fonctions.

P. O.

le cas où de pareilles mesures deviendraient nécessaires. Mais si l'on n'avait pas le droit de convoquer la milice, il serait absolument nécessaire, pour maintenir la sécurité publique, d'entretenir, en temps de paix, une armée régulière plus considérable. Ce dernier moyen ne serait ni désirable ni économique pour le pays, et c'est pour cela que le pouvoir sur la milice est d'une grande utilité pour le maintien de la tranquillité générale, et de plus, une nouvelle garantie des libertés publiques. A des époques d'invasion ou d'insurrection, il est naturel et convenable que la milice d'un État voisin puisse être envoyée dans un autre, pour résister à l'ennemi commun, ou pour défendre la société contre les violences des factieux. Mais on ne peut guère compter sur l'envoie des milices à de grandes distances, car ce serait assurément, dans ce cas, le moyen le plus dispendieux et le moins convenable que le gouvernement pût employer (1). Du reste, toute cette matière doit toujours être

(1) Pour obvier à cet inconvénient, le président Jefferson avait proposé un plan d'organisation qui ne fut pas adopté par le congrès. « Ce plan, dit-il dans une lettre au général Kosciusko, du 26 fevrier 1810, consistait à classer la milice « d'après l'âge des citoyens; de soumettre tous les hommes de « vingt à vingt-cinq ans à des exercices réguliers et à l'obligation de marcher au premier signal. Ce plan nous aurait assuré une force de trois cent mille jeunes gens, préparés par « une instruction convenable à servir sur tous les points des « États-Unis; tandis que ceux qui auraient passé cet âge demeureraient dans leur foyer, et ne seraient employés que « dans leur État ou dans un État voisin. » P. O.

soumise aux règlements du congrès, qui peut les modifier de temps en temps pour éviter les abus.

589. Le congrès doit en outre « pourvoir à ce « que la milice soit organisée, armée et disciplinée, et disposer de cette partie de la milice qui « peut se trouver employée au service des États-« Unis, en laissant aux États respectifs le droit « de nommer les officiers et d'exercer la milice « conformément à la discipline prescrite par le « congrès. »

590. Ce pouvoir se rattache naturellement au précédent, et si l'on ne peut dire qu'il est indispensable à son exercice, on doit reconnaître au moins qu'il contribue à rendre son action plus efficace. Tout le monde comprend que l'uniformité dans l'organisation et la discipline de la milice sera d'un immense avantage en cas d'exercice actif; elle mettra ce corps en état d'acquérir en peu de temps une suffisante habitude des fonctions militaires. Mais on comprend aussi qu'une telle uniformité ne peut être imposée que par l'autorité supérieure du gouvernement national.

591. Cette concession du pouvoir donné au congrès sur la milice a soulevé plusieurs questions qui trouvent ici naturellement leur place. On doit remarquer d'abord que l'on a donné au congrès le pouvoir « de pourvoir à la convocation « de la milice pour faire exécuter les lois de l'U-« nion, pour réprimer les insurrections et re-« pousser les invasions. » En conséquence, le

congrès, en 1795, en vertu de cette clause, ordonna par une loi « que toutes les fois qu'une « invasion aurait lieu dans les États-Unis, ou qu'il « y aurait danger imminent d'invasion de la part « d'une nation étrangère ou d'une tribu indienne, « le président pourrait légalement convoquer sur « le point attaqué tel nombre de milices de l'É-« tat ou des États qu'il jugera nécessaire, pour re-« pousser l'agression, et qu'il donnerait ses ordres, « dans ce but, à tels officiers de la milice qu'il ju-« gerait convenables. » On n'a jamais douté que cet acte ne fût constitutionnel, quoiqu'il pourvût à la convocation de la milice, non-seulement en cas d'invasion, mais en cas de danger d'invasion. En effet, le pouvoir de repousser les invasions doit renfermer celui de prévenir les tentatives; car le meilleur et le plus sûr moyen est de requérir la force avant que l'invasion se soit répandue sur le territoire. On ne peut pas non plus douter que le président, qui, d'après la constitution, commande les forces de terre et de mer, et même la milice quand elle est appelée en service actif, ne soit le fonctionnaire le plus digne de cette haute et délicate fonction. Un peuple libre est naturellement jaloux de l'exercice du pouvoir militaire, et le pouvoir de convoquer la milice est d'une importance incontestable. Toutefois, il est, par sa nature, soumis à de certaines nécessités, et il engage la responsabilité de celui qui l'exerce. Mais quel autre fonctionnaire que le président serait plus convenable pour l'exercer, et pour engager sa responsabilité ?

592. On a encore demandé par qui la nécessité d'une convocation devait être décidée ? Le président est-il juge unique et exclusif de ces cas ? L'officier à qui le président a envoyé ses ordres peut-il décider lui-même? Ou enfin le milicien pourra-t-il contester la nécessité, et refuser d'obéir aux ordres du président ?

593. A une époque très-récente (1), la question fut portée devant la cour suprême des États-Unis pour être vidée par une décision judiciaire ; on décida unanimement que le droit de prononcer sur la nécessité de la convocation appartenait exclusivement au président, et que la convocation était définitive et obligatoire pour tous. La cour déclara que cette interprétation résultait nécessairement de la nature même du pouvoir et du but évident de l'acte du congrès. Ce pouvoir, en effet, devra souvent être exercé dans des

(1) M. Story fait probablement allusion ici à la guerre de 1812, lors de laquelle le president ayant donné l'ordre aux milices du nord de se porter vers les frontières, on vit le Connecticut et le Massachusetts, dont la guerre lésait les intérêts, refuser d'envoyer leur contingent, sous le double prétexte qu'il n'y avait à leurs yeux ni *insurrection* ni *invasion*, et que la constitution laissait aux États le soin de nommer les officiers des milices, quand le président ne les commandait pas en personne. Or, il s'agissait de servir dans une armée commandee par un autre que lui. Ces prétentions destructives de l'Union reçurent la sanction du gouverneur, des legislatures, et des tribunaux de ces États. P. O.

cas pressants, dans des circonstances où l'existence même de l'Union se trouverait en péril; une obéissance prompte et absolue sera donc indispensable. En outre, le service de la milice est un service militaire; les ordres sont également militaires, et tout retard, toute résistance compromettrait les intérêts publics. Si l'on était obligé d'attendre que les officiers aient examiné s'ils doivent obéir, l'ennemi accomplirait ses projets sans obstacle; et puisqu'il est reconnu que le pouvoir de convoquer la milice est une conséquence de l'obligation de veiller à la défense commune et au maintien de la paix publique, il faut l'interpréter de manière à parvenir à ces buts importants. Enfin, à ces considérations générales on doit ajouter que le plus souvent les circonstances d'après lesquelles le président jugera le danger imminent, ne peuvent être soumises à des preuves matérielles; et que souvent aussi la révélation de ces circonstances divulguerait quelques secrets de l'État, compromettrait ainsi les intérêts généraux, et peut-être même la sûreté publique.

594. [La cour suprême de Pensylvanie posa en 1818 les vrais principes de la matière. Elle jugea qu'en cas de refus du gouverneur, le président avait le droit de donner des ordres directs pour la mobilisation de la milice; que le refus du gouverneur en ce cas ne serait nullement justifié, parce qu'il prétendrait différer d'opinion avec le président sur la nécessité de la mesure; que le

gouverneur n'avait pas le droit de diriger de son chef les cours martiales, dans le jugement de ceux qui seraient poursuivis pour désobéissance aux ordres du président; qu'un individu porté sur les contrôles est régulièrement commandé de service, et est dès lors en état de service actif, *actual service*, et par conséquent justiciable des cours martiales en cas de désobéissance. RAW. *Comm.* ]

595. On n'a jamais nié que le pouvoir de commander la milice, quand elle est au service actif des États-Unis, ne fût exclusif. Cette interprétation, en effet, résulte de la nature même du pouvoir : car admettre des commandements émanant d'autorités distinctes et indépendantes l'une de l'autre, serait complétement incompatible avec l'unité de commandement et d'action d'où dépend le succès des opérations militaires. Mais, d'un autre côté, il n'y a aucune clause dans la constitution qui empêche un État de convoquer sa propre milice quand elle ne se trouve pas au service de l'Union pour les cas prévus. Cette concurrence dans l'exercice du pouvoir sur la milice n'entrave pas les droits du congrès. Le congrès peut, par des lois, pourvoir à l'appel de la milice, et attacher des peines spéciales à toute désobéissance à ses ordres, de même qu'il peut aussi prescrire les formalités de la procédure (1). Toutefois,

(1) *Organisation des milices.*

La milice forme le principal élément de défense de la nationalité américaine; son organisation repose sur ce principe, le pouvoir de convoquer est entièrement distinct du pouvoir exclusif de commander; pour décider quand l'autorité du congrès sur les milices devient exclusive, il faut savoir quand la mi-

que tout citoyen valide doit son service à sa patrie. On a fait de nombreuses exceptions à ce principe, notamment le président des États-Unis, les fonctionnaires judiciaires et exécutifs, les membres des deux chambres, les fonctionnaires des postes, les inspecteurs des douanes, etc. Quoique la milice ne satisfasse pas à toutes les conditions de discipline et d'instruction qui font une forte armee, elle présente une puissance et une ressource formidables. Dans le système de défense des Américains, l'armée régulière forme l'avant-garde et les milices constituent une milice sur l'active coopération de laquelle reposent les destinées du pays; c'est pour cela que de bonne heure, on a pourvu aux moyens de concentrer promptement de grandes masses autour des points les plus vulnérables du territoire.

On évalue les milices à environ 1,500,000 hommes. Elles sont organisées pour la plupart en compagnies de volontaires, particulièrement d'artillerie, surtout dans les États de l'Atlantique, à cause du grand nombre de batteries de côtes à servir. Au reste, l'esprit public est tellement antipathique à tout ce qui ressemble à une organisation militaire régulière, que tous les efforts pour faire régler cette organisation par une loi, ont été impuissants jusqu'à ce jour. La législation américaine sur les milices s'est bornée jusqu'à présent à obliger tous les citoyens valides à constater leurs dispositions par une présence de quatre jours sous les armes et des inspections annuelles. Ajoutons que les milices se présentent exactement à ces inspections avec leurs armes et leur fourniment en leur état. Toutes les fois que la milice est appelée au service actif des États-Unis, elle reçoit une paye qui court du jour de l'arrivée au lieu fixé pour le rendez-vous. P. O.

lice peut être considérée comme étant au service actif de l'Union. Car la convocation et la mise au service actif des États-Unis sont deux choses distinctes dans leur portée constitutionnelle. Le président est commandant en chef de la milice quand elle est en service actif, et non quand elle est seulement convoquée; dans le premier cas elle est soumise aux lois martiales, et non pas dans le second, avant d'avoir obéi à l'ordre de convocation (1).

(1) La distinction que fait ici M. Story nous paraît en contradiction avec la décision de la cour suprême de Pensylvanie rapportee plus haut, § 594. P. O.

# CHAPITRE XXV.

## POUVOIR SUR LE SIÉGE DU GOUVERNEMENT ET LES PLACES CÉDEES.

Necessité de ce pouvoir. — Danger de laisser le siége du gouvernement sous la dépendance d'un État. — Événements qui ont motive la clause de la constitution. — Reserve au profit de l'État du droit de notifier, dans les lieux cedés, les actes de procédure. — Les lois faites par le congres pour les places cedées sont locales, à moins d'une déclaration contraire.

---

596. Le congrès a le pouvoir « d'exercer la lé-« gislation exclusive dans tous les cas quel-« conques, sur tel district (ne dépassant pas dix « milles carrés) qui pourra, par la cession des « États particuliers, et par l'acceptation du con-« grès, devenir le siége du gouvernement des « États-Unis, et d'exercer une pareille autorité sur « tous les lieux acquis par achat, d'après le con-« sentement de la législature de l'État où ils seront « situés, et qui serviront à l'établissement de for-« teresses, de magasins, d'arsenaux, de chantiers « et autres établissements d'utilité publique. »

597. La nécessité indispensable pour le congrès d'avoir une puissance entière et exclusive sur le siége du gouvernement, est d'une évidence incontestable; c'est la puissance exercée par chaque législature dans l'Union, on pourrait même dire dans tout pays, comme une conséquence de sa suprématie. Sans cette autorité, non-seulement les fonctionnaires publics pourraient être insultés, et leur marche interrompue impunément, mais encore les archives seraient en danger d'être violées ou détruites, et les membres du gouvernement national seraient obligés d'avoir recours aux autorités d'État pour se faire protéger dans l'exercice de leurs fonctions. Cette dépendance ferait bientôt douter de l'impartialité des conseils de la nation, et pourrait même exposer la vie des fonctionnaires, dans des temps de trouble.

598. La cession d'une partie de territoire ne peut en rien affaiblir l'État qui la fait, ou devenir un objet de la jalousie pour les autres. Le territoire cédé est d'une très-petite étendue, et l'État est le maître absolu de décider s'il lui convient de la faire. Il est toutefois hors de doute que ceux qui habitent ce territoire recevront cet honneur avec empressement, puisque leur importance en sera augmentée, leurs intérêts mieux défendus, et leurs droits placés sous la protection immédiate de toute l'Union. Il est probable que les événements qui eurent lieu à la fin de la guerre de la révolution contribuèrent beaucoup à faire admettre la clause actuelle. Dans ce temps, le congrès as-

semblé à Philadelphie était circonvenu, et même en butte aux insolences d'une petite troupe de mutins. Pour se défendre, le congrès s'adressa à l'autorité exécutive de Pensylvanie, mais à cette époque, d'après la mauvaise constitution de cet État, l'autorité exécutive était confiée à un conseil composé de treize membres, qui avaient si peu de pouvoir ou montrèrent si peu d'énergie, que le congrès indigné alla s'établir à New-Jersey, où il fut reçu par les habitants avec empressement et promesse de le défendre. Le congrès resta quelque temps à Princeton sans recevoir aucune insulte, jusqu'à ce qu'il fut transporté à Annapolis. Le mécontentement général inspiré par la conduite de l'État de Pensylvanie, et le spectacle humiliant d'un congrès errant de côté et d'autre, firent admettre la disposition actuelle comme un remède à cet état de choses (1).

599. La seconde partie de la clause, qui confère

(1) Le district de Colombie est devenu aujourd'hui le siege du gouvernement par suite de la cession qui en a été faite en vertu de l'article de la constitution. Il y a à cet égard, une anomalie fort digne de remarque, c'est que la population du district de Colombie, entourée de vingt-quatre États jouissant des bienfaits du gouvernement représentatif, n'a elle-même aucune participation à ce gouvernement qui siége au milieu d'elle, et qu'elle n'envoie ni députés à la chambre des représentants, ni délégués au sénat. Le pouvoir judiciaire, établi pour juger les différends entre les citoyens des divers États, n'a pas même de juridiction sur les habitants de ce district; ils ont leur cour de justice particulière comme les habitants des territoires. (RAWL, *Comm.*) P. O.

un droit de législation exclusif sûr les places cédées pour l'érection des forts et des magasins, etc , nous semble au moins aussi nécessaire à la sûreté générale. Les revenus publics dépensés dans ces travaux, la propriété publique qui en résulte, et la nature des devoirs militaires qui seront exigés dans ces localités, tout exige qu'elles soient affranchies de l'autorité des États. Il serait, en effet, peu convenable que des places sur lesquelles repose la sûreté de l'Union fussent soumises au contrôle d'un de ses membres. Ce pouvoir donné au congrès ne peut être blâmé, puisqu'il n'est exercé que d'après le consentement de l'État.

600. Beaucoup de cessions de ce genre ont été faites par les États en vertu de cette clause; mais généralement sous la réserve du droit de notifier dans les lieux cédés toutes procédures civiles et criminelles. Cette réserve n'a jamais été regardée comme contraire aux dispositions de la constitution, car, alors, les notifications faites au nom de l'État (1) sont considérées comme faites au nom de l'Union, sans préjudice de la législation exclusive du congrès. Ainsi ces places ne peuvent devenir pour les débiteurs ou les coupables un lieu de refuge qui les mette à l'abri des poursuites, et, en même temps, le congrès peut atteindre le but important de ce pouvoir.

(1) Aux États-Unis, les notifications judiciaires ne se font pas d'individu à individu, mais au nom de l'Union, s'il s'agit d'une affaire de juridiction fédérale; au nom de l'État particulier, s'il s'agit d'affaire de juridiction d'État. P. O.

601. Le pouvoir d'exercer une juridiction exclusive sur les places cédées est attribué au congrès, en sa qualité de législature fédérale. Une loi décrétée pour ces objets devient loi suprême du pays; elle lie tous les États et ne peut être rejetée par eux. Le pouvoir de faire ces lois comprend incidemment les pouvoirs nécessaires pour leur donner une exécution complète et efficace, et de telles lois étendent leur action sur toute l'Union, si le congrès le juge nécessaire. Toutefois, pour étendre son effet au delà du district cédé, la loi doit en faire la mention expresse, autrement elle serait regardée comme purement locale (1).

(1) Nous ajouterons que pour donner à l'Union ce pouvoir et cette juridiction sur les localités cédées, l'acte de cession doit s'expliquer clairement; elle doit être faite en vue de la clause de la constitution. Le gouvernement national ne pourrait acquérir de pareils droits d'une manière detournee, ou par une occupation faite avec le consentement de l'État. (Voy. *Gordon's digest*, p. 12, note.) P. O.

# CHAPITRE XXVI.

## POUVOIRS ACCESSOIRES DU CONGRÈS.

La clause qui donne au congrès les pouvoirs accessoires a de tout temps soulevé des difficultés. — Cette clause était une conséquence de l'établissement d'un gouvernement national. — Utilité de l'insérer expressément dans la constitution. — Elle ne confère au congrès aucun pouvoir nouveau. — Interprétation des mots de la clause : lois *nécessaires* et *convenables*. — Inconvénients de l'interprétation rigoureuse du mot *nécessaire*. — Pouvoirs dérivés, c'est-à-dire pouvoirs du gouvernement sur les pays conquis ou cédés. — Autres pouvoirs dérivés, c'est-à-dire pouvoirs de poursuivre en justice, de contracter. — Exemptions implicites de l'autorité des États.

---

602. Le congrès a enfin le pouvoir « de faire « toutes les lois nécessaires ou convenables pour « mettre à exécution les pouvoirs qui lui ont été « accordés, et tous les autres pouvoirs dont cette « constitution a investi le gouvernement des « États-Unis ou l'une de ses branches. »

603. Aucune autre clause de la constitution n'a été attaquée avec plus de violence à l'époque de l'adoption de cet acte, et même depuis ; cepen-

dant il est difficile de comprendre les raisons sur lesquelles reposent les objections. En effet, qu'est-ce qu'un pouvoir, sinon la capacité, la faculté de faire quelque chose? Qu'est-ce que la capacité de faire une chose, si ce n'est la capacité d'employer les moyens nécessaires à son exécution? Quels sont les moyens d'exercer un pouvoir législatif, sinon les lois elles-mêmes? Quel est, par exemple, le pouvoir d'imposer des taxes, si ce n'est celui de faire des lois pour régler leur assiette? Quels sont les moyens d'exécution propres à l'exercice de ces pouvoirs, si ce ne sont pas les lois nécessaires et convenables? Ainsi, les opérations constitutionnelles du gouvernement seraient donc les mêmes avec ou sans la clause de la constitution, autrement il arriverait que le pouvoir ne pourrait jamais être exercé : car ce serait une chose absurde de créer des pouvoirs, et de les comprimer dans un état d'engourdissement et d'inertie. On ne peut donc nier que les pouvoirs donnés par la constitution ne renferment implicitement les moyens d'exécution ordinaires, sans cela la constitution ne serait qu'une lettre morte.

604. Si la clause ne dit rien de plus que ce qui résulterait de la plus stricte interprétation, on peut demander alors pourquoi elle a été insérée dans la constitution. La véritable reponse est qu'une telle clause était particulièrement utile pour prévenir les doutes que l'ignorance ou la jalousie auraient pu soulever. Les hommes qui se sont montrés hostiles au gouvernement de l'Union

et partisans des gouvernements d'État, auraient pu faire valoir des raisons spécieuses pour prévenir le peuple, et entraver les opérations les plus sages du gouvernement. D'ailleurs la confédération contenait une clause expresse restreignant l'autorité du congrès aux pouvoirs explicitement accordés: il était donc utile de déclarer que cette règle d'interprétation ne prévaudrait plus. La violence des attaques qui furent de tout temps dirigées contre cette clause, est la meilleure preuve de son importance.

605. Ainsi le seul but de la clause est de déclarer que le congrès doit avoir tous les pouvoirs accessoires, qui sont nécessaires et convenables à l'exercice de ses pouvoirs exprès. Cette clause n'élargit pas le cercle d'un pouvoir donné spécialement, elle n'est pas elle-même un autre pouvoir. Toutes les fois donc qu'il s'agit de décider si un pouvoir est constitutionnel, la première chose à examiner est de savoir s'il est exprès. En cas d'affirmative, la question est résolue. Mais si le pouvoir n'est pas expressément accordé par la constitution, on doit encore rechercher s'il est une conséquence d'un pouvoir exprès, s'il est nécessaire et convenable à son exécution; en cas d'affirmative, le congrès peut l'exercer; dans le cas contraire, ce serait inconstitutionnel.

606. Une autre objection reste encore sur la véritable portée de la clause. Quel est donc le sens constitutionnel des mots « nécessaires et convenables? » Les partisans d'une interprétation rigou-

reuse ont soutenu que le mot nécessaire signifiait ce qui était *absolument nécessaire et indispensable.* On disait que la constitution autorisait seulement les moyens *nécessaires* à l'exercice des pouvoirs énumérés dans la constitution, et non pas les moyens seulement *convenables;* et que, si on donnait à cette phrase une latitude telle qu'elle pût renfermer des pouvoirs non énumérés, le résultat serait d'y faire entrer tous les pouvoirs, quels qu'ils fussent : car il n'y en aurait pas un seul qui ne pût être regardé comme utile ou convenable à l'un des nombreux pouvoirs donnés au congrès. C'était donc pour éviter ce résultat que la constitution limitait le congrès à l'emploi des moyens *nécessaires*, c'est-à-dire des *moyens sans lesquels les pouvoirs exprès auraient été illusoires.* Une légère différence dans le degré de convenance ne pourrait constituer cette nécessité qui est exigée par la constitution.

607. Une pareille interprétation a pour effet d'exclure tout choix dans les moyens. Si donc la constitution n'a eu en vue, parmi les pouvoirs secondaires, que ceux-là seuls qui étaient absolument nécessaires à l'exercice des pouvoirs exprès, des difficultés nombreuses s'élèveront et ne pourront être aplanies. Les pouvoirs exprès deviendront souvent, dans la pratique, complétement inutiles; les opérations du gouvernement, dans l'exercice de ses pouvoirs explicites, fourniront difficilement la preuve de l'absolue nécessité de tel moyen d'exécution. Dans la plupart des cas, en effet,

des moyens et des systèmes différents peuvent être employés indistinctement pour parvenir au même but, et cependant on pourrait dire que chacun d'eux n'est pas constitutionnel, puisqu'il ne serait pas exclusivement indispensable; d'où la conséquence qu'aucun d'eux n'étant constitutionnel, aucun d'eux ne pourrait être employé. Par exemple, le congrès a le pouvoir de faire la guerre, de lever des armées, et accessoirement d'élever des fortifications et d'acheter des canons et des munitions de guerre; mais la guerre pourrait être faite sans canons et sans fortifications, et il n'y a aucune espèce d'armes déterminée qui soit absolument nécessaire pour faire la guerre; que deviendra alors le pouvoir? Le congrès a le pouvoir d'emprunter de l'argent et de pourvoir au payement des dettes publiques; nul système ne peut être regardé cependant comme indispensable de préférence à tout autre, car ces objets peuvent être remplis par des moyens différents. Le congrès a le pouvoir de créer une marine; mais il n'y a rien d'indispensable dans la forme ou l'armement des vaisseaux. Que faut-il donc faire de ces pouvoirs; doivent-ils rester sans application? Ne serait-il pas absurde de dire que le congrès n'a pas le choix des moyens dans ces circonstances, et n'a pas été revêtu du pouvoir d'employer les moyens qui, en fait, doivent conduire à l'exercice des pouvoirs conférés par la constitution? Autre exemple : le congrès a le pouvoir de régler le commerce, d'élever des phares, d'autoriser l'emploi de pilotes, etc.; mais peut-on dire que l'exercice de ces pouvoirs soit strictement nécessaire, ou que le pouvoir de régler le commerce serait illusoire sans des établissements de cette nature? En réalité on ne pourra présenter, comme absolument et exclusivement nécessaire, aucun règlement particulier de commerce; de sorte que l'on est forcé de reconnaître que les termes de ce pouvoir admettent tous les règlements de commerce, ou qu'ils n'en admettent aucun. S'il est un principe général que l'on puisse regarder comme une conséquence de la définition même d'un gouvernement, et comme une condition des progrès des États-Unis, c'est que tout pouvoir donné au gouvernement est d'une nature souveraine, et renferme implicitement le droit d'employer les moyens les plus convenables pour parvenir à ses fins. On ne doit en excepter que les moyens repoussés par la constitution, condamnés par la morale, ou contraires aux buts légitimes de toute société politique.

608. Un autre inconvénient de l'interprétation rigoureuse des termes de la clause que nous examinons, est de mettre l'autorité constitutionnelle dans la dépendance de circonstances temporaires et accidentelles. Cela seul prouverait toute la faiblesse des objections. L'utilité d'employer tel moyen particulier peut dépendre des circonstances, mais le droit constitutionnel de l'exercer doit être uniforme et invariable.

609. Le degré de nécessité d'une mesure ne

peut être la preuve du droit de l'adopter. Cela peut faire l'objet d'opinions différentes, et seulement être la preuve de l'utilité. Le rapport entre la mesure et son but, entre la nature des moyens employés pour l'exercice d'un pouvoir et l'objet de ce pouvoir, doit être seul le *criterium* de sa constitutionnalité, et non sa nécessité ou son utilité plus ou moins grande. — Si la législature a le choix des moyens, qui peut limiter son choix, quel est le juge des circonstances laissées à la discrétion du gouvernement? L'idée seule d'un contrôle dans l'exercice des pouvoirs du gouvernèment renferme virtuellement la négation de la suprématie du gouvernement à l'égard de ses pouvoirs, suprématie proclamée cependant par la constitution.

610. On reconnaît que cette interprétation rigoureuse ne peut être suivie à l'égard de certains pouvoirs du gouvernement national. Ainsi, on admet généralement que le pouvoir de punir appartient à la souveraineté, et peut être exercé comme accessoire des pouvoirs constitutionnels, toutes les fois que le souverain a droit d'agir. C'est un moyen de mettre à exécution tous les pouvoirs souverains, et il peut être employé, quoiqu'il ne soit pas absolument nécessaire. Si donc il faut abandonner l'interprétation restrictive, pour justifier l'exercice constitutionnel du droit de punir, pourquoi revenir à l'interprétation rigoureuse, quand le gouvernement veut exercer ses pouvoirs qui ne sont pas d'une nature répressive? Si le mot *né-*

*cessaire* veut dire utile, convenable, quand il s'agit du pouvoir de punir, pourquoi n'aurait-il pas cette signification quand il s'agit de faciliter l'exercice des autres pouvoirs?

611. L'interprétation restrictive est contraire à la règle admise généralement, que les pouvoirs contenus dans une constitution, et en particulier ceux qui concernent l'administration des affaires du pays, telles que ses finances, son commerce et sa défense, doivent être interprétés d'une manière large pour l'avancement du bien public. Cette règle ne dépend pas de la forme particulière d'un gouvernement, ou des démarcations différentes de ses pouvoirs, mais de la nature et de l'objet du gouvernement lui-même. Les moyens de répondre aux besoins du pays, d'éviter les dangers, d'augmenter la prospérité nationale, sont tellement variés et complexes, qu'on doit laisser une grande latitude pour le choix et l'emploi de ces moyens. De là résultent la nécessité et la convenance d'interpréter largement les pouvoirs constitutionnels.

612. Vainement essaye-t-on de repousser cette doctrine, en disant qu'elle a pour résultat d'étendre les pouvoirs du gouvernement national sur toute la sphère de la législation des États. On peut dire la même chose de tout pouvoir qui est exercé par induction ou interprétation. Les erreurs ou les abus sont toujours à craindre de tout pouvoir, quel qu'il soit, mais cela n'est pas un argument contre lui, et ne justifie pas une

interprétation trop sévère qui paralyserait tous les mouvements du gouvernement. Le remède contre les abus et les fausses interprétations est le même ici qu'à l'égard des abus et des fausses interprétations des gouvernements d'État; ce remède se trouve dans l'appel à une autre division du gouvernement, ou au peuple lui-même dans le libre exercice du droit d'élection.

613. Enfin, les termes mêmes de la clause repoussent une interprétation rigoureuse. Il est dit que le congrès aura le droit de faire toutes les lois *nécessaires* et *convenables*. Si le mot *nécessaire* doit être pris dans le sens strict qu'on lui donne, que peut signifier le mot *convenable?* L'adjonction de ce dernier mot paraît avoir pour but d'expliquer le mot nécessaire, et présente l'idée d'un choix parmi les mesures à employer; car si l'on ne peut employer que les mesures absolument et strictement nécessaires, cette nécessité excluant tout examen sur l'utilité ou la convenance des moyens, la seconde qualification, *convenable,* devient superflue. Si, au contraire, il avait un sens plus large, le mot *convenable* aurait alors un but particulier; il indiquerait que les moyens doivent être sincères et appropriés à l'objet que se propose la constitution.

614. En résumé, l'analyse scrupuleuse de cette clause prouve que si elle ne sert pas à donner plus d'extension aux pouvoirs du congrès, elle ne les restreint pas, elle n'affaiblit que le droit de la législature de choisir les mesures qui lui paraissent

les plus convenables pour mettre à exécution les pouvoirs constitutionnels du gouvernement. Le motif de son insertion a été certainement de prévenir tout doute sur le droit de la législature, dans la variété infinie de pouvoirs secondaires qui doivent être implicitement compris dans la constitution, si l'on veut avoir un gouvernement réel et non un fantôme.

615. C'est bien ici le lieu de parler d'une autre espèce de pouvoirs implicites qui ont été appelés, avec une grande justesse, pouvoirs dérivés résultant de l'ensemble des pouvoirs du gouvernement national. Personne ne doute, par exemple, que si les États-Unis acquièrent, par la conquête, un territoire voisin, le gouvernement national ne puisse étendre sa juridiction sur ce nouveau pays. On pourra peut-être considérer ce pouvoir comme étant le résultat de l'ensemble des pouvoirs du gouvernement national, et de la nature d'une société politique plutôt qu'une conséquence des pouvoirs expressément accordés. On pourrait aussi le regarder comme une conséquence du pouvoir de faire la guerre. Il y a encore d'autres exemples de pouvoirs dérivés; ainsi la constitution ne présente nulle part les États-Unis comme un être souverain, ayant capacité pour poursuivre en justice, quoiqu'une juridiction ait été donnée aux cours nationales, dans les controverses dans lesquelles les États-Unis étaient intéressés. Les États-Unis, dans leur capacité politique, ont le droit de contracter, quoique la constitution ne contienne

à cet égard aucune disposition expresse; c'est encore une conséquence de leur souveraineté. De même aussi le congrès a le pouvoir de punir les délits commis sur des navires de guerre, par des individus étrangers au service militaire et naval des États-Unis, soit que les vaisseaux se trouvent dans un port ou en mer, car la juridiction à bord d'un navire de l'État appartient au souverain.

616. Dans le silence de la loi, on trouve par induction non-seulement des pouvoirs d'agir, mais encore des négations de pouvoir; par exemple, des exemptions de la juridiction des Etats; ainsi, les collecteurs des impôts, les courriers de la poste, et toutes les institutions qui sont générales de leur nature, sont autant d'exemples de ces exemptions. Personne ne doute que ces employés ne soient affranchis de tout contrôle des États, dans la sphère de leurs devoirs, quoique cette exemption ne repose expressément sur aucun texte; elle résulte implicitement de la plupart des actes du congrès qui ont fondé ces établissements, et elle est garantie par le pouvoir judiciaire. Celui qui doit pourvoir à l'entretien d'un poste militaire ne peut être empêché de faire ses achats dans un État, ou de traverser un État pour transporter ses provisions aux lieux où les troupes sont établies. Ces pouvoirs incidents découlent nécessairement de la suprématie des pouvoirs de l'Union.

617. Il serait impossible d'énumérer les circonstances nombreuses dans lesquelles le congrès

peut, dans sa marche gouvernementale, employer des moyens implicites pour arriver à l'exécution de ses obligations; toutefois nous insisterons sur certaines mesures importantes qui ont été souvent attaquées, comme dépassant les limites des pouvoirs du congrès, notamment le droit d'établir des banques, de pourvoir aux améliorations intérieures, de créer des routes, etc.

# CHAPITRE XXVII.

## POUVOIRS ACCESSOIRES. — BANQUE NATIONALE.

Établissement de la banque en 1791. — Exposé des doctrines contraires à l'établissement d'une banque nationale. — Exposé des raisons favorables.

---

618. Une des plus importantes mesures qui aient soulevé une question de droit constitutionnel, est l'acte constitutif de la banque des États-Unis, en 1791. Cette question a souvent été débattue depuis; et bien que la mesure ait été approuvée à différentes reprises par le congrès, par le pouvoir exécutif, par le pouvoir judiciaire, et même par la plupart des États, cependant on voudrait encore, à cette heure, l'envisager du point de vue constitutionnel, comme si elle était entièrement neuve et qu'elle n'eût point encore été controversée. Il est impossible aujourd'hui de considérer cette question comme une question pendante, autrement la constitution resterait toujours un texte mal défini, sans attributs permanents, soumis aux changements d'opinion et de

doctrine, et livrée aux passions des partis (1). Si la constitution était seulement ce que le gouvernement du jour désirerait qu'elle fût, si elle devait revêtir toutes les formes qui conviendraient aux théories et aux opinions des hommes politiques, à mesure qu'ils se succèdent dans le maniement des affaires, sa véritable valeur serait difficile à déterminer. Il n'y aurait ni certitude, ni uniformité, ni sécurité; elle subirait des variations infinies; le passé n'offrirait aucun guide, et l'avenir aucune garantie de stabilité. Un pareil état de choses serait le renversement des lois, et amènerait sur le pays les malheurs qui sont toujours la suite inévitable de l'incertitude dans les lois fondamentales d'un gouvernement.

619. Les raisons contre la légalité d'une banque nationale, ont été suffisamment dévelop-

(1) La question était si peu résolue en faveur de la banque des États-Unis, que dans ces dernières années elle a éte agitee de nouveau dans toute l'Union, et qu'il s'est organisé contre elle une véritable croisade ultradémocratique, en tête de laquelle marchait le général Jackson, président de l'Union. Cet ennemi déclaré de la banque commença par lui retirer brusquement, et sous sa responsabilité, le depôt des fonds du gouvernement; puis, quand vint le moment de renouveler la charte de la banque, il apposa résolûment son *veto* sur le bill de renouvellement, et anéantit ainsi l'institution. Les meilleurs esprits, les financiers les plus habiles, n'ont pas hésite à attribuer en grande partie à la destruction de la banque, les graves perturbations financières des États-Unis. Nous engageons à lire les intéressants détails que donne à ce sujet M. Michel Chevalier (*Lettres sur l'Amérique du Nord*). P. O.

pées dans les observations précédentes. Elles roulent en partie sur l'interprétation trop étroite de l'article qui règle les pouvoirs implicites, *nécessaires et convenables*, pour l'exécution des pouvoirs déterminés du congrès. Le pouvoir d'établir une banque, disait-on, n'est pas écrit dans la constitution; de plus, tous les pouvoirs déterminés peuvent être mis à exécution sans le concours d'une banque; d'où il résulte qu'une banque n'étant point *nécessaire*, n'est pas autorisée par la constitution. Il est cependant démontré qu'une banque donnerait une grande facilité pour la perception des impôts (1). Si cela est exact, il faut avouer que la constitution n'accorde que les moyens nécessaires, et non point les moyens seulement *convenables* pour l'exécution des pouvoirs déterminés. Si une plus grande latitude dans l'appréciation des moyens était accordée, continuent les adversaires,

(1) En effet, pendant l'existence de la banque des États-Unis, il y avait dans les principales villes de l'Union des succursales appelees *branch-banks*, chargées de recevoir dans chaque localité les revenus et les fonds du gouvernement de l'Union, pour les transmettre à la banque centrale à Philadelphie. En sorte que la banque des États-Unis était la caisse du tresor fédéral. Après l'anéantissement de la banque des États-Unis, on pourvut à la perception des impôts et des revenus par le bill de *sous-trésorerie*, qui créait dans chaque État des sous-trésoreries chargées de recevoir les fonds pour le compte de l'Union, et de les transmettre au secrétaire de la trésorerie (*ministère des finances*). Ces fonctionnaires ont quelque analogie avec nos receveurs géneraux, et même avec nos receveurs particuliers. P. O.

elle donnerait aux pouvoirs déterminés une extension trop considérable; mais alors, il devient évident que la constitution accorde seulement au congrès les moyens sans lesquels le pouvoir serait illusoire.

620. L'utilité de la mesure ne peut pas être complétement démentie. On reconnaît que des billets de banque sont des effets de circulation plus faciles que des mandats sur le trésor. Mais on ajoute qu'une légère différence dans le degré de facilité ne peut constituer cette nécessité qu'avait en vue la constitution. D'ailleurs les banques locales des États actuellement existantes, sont aptes et parfaitement disposées à se charger des affaires du gouvernement; il est clair alors qu'il n'y a point nécessité d'avoir une banque nationale. Et quand même l'établissement d'une banque nationale offrirait de plus grandes facilités dans les relations, il ne s'ensuivrait point qu'on aurait le droit de l'établir, ou que sans elle la marche des affaires publiques serait entravée. Peut-on supposer que la constitution ait entendu, en faveur d'une utilité si légère, accorder au congrès le pouvoir d'enfreindre les plus anciennes lois des États, telles que les lois sur la *mainmorte*, sur l'*aliénation*, etc.? Une nécessité inévitable pourrait seule justifier un pareil mépris des lois qui sont pour ainsi dire les bases de tout notre système judiciaire. Si le congrès avait le droit de créer une corporation, il pourrait en créer de tout genre; il ne rencontrerait de limite nulle part; il pourrait même établir

des monopoles, car la charte dont il s'agit est véritablement un monopole.

621. Les raisons par lesquelles on a soutenu la légalité de l'établissement d'une banque nationale, peuvent se résumer de la manière suivante : les pouvoirs confiés au gouvernement national sont, sans contredit, souverains. On ne saurait contester que le pouvoir de créer une corporation n'appartienne à la souveraineté. Tels sont aussi tous les autres pouvoirs législatifs, car le pouvoir de faire des lois sur tous objets est un pouvoir souverain. Si le gouvernement national n'a pas la faculté de créer une corporation, parce que ce serait là l'exercice d'un pouvoir souverain, il faudrait dire aussi, par les mêmes motifs, qu'il ne pourrait exercer aucun pouvoir législatif. Ces considérations seules devraient mettre fin à toutes ces recherches abstraites, de savoir si le gouvernement national a le pouvoir de créer une corporation, c'est-à-dire, de donner à une ou plusieurs personnes une capacité légale parfaitement distincte de leur capacité naturelle. Car si c'est un pouvoir inhérent à la souveraineté, comme cela a été reconnu, il doit nécessairement appartenir au gouvernement national dans ses rapports avec les objets qui lui sont confiés. Une seule distinction nous paraît admissible : là où l'autorité d'un gouvernement est absolue, elle peut créer des corporations pour tous les cas ; mais quand cette même autorité est modérée et restreinte à certains objets, elle ne peut

créer des corporations que pour les cas prévus. On ne saurait nier que des pouvoirs implicites n'auraient pu être donnés tout aussi bien que des pouvoirs exprès. Il s'ensuit que le pouvoir de créer des corporations peut être implicite comme tout autre moyen de mettre à exécution un pouvoir déterminé. La seule question est de savoir si c'est véritablement un moyen d'exécution, et s'il a quelques rapports naturels avec les attributions du gouvernement national. Ainsi le congrès ne pourrait pas créer une corporation pour surveiller la police de la ville de Philadelphie, par la raison qu'il n'aurait pas pouvoir de régler la police de cette ville. Mais s'il avait pouvoir de régler la police de cette ville, il pourrait, sans aucun doute, créer une corporation dans ce but.

622. Une erreur s'est glissée dans les raisonnements sur ce sujet. On a voulu représenter une corporation comme un être à part et indépendant, tandis qu'une corporation n'est en réalité qu'une capacité légale, une qualification, en un mot, un moyen pour arriver à une certaine fin, et que le pouvoir de le créer n'est qu'un pouvoir implicite et incident. On ne s'adresse pas à la charité publique afin de fonder une corporation, mais on établit une corporation pour administrer la charité. On n'a jamais construit une ville dans la seule pensée d'avoir une corporation, mais on a institué des corporations pour faciliter les moyens de gouvernement. Ainsi une compagnie de commerce se forme dans l'intérêt d'une certaine

branche de commerce : l'exploitation d'un commerce est le véritable but; l'association pour réunir des capitaux n'est que le premier moyen. Si cette association s'organise en corporation, c'est uniquement pour faciliter et assurer son influence dans l'exécution de ses projets. On ne se sert jamais du pouvoir de faire une corporation que pour parvenir à un certain but. Il n'y a donc pas l'ombre d'une raison à prétendre que ce pouvoir ne peut être considéré comme un pouvoir accessoire des pouvoirs exprès, et comme un mode d'assurer leur exécution.

623. Il est vrai que nous ne trouvons point parmi les pouvoirs énumérés, celui d'établir une banque ou de créer une corporation; mais nous trouvons les pouvoirs d'asseoir et de percevoir les impôts, d'emprunter de l'argent, de régler le commerce, de déclarer et de faire la guerre, de lever et d'entretenir des forces de terre et de mer. Or, si une banque est un moyen convenable pour exercer l'un de ces pouvoirs, il faut reconnaître qu'il est implicitement accordé comme les autres. Si ce moyen est *nécessaire et convenable* pour assurer l'exécution de l'un d'eux, pourrait-on contester à l'autorité le droit de s'en servir? Si on avait eu l'intention de concéder ce pouvoir en général, d'en faire un pouvoir distinct et indépendant, qui n'eût point de rapports avec les autres, alors il y aurait eu convenance à le donner en termes exprès, car sans cela il n'existerait pas. Ainsi il avait été proposé dans la Convention de

donner le pouvoir « d'accorder en général des chartes de corporation ; — d'accorder des chartes de corporation dans les cas où le bien public en exigerait la concession;—enfin, d'accorder des lettres de corporation pour les canaux, etc. » Si une de ces propositions eût été adoptée, il y aurait eu convenance à donner le pouvoir en termes exprès. Quant aux deux premières propositions, le pouvoir étant général et illimité, il aurait été beaucoup plus large qu'aucun autre des pouvoirs déterminés ; et quant à la dernière, le pouvoir qui en serait résulté aurait encore été beaucoup plus considérable qu'aucun autre pouvoir *implicite.* Mais le rejet de ces propositions ne prouve pas que le congrès ne peut pas créer une corporation, comme pouvoir subordonné aux autres pouvoirs énumérés, mais seulement qu'il n'a pas le pouvoir indépendant de créer des corporations en dehors des pouvoirs exprès.

624. En effet, il est clair que la Convention ne pouvait pas avoir eu l'intention d'ôter au gouvernement, pour tous les cas, la faculté de créer des corporations. Autrement comment instituer des gouvernements locaux, qui ne sont autre chose que des corporations créées par le congrès? On ne trouve nulle part que le congrès ait un pouvoir exprès de les instituer ; mais sous la Confédération, le congrès consacra leur établissement par la fameuse ordonnance de 1787; et depuis, sous la constitution, le congrès a, sans opposition et avec l'approbation universelle de la na-

tion, créé de temps en temps des gouvernements locaux. Le congrès jouit de ce pouvoir implicitement, comme étant nécessaire et propre à l'exercice d'un pouvoir exprès par lequel il est enjoint au gouvernement de régler les gouvernements locaux des territoires de l'Union. Dans la Convention, deux propositions furent faites et renvoyées à un comité, en même temps que deux propositions précédemment faites et qui avaient pour but, l'une, « d'accorder des chartes pour disposer de toutes les terres de l'Union n'ayant pas de destination, » l'autre, « d'établir des gouvernements provisoires dans les nouveaux territoires. » Ces deux propositions eurent le même sort que les deux propositions relatives aux corporations. Que penserait-on d'une argumentation qui tendrait à prouver que le congrès n'a pas le pouvoir d'établir de gouvernements locaux, par la raison que ces deux propositions avaient été abandonnées ou rejetées dans le sein de la Convention?

625. Ce n'est pas d'ailleurs le seul cas dans lequel le gouvernement ait le droit de créer des corporations. Dans le pouvoir d'accepter une cession de territoire pour y établir le siége du gouvernement, et y exercer une législation exclusive, est incontestablement comprise la faculté d'ériger des corporations, non-seulement publiques, mais particulières. Ce pouvoir a constamment été exercé, et on n'a jamais prétendu qu'il fût inconstitutionnel; il a pu être seulement exercé comme incident au pouvoir législatif général.

626. Il est facile de prouver jusqu'à la dernière évidence que l'établissement d'une banque nationale est une mesure propre à assurer l'exercice de quelques-uns des pouvoirs déterminés, et qu'une corporation est le meilleur moyen pour y parvenir. L'établissement d'une banque a certainement des rapports plus ou moins directs avec le pouvoir de lever les impôts, d'emprunter de l'argent, de régler le commerce entre les États, de lever et d'entretenir les troupes de terre et de mer. On pourrait ajouter qu'une banque a une très-grande influence sur la circulation monétaire entre les États (1); qu'elle est un des moyens dont les gouvernements se servent ordinairement dans leurs opérations financières; et, dans ce temps-ci, on ne saurait méconnaître qu'il n'en existe pas de plus apte, de plus utile, de plus indispensable pour les opérations de finances du gouvernement des États-Unis. Ces raisons sont tellement reconnues par tous les hommes d'État capables et éclairés, que ce serait une perte de temps de vouloir les prouver par un exposé minutieux, et indiquer tous les points par lesquels une mesure pareille touche à toutes les branches du gouvernement.

627. Si l'on admet que le congrès peut légalement établir une banque, il doit pouvoir lui con-

(1) La banque des États-Unis réglait effectivement le cours du change entre les États, et empêchait de cette manière l'agiotage qui, en l'absence de ce régulateur de la circulation, s'est développé dans les banques locales avec une énergie si fatale pour le pays. P. O.

férer les attributions qui la rendent apte aux opérations de finances. On a le droit sans doute de l'approprier à ce but de la manière la plus convenable. Personne ne peut prétendre que, créer un capital, tenir une caisse, prêter de l'argent, émettre des billets de banque, recevoir des dépôts et avoir des employés pour le maniement de ces affaires, ne soient pas des attributions utiles et appropriées au but que se propose la banque. Ce sont là des facultés qui sont généralement accordées aux banques des États, et qui facilitent les opérations. Prétendre qu'une banque pourrait exister sans ces facultés serait un contre-sens. Quelle autorité, si ce n'est le congrès, pourrait déterminer les attributions d'une banque, du moment que toutes sont nécessaires pour en faire un instrument utile? Personne ne peut dire que telle ou telle disposition, dans une charte publique, est inutile ou peu convenable, du moment que toutes tendent à un but déterminé. Ôtez à une banque son commerce et ses affaires, son principe vital est détruit. La forme peut rester, mais le fond n'existera plus. Toutes les attributions de la banque sont disposées de manière à donner à ses opérations financières et à ses affaires la plus grande efficacité.

628. Quant à cette autre objection, que le même but pourrait être atteint par les banques locales, il suffit de remarquer qu'on ne trouve nulle part dans la constitution la trace d'une intention de placer aucun des grands pouvoirs fédéraux dans la dépendance des États et de leurs

institutions. Les grands pouvoirs doivent avoir des moyens propres à en assurer l'exercice, et il serait singulièrement étrange de les faire dépendre des institutions particulières. Si le congrès a le droit d'employer les banques locales, il s'ensuit qu'étant libre de choisir ses moyens, il peut, de préférence aux banques locales, se servir d'une banque nationale pour le maniement de ses opérations financières. Prouver qu'on peut se servir d'un moyen, n'est pas prouver qu'on ne puisse pas se servir légalement d'un autre.

629. Les différentes branches législative, exécutive et judiciaire du gouvernement, ont été maintes fois appelées à se prononcer sur cette matière. Les États ont donné leur assentiment, et la majorité a toujours soutenu le gouvernement. Si la question n'est pas regardée comme décidée, on peut dire qu'elle ne le sera jamais (1).

(1) La question est en effet décidée aujourd'hui, mais, malheureusement, à l'encontre de l'opinion si sage de M. Story : la banque des États-Unis a fini par succomber sous les violences de l'esprit de parti. Nous avons plus haut rappelé sommairement la phase principale de cette lutte, et comment le président Jackson avait brusquement mis fin aux débats.

P. O.

# CHAPITRE XXVIII.

## POUVOIRS ACCESSOIRES. — AMÉLIORATIONS INTÉRIEURES.

Affectation du produit des impôts aux améliorations intérieures. — Le congrès peut exécuter des travaux d'amélioration. — Distinctions à faire. — Objections. — Les États conservent la juridiction sur les établissements d'utilité publique exécutés sur leur territoire par le congrès.

---

630. Une autre question qui pendant longtemps agita les hommes d'État du pays, fut de savoir si le congrès avait le droit de faire des routes, des canaux et autres améliorations intérieures.

631. Cette matière, en tant qu'elle se rapporte au droit d'affecter des capitaux aux améliorations intérieures, a déjà été examinée dans l'analyse que nous avons faite du droit d'établir et de percevoir les impôts. La question fut alors résolue en ce sens que le gouvernement a le droit d'affecter des capitaux, non-seulement à l'amélioration du cours des rivières, des ports, à la construction des jetées, à l'encouragement de la navigation, à la construction des forts, des phares et des môles, mais encore à la construction de ca-

naux, des routes et autres établissements du même genre. Les seules limites de ce pouvoir se trouvent dans les termes de la constitution ; il faut que tous ces objets aient pour but la défense commune, ou le bien-être général. Il n'y a de distinction à faire qu'entre les objets d'un caractère ou d'un usage local, et les objets servant au bien-être de tous les États. S'il s'agit d'objets purement locaux, le congrès ne peut pas constitutionnellement y affecter des capitaux. Mais du moment qu'il s'agit d'objets d'un intérêt général, on n'a pas à rechercher si l'établissement, sous le point de vue de la localité, se trouve dans un seul ou dans plusieurs États; s'il est de grande ou de petite étendue : tout dépend de son caractère et de son degré d'utilité.

632. On a soutenu aussi que la constitution donnait au congrès non-seulement le droit d'affecter des capitaux, mais qu'elle l'autorisait en outre à entreprendre et à exécuter un système d'améliorations intérieures, toutes les fois que de pareilles améliorations rentraient dans la classe des pouvoirs déterminés. Il ne suffit pas en effet que les entreprises aient un caractère d'utilité publique, il faut encore qu'elles soient dans le domaine des pouvoirs déterminés. La différence entre ce pouvoir et la faculté d'une simple application de fonds consiste en ce que le congrès a, sans contredit, le droit d'affecter des sommes à toutes les entreprises d'utilité publique, mais que pour la création de nouveaux établissements, il est obligé d'examiner s'ils peuvent être regardés comme émanant d'un

pouvoir exprès. Le congrès peut en conséquence autoriser la construction des canaux, puisque ses attributions lui permettent de régler et de faciliter les relations commerciales. Il peut construire des phares, des môles, dans l'intérêt de la navigation. Il peut acheter et bâtir des bureaux pour les douanes, des magasins, etc., puisqu'il a le pouvoir de lever et de percevoir les droits. Il peut en outre bâtir des forts, des arsenaux, etc., puisqu'il a aussi le droit de faire la guerre.

633. Par la même raison le congrès peut construire des routes stratégiques, et par suite acquérir des droits sur le sol même. Il aura aussi le droit de réparer ces routes et de prévenir tout genre d'entraves. Toutefois, ce pouvoir du congrès n'exclut point la juridiction de l'État sur le territoire duquel ces établissements existeront. Prenons l'exemple d'une route stratégique. Assurément un État ne pourrait ni ordonner des réparations, ni entraver la circulation en aucune façon, mais sa juridiction restera intacte. Il pourra punir les crimes commis sur cette route, et sous d'autres rapports encore il gardera sa souveraineté. Le droit sur le sol reste à l'État ou aux particuliers, et le droit d'usage seulement au gouvernement national. Il y a une très-grande différence entre l'exercice d'un pouvoir excluant entièrement la juridiction des États, et celui d'un pouvoir qui, tout en réservant au gouvernement national le droit de maintenir ce qui existe, conserve cependant les droits des États.

634. Il résulte de tout cela que le congrès peut seulement autoriser des constructions en tant qu'elles rentrent dans la sphère des pouvoirs qui lui ont été donnés par la constitution.

635. La résistance à cette extension du pouvoir du congrès se base surtout sur l'argumentation qui n'admet qu'une interprétation étroite et bornée de la constitution. On dit qu'un tel pouvoir n'est pas compris parmi ceux établis par la constitution, et qu'il ne pourrait en dériver comme moyen secondaire. Le pouvoir de régler le commerce ne saurait-il donc s'étendre à la faculté d'établir des routes et de faciliter la circulation par différents moyens ? On prétend que ce serait aller trop loin et que cela deviendrait incompatible avec la nature de la constitution (1). En fait, le congrès a toujours adopté l'interprétation large ; l'interprétation limitée ne l'a été que dans certaines occasions par le département exécutif. Dans l'état actuel de la question, le commentateur doit s'abstenir et laisser au lecteur le soin de se décider par ses propres vues.

636. On a demandé encore si le congrès pouvait faire une loi qui accorderait à l'Union une préférence et priorité de payement de sa dette, dans des cas de mort, d'insolvabilité ou de faillite de ses débiteurs, hors du territoire de l'Union.

(1) Ainsi, le droit d'intervention dans les travaux publics n'est pas contesté au congrès en sa qualité de gouvernement, mais comme n'ayant pas eu ce pouvoir exprès. Dans les États, on n'a jamais contesté au gouvernement local le droit d'intervenir dans les travaux publics. P. O.

Il a été statué, après mûre délibération, que le congrès possédait un tel pouvoir. C'est un pouvoir nécessaire et propre à l'exercice des autres pouvoirs du gouvernement. Le gouvernement doit payer les dettes de l'Union, et il doit avoir à sa disposition des moyens propres à atteindre ce but. Il peut acheter et *émettre* des billets, prendre toutes les précautions et faire tous les règlements qui pourront en garantir la transmission. Il peut aussi de même faire des lois nécessaires au *recouvrement de ses dettes*. On n'objectera point contre ce droit de priorité, les droits de souveraineté des États relativement aux mesures qu'ils ont le droit d'adopter pour se garantir contre toute espèce de concussion de la part de leurs employés. Cette objection, si on y attachait quelque importance, pourrait être dirigée contre tous les pouvoirs donnés par la constitution. Ce mal, si tant est qu'il y ait mal, est la conséquence nécessaire de l'influence des lois de l'Union sur tous les objets auxquels s'étend le pouvoir législatif du congrès.

637. C'est par suite de cette même autorité que le congrès a le droit de citer en justice devant ses propres tribunaux; ce droit ne se trouve positivement énoncé dans aucune partie de la constitution, mais il résulte évidemment par induction des clauses relatives au pouvoir judiciaire. Le congrès n'a pas seulement le droit d'autoriser des poursuites au nom des États-Unis, mais encore au nom d'une personne fictive (comme, par exemple, au

nom du directeur général des postes), ou d'une personne réelle. En effet, tous les pouvoirs incidents appartenant à la *personne* du souverain et relatifs à la faculté de faire des traités ou d'exercer des poursuites et des contraintes, en tant qu'ils sont dans le cercle des pouvoirs du gouvernement, appartiennent aux États-Unis comme ils appartiennent aux autres souverains. Le droit de faire des traités et d'exercer des poursuites est un pouvoir accessoire de la souveraineté; et les États-Unis étant un corps politique, peuvent, dans la sphère des pouvoirs constitutionnels qui leur sont confiés, et par le moyen du département auquel se rattachent ces pouvoirs, conclure des traités qui ne sont point défendus par la loi et pourvoir à l'exercice de ces pouvoirs par des procès et poursuites judiciaires.

638. Les pouvoirs auxiliaires et secondaires appartenant au congrès ont été exercés dans un très-grand nombre de cas. Mais le but de ces explications est plutôt de montrer ceux qui ont fait l'objet d'une discussion que ceux que jusqu'à présent on n'a point attaqués.

# CHAPITRE XXIX.

## POUVOIRS ACCESSOIRES DU CONGRÈS. — ACHAT DE TERRITOIRES ÉTRANGERS. — EMBARGO.

Acquisition de la Louisiane. — Questions soulevées à l'occasion de cette acquisition : le congrès a-t-il le pouvoir d'accepter et de payer une pareille acquisition ? a-t-il le pouvoir de stipuler l'incorporation des habitants dans l'Union ? — Danger de ces pouvoirs pour le maintien de l'Union. — Opinion de Jefferson sur ce sujet.— Embargo. — Ne faut-il pas distinguer entre l'embargo temporaire et l'embargo permanent ?—Le second n'est-il pas l'interruption de tout commerce, et par conséquent en dehors du pouvoir de régler le commerce ?—Lois contre les émeutes et contre les étrangers.

---

639. Les actes les plus importants qui aient été faits par le gouvernement en vertu des pouvoirs accessoires, et que l'on peut considérer comme l'expression la plus hardie du système d'interprétation libérale, sont l'embargo de 1807, l'acquisition de la Louisiane en 1803, et son admission dans l'Union comme État. Remarquons en outre, que ces mesures ont été proposées, défendues et dirigées par des hommes connus pour être partisans d'une interprétation étroite de la constitution.

640. *Acquisition de la Louisiane.* — Le traité de 1803 contient une cession de ce vaste territoire par la France aux États-Unis pour la somme de onze millions de dol'ars (1). Dans ce traité, il a été stipulé, de la part des États-Unis, que les habitants du territoire concédé seraient incorporés dans l'Union, et qu'ils seraient, suivant les principes du droit fédéral, admis à la jouissance de tous les droits, avantages et immunités des citoyens des États-Unis.

641. Il est évident que le traité présentait plusieurs questions très-importantes, dont chacune eût été hérissée de difficultés, si on les avait examinées au point de vue d'une interprétation stricte. D'abord les États-Unis avaient-ils le droit d'accepter et de payer la cession ? Ensuite, dans le cas où ils l'auraient eu dans la constitution, pouvaient-ils stipuler et effectuer l'admission du nouveau territoire comme État de l'Union?

642. *Achats de territoires étrangers.* — On ne peut pas prétendre que l'acquisition ou la cession d'un territoire étranger rentrent dans les pouvoirs expressément donnés par la constitution. Les auteurs de l'acte constitutionnel n'ont nulle part eu en vue un pouvoir pareil. Ce pouvoir serait par sa nature même dangereux pour la liberté, et dans beaucoup d'occasions susceptible

(1) Environ soixante millions de francs. La cession officielle de cette colonie eut lieu le 23 décembre 1803, par l'intermédiaire de M. Laussat, préfet colonial et commissaire du gouvernement français. P. O.

de grands abus; il pourrait même dans son application mener à l'entière dissolution de l'Union. Avec ce pouvoir, le congrès aurait le droit de réunir au territoire de l'Union un autre territoire, quelle que fût son étendue et sa puissance. Sous le prétexte d'une cession, nous pourrions être nous-mêmes unis à un voisin ou à un rival plus puissant; nous pourrions être enveloppés dans des intérêts européens et étrangers, et dans des contestations sans fin. Si le congrès pouvait stipuler l'admission d'autres États dans l'Union, la balance de la constitution pourrait en être détruite, et les anciens États perdraient leur importance. Ce serait certainement une chose incroyable qu'un pouvoir aussi démesuré ait pu être confié au gouvernement national avec le consentement du peuple des anciens États. Si un tel état de choses existe, il est certainement imprévu, et résulte d'un droit de souveraineté qui devait être limitée, et contre laquelle on ne s'est pas suffisamment mis en garde. L'exemple de la cession de la Louisiane est une démonstration frappante de la justesse de cette opinion. Ainsi on a admis dans l'Union un territoire immense, égal, sinon supérieur, à tous les États ensemble à l'époque de la paix de 1783. Cette union devra forcément, et par le progrès naturel des choses, changer entièrement la balance du pouvoir dans l'Union, et transporter dans l'ouest les attributs importants de la souveraineté. S'il est vrai, comme on le dit généralement, qu'une des graves objections contre la constitution consistait à dire que le territoire des États-Unis était trop étendu pour admettre un pouvoir central ou national, on comprend moins encore qu'il ait pu entrer dans les vues de la nation que des territoires étrangers pussent être adjoints, puisque cette jonction même augmenterait le danger que l'on redoutait. Le pouvoir de faire des traités doit donc être regardé comme restreint aux objets déterminés par la constitution. Et, bien que le congrès ait le droit d'admettre de nouveaux États dans l'Union, cela ne peut s'entendre que des territoires qui appartenaient aux État-Unis, et ne se rapporte qu'aux États qui, lors de l'ordonnance de 1787, étaient regardés comme s'étant formés en dedans des anciennes limites. L'application de capitaux à cette acquisition de la Louisiane est une chose plus grave encore. Si on veut la justifier en disant que la défense commune ou un intérêt général l'exigeait, une pareille justification ne saurait se concilier avec une interprétation stricte de la constitution (1). Il en faudrait avouer que

(1) Dans une lettre du 7 septembre 1802, Jefferson exprime ainsi son opinion sur cette question : « Je sens toute la force de vos observations sur le pouvoir donné au congrès par la constitution, d'admettre dans l'Union de nouveaux États, sans que ce pouvoir soit borné au territoire qui constituait alors les États-Unis. Mais quand je considère que les limites des États-Unis etaient fixées d'une manière précise par le traité de 1783, et que la constitution a été, ainsi qu'elle le déclare elle-même, faite pour les États-Unis, je ne crois pas que l'on ait eu à cette époque l'intention de permettre au congrès d'admettre dans l'Union de nouveaux États, formés

le congrès peut affecter des capitaux à tous les objets rentrant dans la même catégorie. Ensuite, si un territoire peut être acheté, il faut que, pour le gouverner, le congrès puisse y établir un gou-

en dehors du territoire, pour lequel et sous l'autorité seule duquel on agissait alors; je ne crois pas qu'il soit entré dans la pensée d'autoriser l'admission au nombre des États de l'Irlande ou de la Hollande, ce qui serait cependant la conséquence de votre interprétation. Quand un acte est susceptible de deux interprétations, l'une sûre, l'autre périlleuse, l'une précise, l'autre indéfinie, je préfère la première à la seconde. »

Dans une autre lettre en date du 12 août 1833, il complétait sa pensée en indiquant la marche qui lui paraissait la plus légale. « Il faut certainement, dit-il, que le traité soit présenté aux deux chambres, car toutes deux ont d'importantes fonctions à remplir dans cette occasion. Je présume qu'elles regarderont comme un devoir envers le pays de le ratifier et de payer les sommes convenues, afin de s'assurer un avantage qu'il serait probablement hors de leur pouvoir d'obtenir de toute autre manière. Mais je crois qu'elles devront aussi en appeler à la nation pour qu'elle approuve et confirme, par un article additionnel à la constitution, un acte que la nation n'avait pas préalablement autorisé. La constitution ne nous a pas donné le pouvoir d'occuper des territoires étrangers, encore moins celui d'incorporer à notre Union des nations étrangères. Ainsi le pouvoir exécutif, en saisissant l'occasion fugitive de conclure un marché avantageux au pays, a agi hors des limites de la constitution. La législation doit donc rejeter les subtilités métaphysiques, et prenant sur elle, comme un fidèle serviteur, ratifier cette convention et en payer le prix; puis venir ensuite se soumettre au jugement du pays pour avoir fait sans autorisation, dans son intérêt, ce qu'il aurait fait lui-même s'il eût été en situation d'agir. C'est le cas d'un tuteur qui aurait employé l'argent de son pupille à l'acquisivernement territorial; et comment aurait-il ce droit, puisqu'on lui conteste même le droit de créer des corporations?

643. Telles sont les objections qu'on a soulevées contre la cession de la Louisiane et toutes les mesures ayant pour but l'exécution du traité. Les partisans de ce traité étaient forcés d'admettre la doctrine que le droit d'acquisition était implicitement compris dans la souveraineté nationale, et qu'il était une conséquence des pouvoirs conférés par la constitution au congrès; que l'application qui en avait été faite pouvait se justifier par l'obligation imposée au congrès de pourvoir au bien-être général et à la défense commune. En un mot, on voit que cette mesure ne se justifie que par une large interprétation de l'acte fédéral.

644. *Embargo.* — Un autre exemple d'une application extraordinaire des pouvoirs accessoires du gouvernement, et dont nous avons déjà parlé plus haut, c'est l'embargo ordonné par le président Jef-

tion d'un terrain important qui touche à la propriété de celui-ci, et qui lui dirait lorsqu'il serait parvenu à sa majorité : « Voilà ce que j'ai fait pour votre bien; je ne prétends pas avoir eu le droit de vous lier, vous pouvez me désavouer et me laisser me tirer d'embarras comme je le pourrai; mais j'ai pensé qu'il était de mon devoir de courir le risque pour vous. » Or, nous ne serons pas désavoués par la nation, et l'acte d'indemnité qu'elle passera en notre faveur, bien loin d'affaiblir la constitution, la fortifiera au contraire en en marquant plus distinctement les traits. » (*Extraits des Mémoires et de la Correspondance de Jefferson,* publiés par L. P. Conseil, t. II, p. 60, 62.) P. O.

ferson, en 1807. Cette mesure a été présentée comme un moyen de salut pour nos vaisseaux, nos marins, nos marchandises, dans un moment où les guerres de l'Europe devenaient menaçantes pour leur sécurité. On a ajouté que c'était « une mesure de précaution exigée par la circonstance, sans aucun caractère d'hostilité envers une des nations belligérantes. » On ne pouvait la regarder, par conséquent, comme un préliminaire de guerre. Tout au plus pouvait-on la ranger dans la catégorie des mesures qui ont pour but le règlement du commerce. L'acte d'embargo s'étendait sur tous les navires dans les ports des États-Unis ou les places et ports étrangers. La durée de cet acte était illimitée, et il ne pouvait être révoqué que par un nouvel acte du congrès et du consentement de toutes les branches de la législature.

645. Toutefois, personne ne peut raisonnablement mettre en doute qu'un embargo qui suspend les relations commerciales pour un temps limité, ne soit parfaitement permis d'après la constitution. Mais la difficulté était de savoir si le congrès, tout en ayant le pouvoir de régler le commerce, pouvait valablement suspendre et interdire tout commerce avec les nations étrangères par un acte permanent et d'une durée illimitée. Ce point, en effet, a été sérieusement contesté, principalement par les États de l'est. On en appela au pouvoir judiciaire, et quand il eut déclaré qu'un embargo permanent était constitutionnel, on fut obligé de cesser les réclamations, bien que les États de l'est, plus

que les autres, eussent à souffrir de cette mesure. L'argument dont on s'était servi pour combattre l'embargo consistait à dire que le pouvoir de régler le commerce ne pouvait pas comprendre le pouvoir de l'interdire et de l'annuler. On répondait à cela que le pouvoir du congrès étant souverain, il pouvait, dans les relations commerciales, ordonner telles restrictions, même illimitées, que la constitution lui accorde.

646. D'un autre côté, on n'a jamais nié que cet acte ne touchât aux dernières limites du pouvoir constitutionnel, et qu'on ne pouvait le justifier que par l'interprétation la plus large de la constitution. Malgré cela, l'embargo fut pourtant une mesure vantée et soutenue par les partisans de l'interprétation stricte, et le peuple la soutint parce qu'il la croyait utile à ses intérêts et nécessaire au salut de l'Union.

647. Nous avons encore à examiner une ou deux mesures politiques dont la constitutionnalité a été contestée, mais qui, par leur caractère transitoire, n'ont pas laissé de traces dans la jurisprudence de ce pays. Nous voulons parler des lois contre l'émeute et contre les étrangers, portées toutes les deux en 1778, et abrogées bientôt après par le fait de l'expiration du temps pour lequel elles avaient été faites.

648. A cette époque, ces deux lois ont été attaquées et défendues sous le rapport de leur légalité, avec une égale vigueur. On disait, pour les justifier, qu'elles émanaient du droit qu'avait le

gouvernement de se maintenir, et du devoir qui lui était imposé de protéger les fonctionnaires dans l'exercice de leurs fonctions. Leurs adversaires les attaquaient comme contraires à la lettre et à l'esprit de la constitution, et comme étant incompatibles, dans leurs principes, avec les droits des citoyens et la liberté de la presse. La loi contre les étrangers fut dénoncée comme contenant un pouvoir non compris dans la constitution, et comme donnant au pouvoir exécutif des fonctions législatives et judiciaires ; on présentait cette union comme subversive des vrais principes d'un gouvernement libre, et contraire à l'esprit et aux termes formels de la constitution. On ajoutait que la loi contre l'émeute prêtait aux mêmes objections, et se trouvait formellement prévue et contredite par un amendement de la constitution, sur lequel nous aurons l'occasion de revenir plus tard. Cet aperçu rapide nous paraît suffisant pour des mesures qui probablement ne seront pas renouvelées, et qui ont été attaquées et défendues par des arguments que nous avons déjà eu l'occasion d'examiner.

# CHAPITRE XXX.

## POUVOIR DU CONGRÈS DE PUNIR LA TRAHISON.

Ce pouvoir doit appartenir implicitement à tout gouvernement. — Raisons qui le firent donner d'une manière expresse.—Rigueurs de la peine du crime de haute trahison d'après le droit commun. — Inutilite et injustice de ces rigueurs.

---

649. Ici se termine la section qui traite du pouvoir du congrès. Il y a encore quelques clauses détachées et qui concernent d'autres pouvoirs délégués au congrès, sans qu'on aperçoive aucune raison apparente de cette séparation. Comme il nous a paru plus convenable de présenter l'ensemble des pouvoirs du congrès, nous allons analyser immédiatement ces autres pouvoirs, bien que ce ne soit pas tout à fait d'accord avec le plan de ce livre.

650. La section 3 de l'article III donne la définition constitutionnelle du crime de haute trahison (nous la réservons à un examen ultérieur). Elle dit ensuite : « Le congrès aura le droit de « fixer la peine de la trahison ; mais nulle accusa-« tion de haute trahison n'entraînera *la corrup-« tion du sang* ni la confiscation, si ce n'est pen-

« dant la vie de la personne convaincue de ce « crime. »

651. La convenance de donner au gouvernement national le droit de punir le crime de haute trahison envers les États-Unis n'a jamais été contestée par ceux qui voulaient constituer un gouvernement national et protéger son existence. Si ce pouvoir n'avait pas été expressément stipulé, il aurait fallu le considérer comme compris dans les autres; sans cela tous les pouvoirs du gouvernement national auraient pu être impunément blessés. Mais deux motifs ont probablement contribué à en faire un pouvoir exprès. Le premier fut de ne pas laisser interpréter par induction si la trahison devait être punie de mort, d'après la règle générale du droit commun, et avec tous les accessoires barbares qu'elle avait établis, mais de s'en remettre à la prudence du congrès. Le second fut de limiter la nature et l'effet de la peine, pour qu'elle ne puisse jamais produire la corruption du sang ni la confiscation après la mort du criminel.

652. Voilà, d'après le juge Blackstone, la punition du crime de haute trahison, telle qu'elle a été fixée par le droit commun en Angleterre :

« 1° Le criminel sera traîné au gibet, et ne sera ni transporté ni conduit, bien qu'ordinairement, par une indulgence devenue presque une loi, on accorde au criminel une claie pour lui épargner le tourment d'être traîné par terre ou sur le pavé.

« 2° Il sera pendu par le cou, ensuite il sera ôté du gibet encore vivant.

« 3° Ses entrailles seront retirées de son corps et brûlées pendant qu'il est encore vivant.

« 4° Il aura la tête tranchée, et son corps sera divisé en quatre parties.

« 5° Sa tête ainsi que les parties de son corps seront mises à la disposition du roi. »

Ces raffinements de cruauté, qui seraient contraires au caractère de notre époque, étaient autrefois exécutés avec une scrupuleuse exactitude. Ils accusent un esprit sauvage et féroce, prêt à servir la vengeance réelle ou supposée de la royauté. La peine aujourd'hui appliquée est la mort par la strangulation, peine assurément plus conforme à une société civilisée.

653. On sait que, d'après la loi commune, le crime de haute trahison entraîne la corruption du sang ainsi que la forfaiture (la perte) des biens du coupable. Par la corruption du sang, la faculté de léguer ou de recevoir par testament est détruite; de sorte que la personne convaincue de haute trahison ne peut ni hériter des biens de ses pères, ni garder ceux qu'elle possède, ni les transmettre par testament à ses descendants; et la faculté de posséder est si complétement éteinte que des titres de possession qui, d'une façon quelconque, se rapporteraient aux droits de la personne convaincue, n'auraient aucune valeur pour sa postérité. Ainsi, si le père est convaincu de haute trahison et mis à mort, et que le grand-père ne meure qu'après, le petit-fils ne peut hériter des biens de ce dernier, attendu que son père n'a

pu lui transmettre des droits, et que sans cette transmission ses prétentions sont évidemment mal fondées. De cette manière, l'innocent est ici puni pour un crime auquel il n'a eu aucune part, et la faute s'étend même sur la génération suivante.

654. Pour justifier cette sévérité, on a dit souvent que celui qui commet un acte de haute trahison rompt le lien des devoirs sociaux et encourt la perte de tous ses droits. Le droit de transmettre la propriété à d'autres est un des plus essentiels. Des peines dont la postérité même du criminel aura à souffrir autant que lui-même contribueront à retenir les hommes, non parce qu'elles réveilleront chez eux le sentiment de leur devoir, mais parce qu'elles intéresseront chaque membre de la famille à s'opposer à l'accomplissement de pareils crimes. Toutefois, ces raisons sont peu satisfaisantes; car on frappe non-seulement le criminel, mais aussi ses descendants innocents; on ne les condamne pas seulement à porter la honte qui s'attache à ces crimes odieux, mais on leur enlève encore tous les droits et priviléges dont jouissent les autres citoyens. Et elles sont aussi d'une mauvaise politique; car ces victimes malheureuses perdront toute affection pour leur pays; elles s'engageront facilement dans des entreprises ayant pour but le renversement du gouvernement, parce qu'elles espéreront ainsi venger des injures héréditaires. Tels furent, on le présume, les motifs qui firent admettre cette clause dans la constitution sans aucune opposition sérieuse.

# CHAPITRE XXXI.

## POUVOIR DU CONGRÈS RELATIVEMENT A LA PREUVE DES ACTES PUBLICS ET A L'EXECUTION DES JUGEMENTS.

De la preuve des jugements rendus par des tribunaux etrangers. — De l'exécution de ces jugements. — Variété des systèmes à cet égard. — Principes admis en Angleterre et en Amérique. — Distinction entre les États etrangers à l'Union et les États de l'Union. — Système admis avant la révolution d'Amérique. — But de la clause de la constitution. — Legislation sur la matière.

---

655. La première section du quatrième article porte : « Pleine confiance et crédit seront donnés, en chaque État, aux actes publics et aux procédures judiciaires de tout autre État; et le congrès peut, par des lois générales, déterminer quelle sera la forme probante de ces actes et procédures et les effets qui y seront attachés. »

656. On sait que les jugements ou les actes publics passés dans un pays ne peuvent être invoqués devant les tribunaux d'un autre pays, et que l'on doit en faire la preuve, comme de tout autre fait, dès qu'on veut les produire dans une contestation.

Toutefois, la nature de cette preuve et la manière de la faire dépendent des lois positives des pays dans lesquels on a porté l'instance, et l'on n'ignore pas quelle grande diversité existe à cet égard dans la pratique des différentes nations. En Angleterre et en Amérique, malgré les nombreuses décisions judiciaires rendues sur cette matière, il existe encore un grand nombre de difficultés et d'obscurités.

657. A la question de preuve vient se joindre aussi la question d'exécution des jugements étrangers, dûment constatés, portés devant les tribunaux des autres nations, dans une poursuite, ou dans une défense (1). A cet égard, les différentes nations ne sont pas d'accord en théorie ni en pratique; plusieurs d'entre elles, sinon toutes, prétendent qu'il faut donner effet à de tels jugements, mais elles admettent en même temps des exceptions qui détruisent toute l'efficacité de ces jugements, et qui, en les soumettant à la nécessité de preuves secondaires, affaiblissent en

(1) Nous croyons ne pouvoir mieux faire que de renvoyer au savant ouvrage de M. Félix, *Traité du droit international privé ou du conflit des lois des différentes nations en matière de droit privé*. On trouvera dans le livre II, titre VII, les principes admis aux États-Unis quant à la preuve des actes reçus en pays étrangers. — Les principes concernant l'exécution des actes de la juridiction contentieuse; les effets des actes de la juridiction volontaire. — Enfin, les voies et modes d'exécution aux États-Unis.

P. O.

grande partie leur valeur. Nous ne traiterons pas ces questions du droit public général, qui nous entraîneraient trop loin.

658. On a admis en Angleterre et en Amérique, comme règle générale de droit commun, que les jugements étrangers constituent *prima facie* la preuve des droits ou des faits sur lesquels ils prononcent (1). Cette maxime est du moins généralement adoptée en Angleterre, et elle a été très-souvent soutenue en Amérique, bien que récemment encore on ait contesté son exactitude avec des raisons très-plausibles.

659. Mais il faut distinguer les jugements ou autres actes de procédure rendus par les tribunaux des États de l'Union, de ceux rendus par les États étrangers. Avant la révolution, les colonies étaient

(1) Lorsque la partie qui a obtenu ce jugement requiert les tribunaux des États-Unis de le confirmer, le defendeur est obligé d'attaquer ce jugement, c'est-à-dire de justifier que ce jugement a été irrégulièrement obtenu. A defaut de cette justification, le jugement est admis comme preuve de la dette, et le tribunal saisi ordonne les mesures d'exécution nécessaires. Mais si l'on prouve que le jugement a été frauduleusement obtenu, que la partie condamnée n'avait pas eu personnellement connaissance de l'instance, ou que le jugement est basé sur une violation évidente de la loi locale ou étrangère, Le jugement n'est pas confirmé par les tribunaux américains. — Voy. MM. Kent, tome II, p. 120, — et Story, *Conflict of Laws*, § 608. — A la Louisiane, l'exécution des jugements etrangers est ordonnée lorsqu'ils sont contradictoires, et non lorsqu'ils sont par défaut.

P. O.

regardées comme étrangères les unes aux autres, de la même manière que les colonies anglaises par rapport à la métropole, et par conséquent leurs arrêts étaient regardés comme des arrêts étrangers. Il en résultait que les arrêts d'une cour des colonies étaient soumis à un nouvel examen, non-seulement par rapport à la juridiction de la cour qui les avait rendus, mais encore quant au fond de la controverse, dans les cas où la cause eût été considérée, en Angleterre, comme devant être soumise à une nouvelle révision. Dans plusieurs colonies, pourtant, des lois furent faites qui mettaient les arrêts étrangers sur le même pied que les arrêts rendus par leurs tribunaux, quant au fond de la contestation, dès que la compétence du tribunal avait été reconnue. L'article de la Confédération qui se rapporte à cette matière, sagement interprété, signifiait que les arrêts rendus dans un des États auront plein et entier effet dans tous les autres, dans l'intérêt de l'uniformité et de la certitude des lois. Il est probable que cette interprétation n'avait pas été admise par tous les États sous la Confédération, et que la modification introduite dans la constitution devait remédier à cet inconvénient.

660. La clause de la constitution se propose trois objets différents : 1° donner foi et crédit aux actes judiciaires des autres États ; 2° déterminer la manière dont l'authenticité sera prononcée ; et 3° prescrire leur exécution après vérification. Le premier point est fixé par la constitution même,

le second et le troisième doivent être réglés par le pouvoir législatif (1).

(1) Ces deux derniers points ont éte reglés par les lois des 26 mai 1790 et 27 mars 1804. D'après ces lois, les actes des législatures d'États deviennent authentiques par l'apposition du sceau de leur État respectif. Les *records* et les actes judiciaires des cours d'État sont authentiques dans toutes les autres cours des États-Unis, sur une attestation du greffier et l'apposition du sceau de la cour. — Voyez aussi M. Kent, *Comm.* II, 118 et 120. — M. Story, *Traité du conflit des lois*, § 609. P. O.

# CHAPITRE XXXII.

## ADMISSION DE NOUVEAUX ÉTATS ET ACQUISITION DE TERRITOIRE.

Lacune de la Confédération à ce sujet. — A qui devaient appartenir les terres de la couronne, aux États ou à l'Union? — Question tranchée par le désistement des États. — Maximum et minimum d'étendue pour la formation de nouveaux États. — Note sur les formalites en usage pour la vente des terres publiques. — Situation des terres publiques.

---

661. La section 3 de l'article IV contient deux clauses distinctes : « 1° le congrès pourra admettre « de nouveaux États dans l'Union, mais aucun « nouvel État ne sera érigé ou formé dans la juri- « diction d'un autre État; 2° aucun État ne sera « formé de la réunion de deux ou de plusieurs « États, ni de quelques parties d'États sans le « consentement de la législature des États inté- « ressés et sans celui du congrès. »

662. On ne trouve dans les articles de la Confédération aucune disposition relative à ce sujet important. Le Canada devait être admis de droit aussitôt son adhésion, et nulle autre colonie (ce

qui évidemment signifiait nulle autre colonie anglaise) ne pouvait être admise sans le consentement de neuf États. Il semble que les auteurs de cette constitution avaient complétement méconnu l'éventualité de la formation de nouveaux États au sein même de l'Union (1), et n'avaient pas même pensé que l'étendue du territoire de plusieurs États et leur position géographique pourraient rendre leur division nécessaire. Une question différente, mais également importante, fut soulevée : c'était de savoir à qui devaient appartenir les territoires vacants possédés par la couronne d'Angleterre à l'époque de la révolution : devaient-ils appartenir aux États dans les limites desquels ils étaient renfermés? devaient-ils appartenir à l'Union, en vertu de sa capacité fédérative? Ce sujet donna lieu à de longues et ardentes controverses qui menacèrent de troubler la paix et presque de dissoudre le gouvernement fédératif. A la fin, quelques États parmi les plus intéressés, vaincus par les vives sollicitations du congrès, renoncèrent à leurs prétentions (2). Pour

(1) Depuis la constitution, 12 nouveaux États ont été admis dans l'Union; nous avons donné, dans le chapitre XVIII du liv. 1, quelques détails sur l'origine de ces États, et la date de leur admission. P. O.

(2) L'État de New-York consentit la première cession en mars 1780; la Virginie, le Massachusetts, le Connecticut ensuite; le dernier sous la réserve cependant d'un terrain assez considérable dans l'espace occupé par l'État actuel de l'Ohio, terrain qu'il rétrocéda plus tard à l'Union à prix d'argent; la Caroline du

engager tous les États à faire de pareilles concessions, le congrès déclara qu'il disposerait de ces

Sud, la Caroline du Nord, suivirent cet exemple à des epoques differentes; enfin, en 1802, la Géorgie consentit à se desister, à la condition que l'on dégagerait son sol des Indiens (Chérokées), aussitôt qu'on pourrait l'obtenir à l'amiable et à des conditions raisonnables. Depuis cette époque, le gouvernement est devenu proprietaire de tout le terrain inculte en dehors des treize États primitivement confedérés; territoire qui s'agrandit en 1803 par l'acquisition de la Louisiane, en 1819 par l'acquisition des Florides; enfin, de l'acquisition de quelques lots restés aux Indiens dans l'enceinte des États. C'est lui qui se charge de le diviser et de le vendre, et l'argent qui en revient est versé exclusivement dans le trésor de l'Union. Avec ce produit, le gouvernement fédéral achète aux Indiens leurs terres, ouvre des routes dans les nouveaux districts, et y facilite de tout son pouvoir le développement de la société.

Jusqu'en 1800, le gouvernement national avait fait des ventes en masses, mais depuis cette époque on a substitué à ce système encore suivi des ventes en détail. Nous emprunterons à M. Michel Chevalier la plupart des details suivants sur les formalités usitées dans ces ventes :

On dresse d'abord, aux frais de l'Union, le plan géométrique du pays, et on le constate par un bornage. La division la plus considérable est le *township*, qui compend un carré de six milles (9,655 mètres) de côté, et dont la superficie est de 23,040 acres (9,331 hectares). Le *township* est sous-divisé en trente-six carrés d'un mille de côté chacun, couvrant 640 acres (ou 259 hectares); ce sont des *sections*. La section est partagée en *quarts* (160 acres ou 65 hectares) et en demi-quarts. La plupart des fermes des nouveaux États du nord-ouest sont d'un *quart* et d'un *demi-quart*. Les diverses divisions sont numerotées et faciles à distinguer sur les plans et sur le terrain.

territoires au profit de l'Union, et qu'il y établirait des Etats jouissant des droits de souveraineté,

Une fois les plans dresses, les terres sont mises en vente publique, au plus offrant, en partant d'un minimum qui est d'un dollar et un quart par acre (16 fr. 48 c. par hectare). Chaque année on met en vente ou on prépare à cet effet quarante *township* dans chaque district terrien. Ces districts etaient, il y a quelques annees, au nombre de quarante-deux. Il est rare que les terres se vendent au-dessus de la mise à prix dans les ventes publiques.

Ce qui n'a pas trouve d'acquereurs à la vente publique, et c'est ordinairement la plus grande quantité, est ensuite vendu dans les bureaux terriens (*land-offices*) en ventes privées (*private-sales*) à quiconque en fait la demande, au prix minimum fixé par la loi, d'un dollar et un quart par acre.

Les terrains salifères et plombifères, qui existent en assez grande quantité dans l'ouest, ne sont pas mis en vente. Le congrès en a reserve la propriété à l'Union.

Jusqu'en 1820, les ventes avaient lieu à credit, ce qui donna lieu à beaucoup de spéculations malheureuses; pour couper court à l'agiotage, on adopta alors le système des ventes au comptant.

Dans chaque *township*, une section, c'est-à-dire un mille carré, est réservé au profit des écoles primaires du pays; en outre, sur le produit des ventes, il est opéré une retenue de 5 pour cent dont trois sont destinés à être employés par le congrès au percement des routes qui ouvrent des débouchés aux États de l'ouest. Les deux pour cent qui restent sont remis aux États dans lesquels les terres sont situées, pour servir à encourager l'instruction. En outre, le congrès fait des donations aux États de l'ouest pour l'éducation, les travaux publics, etc.

Les terres publiques sont situées : 1° dans les États ou territoires de Tenessee, Mississipi, Ohio, Indiana, Illinois, Michigan, Missouri, Arkansas, Louisiane, Alabama et Florides;

de liberté et d'indépendance, de la même manière que les autres États (1); que leur étendue ne devrait

2° dans les régions encore inhabitées et du nord-ouest, entre le Mississipi et les montagnes Rocheuses; 3° et sur les côtes de la mer Pacifique. La seconde partie est de fait occupée par les Indiens; une partie du troisième massif forme l'objet d'une contestation entre les États-Unis et l'Angleterre; d'après le traite de 1827, qui règle entre les deux puissances la jouissance du territoire contesté, elles sont convenues de n'y faire aucun acte de possession définitive pendant un temps donné, et ce temps expiré, celui des deux gouvernements qui voudrait résoudre la question de propriété, devrait le signifier à l'autre douze mois d'avance (*). Cette possession indivise est un cas de rupture permanent entre les deux peuples, et tout récemment, la proposition d'un projet de loi qui décrétait la colonisation de l'Oregon, a failli devenir un événement grave. Mais les deux chambres ont rejeté le bill, et les hostilités sont ajournées.

D'après un rapport fait en 1835 par le secrétaire de la trésorerie, le gouvernement fédéral avait vendu ou donné depuis 1787, jusques et y compris 1835, 62 1/2 millions d'acres (25,329,000 hectares); il lui restait encore dans ces mêmes États ou territoires un peu plus de 330 millions d'acres (133,650,000 hectares), et à l'ouest des États de Missouri et d'Arkansas, environ 750 millions (303,750,000), dont 70 à 80 millions ont éte assignés par traités aux tribus indiennes. P. O.

(1) Jusqu'à la formation de ces nouveaux États, le gouvernement national avait appliqué à la nation entière le produit des ventes des terres publiques. Mais une fois constitués, les nouveaux États prétendirent avoir le droit exclusif d'appliquer le produit de ces ventes à leur propre usage. Leur récla-

(*) Un traité semblable a été fait entre la Russie et les États-Unis, le 17 avril 1824.—Les limites entre le Mexique et les États-Unis sont réglées par le traite de 1819 fait entre l'Espagne et les Etats-Unis, puis confirmé par le Mexique.

pas avoir moins de cent milles carrés, ni plus de cent cinquante; enfin, que les dépenses supportées

mation etant devenue de plus en plus menaçante, le congrès crut devoir retirer à l'Union une partie des privileges dont elle avait joui jusque-là.

Les terres publiques donnèrent lieu à deux projets de loi. D'après l'un d'eux, M. Clay, son auteur, proposait de conserver le domaine fédéral sans l'aliéner autrement que par le passé, de répartir annuellement le produit net des ventes entre les États, proportionnellement à leur *population fédérale,* et sauf un prelèvement de 15 pour cent au profit des États dans lesquels les terres étaient situées. Le bill, présenté dans la session de 1832-33, fut adopté par le congrès. Le président refusa, il est vrai, de sanctionner cette loi, mais il en admit le principe; et le bill fut repris en 1836 et voté de nouveau par les deux chambres. Mais la loi rendue sur la répartition des excédants du tresor a rendu le bill inutile; en effet, il a eté statuc que ces excédants, à l'exception de 5 millions de dollars (27 millions de francs), seraient progressivement retirés des banques locales pour être déposes dans les caisses des États, proportionnellement à leur représentation au congrès, sénateurs et représentants réunis; les États n'en percevront pas l'intérêt jusqu'au moment où les services publics de l'Union en exigeraient le remboursement; quant aux 5 millions de dollars, ils doivent rester en dépôt dans les banques locales désignées par le secrétaire du trésor, à la charge d'un intérêt modique.

Le second projet avait pour objet de donner satisfaction aux prétentions des nouveaux États sur la propriété exclusive des terres publiques situées chez eux; d'après ce projet, on mettait ces terres en vente après l'arpentage comme par le passé : à defaut d'acquéreurs au prix d'un dollar un quart, on recommencerait la vente après un bref délai en baissant la mise à prix à un dollar, et ainsi de suite jusqu'à un quart de dollar par acre. Les terres qui ne trouveraient pas d'acquépar l'État, depuis le commencement de la guerre, pour acquérir et maintenir ce territoire, lui seraient remboursées.

663. Ce fut sans doute en vue de ces territoires que la clause actuelle de la constitution fut adoptée. La disposition générale d'après laquelle aucun nouvel État ne peut être formé sans le consentement du gouvernement national et celui des États qui se trouveraient intéressés dans ce nouvel établissement, est conforme aux principes qui doivent présider à de semblables transactions, et la disposition particulière qui défend de former un nouvel État par le partage d'un ancien sans le consentement de ce dernier, tranquillisera la jalousie des grands États, de même que la défense de réunir deux États en un seul sans leur consentement rassurera les petits. Sous l'empire de ces règlements, douze nouveaux États furent créés dans l'espace de moins de quarante ans, et admis dans l'Union sur un pied d'égalité parfaite avec les États originaires. A voir la marche des choses, on peut prévoir que, dans un petit nombre d'années, les nouveaux États dépasseront les anciens en population et en puissance.

reurs à ces prix resteraient la propriete exclusive des États. M. Michel Chevalier nous paraît avoir raison de blâmer une mesure dont le résultat serait de devorer une ressource qui, plus tard, pourrait être utile. P. O.

# CHAPITRE XXXIII.

## GOUVERNEMENTS DES TERRITOIRES.

Le droit du gouvernement national à acquérir des territoires doit lui donner aussi le pouvoir de les gouverner. — Distinction à faire quant à l'origine des acquisitions : conquêtes ou cessions. — Autre distinction entre les lois politiques et les lois civiles. — L'objection que le gouvernement national ne peut créer des corporations n'est pas recevable. — Le droit donné au congrès sur les terres publiques est exclusif; il est absolu s'il n'a pas éte limite par les cessions. — Le droit du congrès sur les autres propriétés nationales, forts, arsenaux, etc., n'est pas exclusif.

---

664. « Le congrès aura le pouvoir de disposer « du territoire et des autres propriétés appartenant aux États-Unis, et d'adopter à ce sujet tous « les règlements et mesures convenables; et rien, « dans cette constitution, ne sera interprété dans « un sens préjudiciable aux droits que peuvent « faire valoir les États-Unis ou quelques États particuliers. » — Cette dernière disposition fut jointe au pouvoir donné au congrès, probablement dans le but de calmer les susceptibilités jalouses des nouveaux États au sujet de la propriété exclu-

sive des territoires de l'ouest (1). Cette disposition a peut-être aussi été suggérée par la clause de l'article IV de la Confédération, dans laquelle il était dit « qu'aucun État ne serait privé d'une partie de son territoire au profit des États-Unis.»

665. Comme le gouvernement national a le droit d'acquérir des territoires, soit par la conquête, soit par des traités, il doit avoir, comme une conséquence naturelle, le pouvoir de gouverner ses acquisitions. Le territoire ainsi acquis n'a aucun titre pour réclamer un gouvernement individuel, et il ne doit pas davantage être soumis à la juridiction particulière d'un État. Il doit, par conséquent, se trouver sous l'autorité et la juridiction de l'Union; car autrement il ne se trouverait soumis à aucun gouvernement. D'après l'usage généralement établi, en cas de conquête, si le pays n'a pas été entièrement soumis, on le considère comme occupé militairement seulement, jusqu'à ce que son état ait été définitivement réglé par un traité de paix; mais, pendant tout le temps intermédiaire, il reste soumis au conquérant. En cas de confirmation ou de cession par un traité, l'acquisition est consolidée, et le territoire cédé devient partie de la nation à laquelle il est annexé, ou d'après le terme du traité, ou d'après la volonté de son nouveau maître. Les relations avec l'ancien souverain sont entièrement rompues, et des relations nouvelles se sont formées avec le nouveau. L'acte qui trans-

(1) Voyez la note du chapitre précédent, p. 186. P. O.

fère la propriété du pays transfère aussi l'allégeance des habitants ; mais les lois générales qui ne sont pas essentiellement politiques continuent à subsister jusqu'à ce qu'elles soient modifiées par le souverain. Si le traité stipule que les habitants de ce territoire jouiront des priviléges, droits et immunités des citoyens des États-Unis, le traité devient obligatoire à cet égard comme loi du pays (1). On peut douter que ces mêmes effets résultent du fait seul de l'incorporation des habitants dans l'Union par le traité, et sans qu'il y ait eu à cet égard aucune stipulation expresse. Dans tous les cas, ils ne peuvent jouir ni participer aux pouvoirs politiques ni aux pouvoirs du gouvernement général, tant qu'ils ne sont pas devenus États et qu'ils n'ont pas été incorporés dans l'Union en cette qualité. Jusqu'à ce moment, le territoire reste soumis à la forme de gouvernement que le congrès voudra lui imposer en vertu de la présente clause de la constitution.

666. En présence des termes généraux de la constitution, « adopter les règlements et les mesures convenables, » personne n'a contesté au congrès le droit de créer des gouvernements de territoire dans l'étendue du territoire des États-Unis; et si l'on se reporte à l'ordonnance de 1787, et que l'on se place au point de vue des rédacteurs

(1) Voyez sur le droit du gouvernement national d'admettre des États étrangers dans l'Union, le chapitre XXIX et la note, p. 167. P. O.

et du peuple des États à cette époque, il est impossible de douter qu'un tel pouvoir n'ait pas été jugé indispensable pour atteindre le but des cessions faites par les États au gouvernement central. Aussi, malgré le caractère général et absolu de l'objection rappelée plus haut sur le sens de ces termes, et qui consiste à dire que le congrès n'a aucun pouvoir pour constituer une corporation, nous avons vu que ce pouvoir même est une conséquence du pouvoir de régler les territoires des États-Unis, qu'il est même un moyen propre à en faciliter l'exercice.

La forme du gouvernement à établir dans les territoires dépend entièrement de la volonté du congrès (1). Comme il a le droit de constituer un

(1) Une loi du congrès du 3 mars 1817 porte que chaque territoire des États-Unis, dans lequel on aura etabli un gouvernement temporaire, d'après l'ordonnance du 30 juillet 1787 ou toute autre loi du congrès, aura droit d'envoyer un délégué à la chambre des representants. Ces delégués, élus pour deux années comme les représentants, auront seance avec voix consultative, mais ils n'auront pas de suffrage. Le congrès a adopte une marche à peu près uniforme pour l'administration des territoires. Tant que le nombre des habitants mâles n'a pas atteint cinq mille, le gouvernement et les juges nommés par le président des États-Unis forment la législature, et les règles qu'ils promulguent ont force de loi, sauf la désapprobation du congrès. Au-dessus de ce chiffre, la population obtient la faculté de faire elle-même ses lois, sous l'approbation du gouvernement et du congrès; enfin, quand elle a atteint le nombre de quarante milles, le territoire a le droit de demander à être élevé au rang d'Etat, et à faire en cette qualite partie de l'Union.

gouvernement territorial, il peut lui donner tels pouvoirs législatifs, judiciaires ou exécutifs qu'il juge convenables; il peut donner un pouvoir législatif général, soumis seulement aux lois et à la constitution des États-Unis. Si la législature territoriale a reçu le pouvoir de créer des tribunaux, ces tribunaux sont strictement territoriaux; ce ne sont pas des tribunaux *constitutionnels* investis de l'autorité judiciaire définie par la constitution, mais des tribunaux *législatifs* créés en vertu du droit de souveraineté qui appartient au gouvernement national ou en vertu de la clause de la constitution qui lui donne le droit de faire tous les règlements nécessaires à l'administration des territoires. Le pouvoir donné au congrès n'est pas circonscrit au territoire des États-Unis, mais s'étend aux autres propriétés qui peuvent appartenir aux États-Unis : c'est du moins ainsi que la constitution a été interprétée et appliquée.

667. Le pouvoir du congrès sur les terres publiques est évidemment exclusif et universel, et sa législation n'est soumise à aucun contrôle; elle est même absolue et générale, à moins qu'elle n'ait été limitée par des stipulations contenues dans les cessions ou dans l'ordonnance de 1787. Mais le pouvoir du congrès de régler les autres propriétés nationales, telles que les forts, arsenaux, magasins, etc., n'est pas nécessairement exclusif dans tous les cas, à moins qu'il n'ait acquis une juridiction exclusive par une cession expresse des États. Si le gouvernement national possède un

fort, un arsenal ou un hôpital, etc., et si à l'égard de ces établissements il n'y a pas eu de cession, l'État dans lequel ces établissements sont situés n'a pas perdu sa juridiction sur eux; il la conserve au contraire, pourvu qu'il ne gêne pas l'exercice légal des pouvoirs du gouvernement national.

# CHAPITRE XXXIV.

## PROHIBITIONS, LIMITATIONS DES POUVOIRS DU CONGRÈS.

Traite des esclaves. — Liberté individuelle garantie par l'acte d'*habeas corpus*. — La suspension de cet acte est limitée à certains cas. — *Bills of attainder*. — Lois *ex post facto*. — Titres, noblesse et marques distinctives prohibes. — Défense aux fonctionnaires de l'Union de recevoir des récompenses ou des présents. — Publication des états de dépenses.

---

668. Après avoir passé en revue les pouvoirs du congrès, notre sujet nous conduit directement aux prohibitions et aux restrictions imposées au congrès, et qui sont contenues dans la section 9 de l'article I^er^ de la constitution. Plusieurs de ces dispositions ont déjà été discutées plus haut, nous n'avons plus à nous en occuper ici.

669. La première clause est ainsi conçue : « La « migration ou l'importation de telles personnes « dont l'admission peut paraître convenable aux « États actuellement existants, ne sera pas prohi- « bée par le congrès avant l'année 1808; mais une « taxe ou droit n'excédant pas dix dollars par per-

« sonne peut être imposée sur cette importation. »

670. [« Le premier établissement permanent en Virginie, dit Jefferson (1), date de 1607. Je n'ai pas trouvé mention de nègres dans la colonie jusque vers l'année 1650; un vaisseau hollandais y apporta les premiers esclaves; après cela, les Anglais continuèrent de faire ce commerce, et le continuèrent jusqu'à la guerre de la révolution. Cet événement suspendit l'importation pendant toute sa durée; et les soins de la guerre ayant constamment occupé la législature, ce n'est qu'en l'année 1778 que l'on prit sur ce sujet une mesure définitive. Je présentai à cette époque un bill pour prohiber toute importation ultérieure : il fut adopté sans opposition, et arrêta ainsi l'accroissement du mal par l'importation, laissant aux efforts à venir le soin de l'abolir entièrement. » P. O.]

671. Il faut dire, pour l'honneur de l'Amérique, qu'elle a la première, dans les temps modernes, donné l'exemple de l'interdiction et de l'abolition de la traite des esclaves (2). On sait qu'avant la

(1) *Mélanges politiques, extraits des Mémoires et correspondances de Jefferson*, publiés par P. Conseil.

(2) Le congrès a effectivement supprimé la traite des noirs, mais l'esclavage subsiste dans les États du sud. Tout le monde sait que cette difference dans la constitution sociale des États dont se compose l'Union, est une cause active et permanente de dissensions politiques et de discussions ardentes au sein du congrès. Ainsi que nous l'avons dit précedemment, on est parvenu jusqu'à ce jour à maintenir la balance entre les deux

révolution quelques-unes des colonies se plaignaient que l'introduction des esclaves eût été encouragée par la couronne, et que des lois prohibitives à cet égard eussent toujours été refusées. Lors de la Convention, des vœux avaient été émis pour obtenir l'exécution immédiate de la loi portant abolition de l'importation d'esclaves, et l'ajournement de cette loi fut reçu avec répugnance. Il est facile d'expliquer la restriction de la clause et la manière dont elle est exprimée. On devait regarder comme un grand point gagné en faveur de l'humanité, d'abolir, dans le délai de vingt années, dans toute l'étendue des États-Unis, un trafic qui pendant si longtemps avait été une tache de la civilisation moderne. « Ce serait une chose heureuse, disait *le Fédéraliste*, pour les infortunés Africains, s'ils avaient même la perspective d'être bientôt délivrés de l'oppression de leurs frères européens. » Rappelons ici qu'à cette époque cet horrible trafic des esclaves était encouragé par presque tous les États civilisés de l'Europe, et surtout par la métropole. L'Amérique était seule alors à frapper d'ignominie ce commerce, malgré tout l'intérêt qu'elle pouvait avoir à ne pas accomplir ce devoir d'humanité.

672. La clause suivante porte : « Le privilége de « l'acte d'*habeas corpus* ne sera suspendu que dans

systèmes ; mais si de nouveaux pays du sud venaient à être incorporés dans l'Union et à former de nouveaux États, la balance pencherait tout à fait du côté de l'esclavage, et l'équilibre serait difficilement rétabli. P. O.

« le cas de rébellion ou d'invasion, ou lorsque la « sûreté publique l'exigera. »

673. Pour comprendre les termes de cette dernière clause, il est nécessaire de se reporter au droit commun; c'est de cette manière seulement que nous arriverons à la véritable définition de l'acte d'*habeas corpus*. Il y a, dans le droit commun, plusieurs actes appelés actes d'*habeas corpus* (1); mais celui dont il est question ici est le fa-

(1) Les différents actes d'*habeas corpus* dont parle ici M. Story, et qui ont été introduits aux États-Unis dans les États du moins où règne la loi commune d'Angleterre, sont les suivants :

1° *Habeas corpus ad respondendum* : C'est l'acte par lequel une partie demande que le défendeur régulièrement emprisonné pour cause jugée, soit momentanément mis en liberté pour comparaître dans une autre affaire. Cet acte n'est autre chose qu'un sauf-conduit.

2° *Habeas corpus ad satisfaciendum* : C'est l'acte par lequel un créancier voulant exécuter le jugement, demande que son debiteur déjà emprisonné pour autre cause, comparaisse devant une cour, pour l'interpeller en pleine cour et non en prison.

3° *Habeas corpus ad interrogandum, testificandum et deliberandum* : C'est l'acte par lequel on met un prisonnier momentanement en liberté pour paraître en justice, à l'effet d'interroger ou d'être interroge dans une affaire; ou bien encore pour transférer ce prisonnier devant le tribunal compétent, s'il s'agit de juger contre lui un nouveau procès.

4° *Habeas corpus ad faciendum et recipiendum* : C'est l'acte par lequel les cours supérieures (en Angleterre les cours de Westminster ordonnent aux juges inferieurs de produire le prisonnier legalement emprisonné, avec la date, la cause de l'emprisonnement et le nom de l'incarcerateur, pour soumetmeux acte invoqué ordinairement dans les cas d'emprisonnement illégal, et connu sous le nom de l'acte d'*habeas corpus ad subjiciendum;* acte adressé à la personne qui en détient une autre, et par lequel on lui ordonne de représenter la personne de son prisonnier, d'indiquer le jour, le motif de l'emprisonnement ou de la détention, *ad faciendum, subjiciendum et recipiendum*, c'est-à-dire pour faire et pour recevoir tout ce qu'il plairait au juge ou à la cour de statuer dans la cause. Cet acte est avec raison considéré comme le boulevard de la liberté individuelle, puisqu'il sert à déterminer si une personne a été légalement détenue, ainsi que la cause de cette détention; et si le motif ne paraît pas suffisant, la personne citée est tenue de mettre le prisonnier immédiatement en liberté. Cet acte est interprété d'une manière large et s'applique à toute espèce de détention; aux yeux de la loi, toute espèce d'entrave mise à la liberté d'un homme est considérée comme un emprisonnement, quel qu'en soit d'ailleurs le mode ou l'endroit.

674. Il est incontestable que dans certains cas la suspension momentanée de cet acte peut se justifier; mais il est souvent arrivé dans d'autres pays, notamment en Angleterre, que l'acte a été suspendu sous différents prétextes, et que des personnes arrêtées sur de simples soupçons ont été volontairement ou par oubli longtemps déte-

tre la cause à la juridiction supérieure. Cet acte s'appelle souvent *habeas corpus cum causa.* P. O.

nues. Il convient, par conséquent, de limiter la suspension à de certains cas, tels que la révolte ou l'invasion, dans lesquels le salut public peut l'exiger. Une pareille restriction coupe court à tous les abus et à tous moyens d'oppression. Jusqu'à présent aucune suspension de l'acte n'a été autorisée par le congrès. Le congrès, ayant le pouvoir de le suspendre, doit, en conséquence, être juge de l'opportunité de la mesure (1).

675. [Le congrès a investi les juges de l'Union du droit d'émettre des *writs* d'*habeas corpus* dans tous les cas d'emprisonnement ordonné en vertu des lois des États-Unis. Dans tous les autres cas, la judicature de chaque État est seule compétente pour prononcer sur la légalité d'un emprisonnement ordonné sous l'autorité des lois particulières de cet État. Rawl. *Comm.*]

(1) Pour garantir davantage la liberté individuelle, Jefferson aurait voulu faire admettre le principe suivant : « Personne ne sera retenu en prison plus de ........ jours après avoir demandé un *writ* d'*habeas corpus*, qui lui aura ete refusé par le juge désigné par la loi; ni plus de ......... jours après qu'un *writ* de ce genre aura été présenté à la personne qui aura la garde de la prison, sans qu'un ordre ait été donné, après un examen en forme, pour le renvoyer en état de détention ou le mettre en liberté; ni plus de .......... heures dans un lieu quelconque, eloigne de plus de .......... milles de la résidence habituelle d'un juge ayant pouvoir de delivrer un *writ* d'*habeas corpus;* et ce *writ* ne pourra être suspendu pour plus d'une année ni dans aucun lieu distant de plus de ............. milles de l'État ou du lieu occupé par les ennemis ou les insurges. » (*Correspondance de Jefferson*, publiee par Conseil, t. I, p. 183. P. O.

676. La même clause porte : « Aucun bill d'*atteinder*, aucune loi *ex post facto* ne pourra être décrétée. »

677. Les *bills of attainder*, comme on les appelle en langage technique, sont des actes spéciaux, émanés de la législature, et qui frappent de la peine capitale tout individu supposé coupable de haute trahison ou de félonie, sans que la conviction de ces crimes résulte de la procédure judiciaire ordinaire. Si un bill prononce une autre peine que la peine de mort, il est ordinairement nommé : *bill of pains and penalties*. Mais il paraît, d'après le sens de la constitution, que les *bills of attainder* renferment aussi des *bills of pains and penalties*, car la cour suprême a décidé, à cet égard « qu'un *bill of attainder* pouvait frapper une personne dans sa vie ou dans ses biens seulement, ou, enfin, produire ce double effet. » Dans de pareils cas, la législature se place au-dessus du pouvoir judiciaire, en prononçant sur la culpabilité d'un homme sans observer les formes accoutumées, et se contentant de preuves qu'elle peut trouver sans s'astreindre à l'évidence requise dans les procès ordinaires. Bref, dans tous ces cas, la législature exerce le pouvoir le plus élevé de la souveraineté, pouvoir pour ainsi dire irresponsable, guidé seulement par la nécessité ou l'utilité, et trop fréquemment entraîné par des craintes et des soupçons sans fondement. De pareils actes ont souvent été regardés par les États étrangers comme un instrument de politique, et même en

Angleterre ils ont été employés de la manière la plus extravagante, frappant les vivants aussi bien que les morts et les absents. Ces bills ont très-souvent été prononcés sans que la partie accusée ait été mise en demeure de se justifier, sans aucune forme de preuve, et souvent parce que la loi aurait prononcé l'acquittement de l'accusé. L'injustice et l'iniquité de pareils actes sont des arguments sans réplique contre l'existence d'un tel pouvoir. Dans un gouvernement libre, ce pouvoir serait insupportable; entre les mains d'une faction dominante, il servirait d'instrument pour la ruine et la mort des meilleurs citoyens. Les bills de cette nature datent en Angleterre des époques de guerre civile, de servitude ou de grande exaltation politique. époques durant lesquelles toutes les nations, libres ou esclaves, sont tentées d'oublier leurs devoirs, et de fouler aux pieds les droits et les libertés des autres.

678. Les lois dites *ex post facto,* ou lois rétroactives, sont de la même catégorie. Les termes *ex post facto,* dans l'acception la plus large, comprennent en quelque sorte toutes les lois rétrospectives, les lois réglant ou contrôlant les affaires passées en matière civile et criminelle. Quelques jurisconsultes ont soutenu par des arguments dignes d'attention que les termes de la constitution admettaient une pareille interprétation. Toutefois l'opinion générale s'est prononcée pour une interprétation plus restreinte; aujourd'hui on pense que la prohibition de faire des lois *ex post facto* ne

s'entend que des lois pénales (1), et qu'elle frappe toute loi par laquelle un acte est déclaré crime et puni comme tel, lorsque cet acte n'était pas qualifié crime au moment de l'accomplissement; ou toute loi qui aggraverait la peine ou exigerait des preuves de conviction moins fortes qu'à l'époque de la perpétration du crime.

679. La clause 4 de cette section porte : « Aucune somme ne sera tirée de la trésorerie qu'en « vertu d'une disposition prise par une loi; et de « temps en temps on publiera un tableau régulier « des recettes et des dépenses publiques. »

680. Cette disposition est claire au premier aperçu. Elle est faite pour assurer la régularité dans l'emploi des fonds publics. Comme toutes les taxes

(1) On doit conclure de cette interprétation que le congrès peut rendre des lois rétroactives en toute autre matière.

On s'est demandé pourquoi cette faculté était laissée au congrès, tandis que les États se voyaient formellement privés, par la clause 1re de la section 10, art. 1er, du droit de faire aucune loi qui pût affaiblir les obligations des contrats.

La raison de cette différence est que, dans la limite des pouvoirs qui lui sont accordés, le congrès n'est jamais appelé à faire des lois relatives aux conventions particulières qui se forment entre les individus ou entre les individus et un État.

C'est aux législatures d'État qu'il appartient de faire des lois sur cet objet : c'est donc à elles qu'il convenait d'interdire cette rétroactivité odieuse et nuisible quand elle s'applique aux obligations contractuelles, mais qui ne se présente pas toujours avec ce même caractère dans les autres branches de la législation. P. O.

prélevées sur le peuple, ainsi que les revenus venant des autres sources, doivent être appliqués aux dépenses publiques, à l'amortissement de la dette et aux autres engagements du gouvernement, il est d'une grande utilité que le congrès puisse décider quand et comment les fonds doivent être appliqués. S'il en était autrement, le pouvoir exécutif aurait un pouvoir illimité sur les ressources publiques, et pourrait les employer selon son bon plaisir. Le pouvoir de contrôler et de diriger les opérations financières est un obstacle aux prodigalités et à la dilapidation des fonds publics. C'est une chose utile dans une république, de veiller à ce que les fonds publics soient seulement affectés à des objets d'une utilité générale, tels que la défense commune et le bien-être de tous. Le congrès est le gardien du trésor; et pour rendre la responsabilité complète, il faut qu'un tableau des dépenses et recettes soit régulièrement publié, afin que le peuple sache quelles ont été les dépenses, qu'il connaisse le but de ces dépenses ainsi que l'autorité qui les a autorisées.

681. La clause suivante porte : « Aucun titre de « noblesse ne sera accordé par les États-Unis, et « aucune personne tenant une place de profit ou « de confiance sous leur autorité, ne pourra, sans « le consentement du congrès, accepter quelque « présent, émolument, place ou titre quelconques, « d'un roi, prince ou État étrangers. »

682. Cette clause mérite quelque attention. L'égalité parfaite étant la base de nos institutions,

l'interdiction de toute création de titres de noblesse paraît utile, sinon indispensable, au maintien de ce principe important. Établir entre les citoyens des distinctions de rang, deviendrait la source de priviléges iniques, et détruirait bientôt cet esprit d'indépendance et de dignité personnelle qui est la meilleure garantie d'un gouvernement républicain.

683. Quant à la clause qui concerne l'acceptation par les nationaux de titres ou bénéfices étrangers, elle est rédigée dans un esprit de juste défiance contre toute influence étrangère. On a contesté l'utilité pratique de cette mesure; on a pensé qu'un patriote sincère ne sera pas facilement séduit par un titre, et que, d'un autre côté, un agent intrigant ou corrompu ne sera pas arrêté par des restrictions légales. Toutefois, cette mesure est d'une grande importance en ce qu'elle empêche tout fonctionnaire public de porter des titres empruntés, qui contribueraient à lui donner une importance factice dans le pays.

# CHAPITRE XXXV.

## PROHIBITIONS, RESTRICTIONS AUX POUVOIRS DES ÉTATS.

Les États ne peuvent faire aucun traité de paix, d'alliance, etc. — Cette mesure a pour but de maintenir l'harmonie de la Confédération. — Ils ne peuvent accorder aucune lettre de marque, parce que le gouvernement national est seul responsable de la paix ou de la guerre. — Ils ne peuvent battre monnaie, afin d'avoir dans l'Union une monnaie uniforme. — Ils ne peuvent émettre des billets de crédit. — Sens des mots : « émettre des billets de crédit. » — Dangers des billets de credit prouvés par l'histoire financière des États-Unis. — Ils ne peuvent faire des bills *of attainder* ou des lois *ex post facto*.

---

684. La section 10 de l'article I^er^ contient certaines limitations à l'autorité des États. Plusieurs d'entre elles, et surtout celles qui se rapportent au pouvoir d'imposer des taxes et de régler le commerce, ont déjà été examinées plus haut. Quant aux autres, nous les analyserons dans l'ordre du texte de la constitution.

685. La constitution porte : « Aucun État ne « pourra contracter ni traité, ni alliance, ni confé- « dération, ni accorder des lettres de marque ou de

« représailles, ni battre monnaie, ni émettre des « billets de crédit, ni déclarer qu'autre chose que « la monnaie d'or et d'argent devra être accepté en « payement de dettes, ni passer quelques bills d'*at-* « *tainder*, ou lois *ex post facto*, ou affaiblissant les « obligations des contrats, ni accorder aucun titre « de noblesse. »

686. La défense faite aux États de faire des traités et des alliances était une des clauses de la confédération et a été seulement reproduite dans la constitution. La nécessité de cette disposition est évidente pour tout le monde. Si chaque État était libre de faire des traités ou des alliances avec un État étranger, une telle faculté serait naturellement subversive des droits confiés au gouvernement national. Il pourrait arriver qu'un État prendrait des engagements contraires aux intérêts d'un autre État; l'harmonie et la paix de l'Union en souffriraient, et, dans les temps de guerre ou d'agitation politique, l'existence même de l'Union pourrait être compromise.

687. La défense d'accorder des lettres de marque et de représailles se fonde sur les mêmes considérations générales. Sans cette prohibition un seul Etat pourrait entraîner toute l'Union dans une guerre générale. Il est vrai, cependant, que les lettres de marque et de représailles ne précèdent ni ne provoquent généralement et nécessairement la guerre; mais ce sont toujours des mesures hostiles ayant pour but d'obtenir le redressement de certains griefs réels ou suppo-

sés, et qui sont souvent les précurseurs des hostilités générales. Comme on l'a justement fait remarquer, la tranquillité publique ne peut dépendre de la pétulance ou de la précipitation d'un des États. Aussi la constitution a sagement agi en confiant la guerre et la paix au gouvernement général. C'est ainsi que, dans tout ce qui concerne l'étranger, l'unité est garantie aux opérations, et la responsabilité de ceux auxquels la nation a confié le maniement des affaires est mise à couvert.

688. Une autre prohibition est relative aux monnaies. Nous avons déjà dit que le pouvoir de frapper la monnaie et d'en régler la valeur devait appartenir exclusivement au gouvernement général. Sous la Confédération, les États jouissaient d'un pouvoir analogue, à la condition que le congrès déterminerait exclusivement le titre et la valeur des monnaies frappées au coin des États. En ce point comme dans beaucoup d'autres, la constitution a introduit des modifications utiles. Le droit des différents États sur les monnaies, à côté du pouvoir donné à la législature nationale d'en déterminer la valeur, ne pouvait conduire qu'à multiplier les dépenses et à introduire une grande confusion dans la forme et le poids des monnaies en circulation. Ce dernier inconvénient détruisait le but essentiel en vue duquel le pouvoir a été donné au gouvernement central, celui de maintenir l'unformité dans les monnaies. Le gouvernement national pourra, d'ailleurs, former des établissements locaux, si l'on trouvait incommode d'envoyer

à l'établissement central les lingots ou les vieilles monnaies pour y être frappées ou renouvelées. La prohibition a, outre cela, un motif d'un ordre plus élevé. On a évidemment voulu parer aux dangers d'une circulation de monnaies falsifiées, circulation qui serait encouragée en vue de certains intérêts locaux, et mise en œuvre par la fraude d'autant plus facilement que la variété des coins et l'indépendance des différents établissements rendraient toute répression difficile et même impossible.

689. La prohibition d'émettre des billets de crédit ne saurait mieux se justifier que par les paroles mêmes du *Fédéraliste,* paroles dont la vérité est fondée sur des faits dont on ne peut rappeler le souvenir qu'avec amertume. « Cette prohibition, dit *le Fédéraliste,* doit être approuvée et louée par tout bon citoyen en proportion de son amour pour la justice et de sa connaissance des véritables sources de la prospérité publique. Les pertes qu'a essuyées l'Amérique depuis la paix par suite de l'émission du papier-monnaie et de son influence fâcheuse sur la confiance publique et privée, sur l'industrie et la moralité du peuple, enfin sur le caractère du gouvernement républicain, forment, pour les États auxquels on peut imputer cette mesure irréfléchie, une dette qui restera longtemps sans satisfaction complète. Il est même permis de dire que la faute dont ces États se sont rendus coupables ne saurait être expiée que par le sacrifice volontaire du pou-

voir qui en fut l'instrument. On pourrait encore ajouter que les mêmes raisons qui prouvent la nécessité de refuser aux États le droit de battre monnaie s'appliquent également à l'émission de billets; autrement ce serait simplement substituer le papier à l'argent monnayé. Tous les arguments que nous avons cités à propos du droit de frapper monnaie au nom des États ont la même force pour l'interdiction de l'émission de billets. »

690. Il est clair que la prohibition d'émettre des billets ne peut pas s'étendre à de simples reconnaissances d'une dette qu'un État souscrirait dans le besoin et qui n'énonceraient que le montant de la somme et le délai fixé pour le payement.

691. Quel est alors le véritable sens des termes de la constitution, « billets de crédit? » Dans l'acception la plus étendue, ces mots comprennent évidemment tout acte par lequel un État s'engage à payer, à certain jour, une somme d'argent, et pour lequel il obtient naturellement un crédit. Ainsi cela peut s'entendre d'un certificat donné en échange d'argent comptant. Mais les termes de la constitution même et les dangers que l'histoire financière de notre pays nous a enseigné à éviter modifient cette large interprétation. Le mot « émettre » ne s'emploie que dans une certaine acception; il ne signifie pas l'acte par lequel on reconnaît devoir payer à terme fixe une somme empruntée pour les besoins du moment, et les actes de cette nature ne sont pas appelés « billets de crédit. » « Émettre des billets de crédit » repré-

sente toujours à l'esprit l'idée d'un papier mis en circulation pour être reçu partout comme de l'argent comptant, sauf à être remboursé un jour. C'est ainsi qu'on a jusqu'à présent interprété les termes de la constitution; on s'est toujours servi de ces mots pour indiquer le papier-monnaie que les colonies, à l'époque de leur dépendance de la métropole, avaient le droit d'émettre. Pendant les guerres de la révolution, le papier-monnaie émis par le congrès a toujours été appelé « billets de crédit. » Ces mots ont donc un sens précis. Il n'est pas dans l'esprit de la constitution qu'on puisse éluder la loi au moyen d'un changement de nom, et que ce qui serait illégal sous le nom de *billet de crédit* devienne légal et conforme à la constitution sous le nom de *certificat*.

692. La prohibition suivante porte que les États ne pourront payer leurs dettes qu'en espèces d'or ou d'argent. Cette clause est basée sur les mêmes raisons que la clause précédente. Les effets désastreux produits par les différentes lois que, durant leur dépendance coloniale, les États ont rendues sur cette matière épouvantent notre raison et répugnent à tous sentiments de justice et de moralité. On n'a pas seulement émis des papiers-monnaies et déclaré qu'ils étaient un moyen de rachat de la dette publique, mais on a fait des lois d'un autre caractère encore, telles que les lois connues sous la dénomination de *tender laws*, qui ont détruit le crédit et la moralité publique. Par quelques-unes de ces lois, le payement de la dette fut dé-

claré suspendu; par d'autres, on accorda, contrairement aux termes du contrat, des délais pour payer les dettes par parties; toute espèce de propriété, fût-elle même sans valeur, put être offerte par le débiteur en payement de ses dettes, et le créancier était forcé d'accepter les biens du débiteur d'après une estimation tout à fait disproportionnée avec leur véritable valeur. De pareils griefs et tant d'autres encore de la même nature furent les résultats de la législation en vigueur durant les guerres de la révolution jusqu'à l'établissement de la constitution. Il en résulta de grands maux pour le pays, et un système de fraude, de chicane et de prodigalité qui finit par détruire l'industrie, les entreprises et la confiance publique.

693. Par une autre prohibition, aucun État ne peut rendre un *bill of attainder*, une loi *ex post facto*, ou une loi altérant le lien d'un contrat. Les deux premiers points n'ont besoin d'aucun commentaire, parce que les raisons données en parlant des prohibitions faites à cet égard au gouvernement national s'appliquent également aux gouvernements d'État. Avant l'adoption de la constitution, chaque État pouvait porter un *bill of attainder*, ou une loi *post facto*, en vertu de son pouvoir législatif souverain, à moins d'une prohibition expresse faite par sa constitution. Car une telle prohibition ne résulterait pas suffisamment des dispositions de la constitution des États-Unis qui posent en principe: que les pouvoirs législatif, exécutif et judiciaire ne doivent jamais être confondus; que

les crimes doivent être jugés dans les comtés où ils ont été commis, et que le jugement par le jury doit être maintenu intact; les lois prohibées par la constitution pouvaient toujours s'appliquer dans les cas où le délit aurait été commis au dehors d'un Etat. Durant les guerres de la révolution, des *bills of attainder* et des actes de confiscation *ex post facto* reçurent une extension très-large, mais les maux qui en résultèrent furent plus grands que le bien qu'on avait en vue.

# CHAPITRE XXXVI.

## RESTRICTIONS AUX POUVOIRS DES ÉTATS. — ATTEINTES PORTÉES AUX OBLIGATIONS.

Interprétation constitutionnelle du mot *contrat.* — Division des contrats en contrats exécutoires et contrats exécutés, en contrats exprès et contrats tacites. — Du lien du contrat d'après la constitution. — Du lien moral et du lien civil. — Quelles lois sont considérées comme portant atteinte au contrat? — Les États peuvent rendre des lois qui modifient les voies d'exécution des contrats. — Ils peuvent rendre des lois qui opèrent la décharge des obligations futures. — La prohibition s'applique-t-elle aux conventions entre les États et les individus? — S'applique-t-elle aux chartes? — S'applique-t-elle aux conventions entre États?

---

694. La clause que nous avons encore à examiner, relativement à ce qui peut porter atteinte au lien des contrats, exige quelques développements.

695. D'abord qu'est-ce qu'un contrat dans le sens constitutionnel du mot? Un contrat est une convention de faire ou de ne pas faire une chose déterminée, c'est un pacte entre deux ou plusieurs personnes.—Un contrat est exécutoire ou exécuté.

Un contrat exécutoire est un pacte par lequel une partie s'oblige à faire ou à ne pas faire une chose déterminée; un contrat est exécuté quand l'objet de la convention est accompli. Un contrat exécuté ne diffère donc en rien d'une concession (*grant*), car un contrat exécuté donne la possession de la chose, et un contrat à exécuter donne seulement un droit à la chose. En fait, une concession (*grant*) est un contrat exécuté dont le lien subsiste toujours; et puisque la constitution se sert du mot *contrat*, sans distinguer entre le contrat exécutoire et le contrat exécuté, elle doit s'appliquer aux deux espèces. Une loi d'État qui annulerait l'effet d'une concession entre deux individus, et déclarerait que, malgré cet acte, les biens cédés doivent retourner entre les mains des concédants, serait aussi contraire à la constitution qu'une loi d'État qui dispenserait un vendeur de l'obligation d'exécuter son contrat de vente. Il serait étrange, en effet, qu'une promesse de vente fût protégée et qu'une vente accomplie ne le fût pas; qu'un contrat non exécuté fût obligatoire et qu'un contrat exécuté pût être éludé.

696. En outre, les contrats sont ou exprès ou implicites. Les contrats exprès sont ceux dans lesquels les conditions de la convention sont clairement énoncées et définies au moment même de la convention. Les contrats implicites résultent de la nature des choses; fondés sur le consentement tacite des parties, ils sont obligatoires aux yeux de la raison comme aux yeux de la justice. La consti-

tution n'établit aucune différence entre ces deux classes de contrats. En réalité, la plus grande partie des transactions civiles consiste en contrats implicites, et ce serait mal garantir l'inviolabilité des contrats exprès que de permettre aux législatures d'État de porter atteinte aux contrats implicites. La constitution ne pouvait pas commettre une pareille inconséquence.

697. Maintenant, qu'est-ce que le lien d'un contrat? Ces expressions si claires ont donné lieu à des distinctions très-subtiles sur leur véritable signification dans la constitution. On a dit que *droit* et *obligation* étaient des termes corrélatifs : en accordant par un contrat un droit à un autre, je contracte en même temps l'obligation de donner ou de faire. Le lien de tout contrat consiste donc dans le droit ou le pouvoir que, par suite de ce même contrat, j'ai conféré à un autre, soit sur ma volonté, soit sur mes actions. Ce droit ou ce pouvoir n'est pas exclusivement régi par la loi morale, ou par la loi universelle, ou par les lois sociales, mais par une combinaison de cette triple législation. Dans cette combinaison, la loi morale et la loi universelle ou naturelle sont modifiées et appliquées aux besoins de la société par les lois sociales ou positives. Dans un état de civilisation très-avancé, les contrats des hommes reçoivent une interprétation relative et non absolue; c'est la société qui les interprète, les applique, les contrôle, et qui décide jusqu'à quel point l'exercice des droits qu'on s'est mutuellement concédés peut

être équitablement sanctionné. De plus, on a dit que la constitution distinguait entre un contrat et le lien d'un contrat. Le lien du contrat est ce qui contraint les parties à remplir leurs engagements. La loi, qui donne au contrat cette force obligatoire, doit donc régir le contrat sous toutes ses formes et dans toutes ses conséquences. On a ajouté que le lien du contrat consistait dans le pouvoir et l'efficacité de la loi qui l'applique, et pourvoit à son exécution ou aux remèdes en cas d'inexécution, qu'ainsi le lien du contrat n'était pas inhérent au contrat lui-même, mais puisait sa force dans la loi applicable au contrat.

698. Toutes les fois que, dans la constitution, il est question du lien des contrats, ces termes doivent être entendus non-seulement dans une acception morale, mais aussi dans une acception légale. Le lien moral d'un contrat, en tant qu'il concerne la société humaine, est d'une nature imparfaite. L'exécution dépend de la conscience des parties, c'est à Dieu seul qu'elles ont à en rendre compte; le pouvoir du législateur ne saurait l'atteindre. La constitution n'a pas en vue de pareilles obligations, mais seulement celles qui peuvent être réglées ou modifiées par l'état social. C'est l'obligation civile qu'on veut protéger, c'est-à-dire l'obligation reconnue et sanctionnée par l'État. Si donc un contrat est illégal, nul, ou seulement un pacte nu, aux yeux de la loi, ce contrat n'a aucun lien, aucune obligation civile, la loi ayant détruit ses effets et sa force. Un pareil contrat ne confère au-

cun droit légal à l'une des parties et n'impose à l'autre aucun devoir légal. C'est là une application du principe *ex nudo pacto non oritur actio*. Mais quand, par sa nature, le contrat n'est ni illégal ni nul, ni pacte nu, le lien civil existe, toutes les stipulations ont force obligatoire.

699. Cette force obligatoire n'est pas essentiellement le résultat des déclarations expresses de la loi positive, mais bien des principes généraux du droit naturel ou universel, car il y a évidemment un lien qui oblige en dehors des lois positives. Les nations indépendantes font entre elles des traités et des conventions qui sont universellement considérés comme obligatoires, et cependant leur exécution ne dépend pas des lois positives. De même, dans tous pays, un contrat fait par le gouvernement avec un particulier aura force obligatoire, quand même les lois n'en garantiraient pas l'exécution. Par exemple, les États-Unis ne peuvent pas être poursuivis en vertu des contrats faits par eux avec des citoyens (1), et cependant personne ne doute que ces contrats ne soient obligatoires pour le gouvernement, bien que cette obligation ne soit pas protégée par la loi positive. Cette obligation résulte donc des principes de la loi universelle. Mais, en général, en parlant du lien d'un contrat, nous entendons parler des cas où la loi positive assure les moyens d'exécution. Quand ces moyens

(1) Si le gouvernement refuse de payer une dette, le creancier n'a d'autre remède que le recours au congrès. Voyez *Gordon's digest*, page 66. P. O.

manquent, le lien n'est pas détruit, mais affaibli; le droit existe sans qu'il y ait un moyen de remédier à la non-exécution. Ainsi la législation d'un État peut refuser l'emprisonnement pour dettes, et le débiteur peut ne posséder aucun bien; en ce cas, le droit du créancier reste entier mais suspendu, et il peut le réserver pour l'exercer plus tard contre la propriété future du débiteur. Le débiteur peut mourir sans laisser ni biens ni représentant : dans ce cas on ne peut pas dire que le droit du créancier soit éteint, mais seulement qu'il ne peut l'exercer; car, en supposant qu'un administrateur vienne à être nommé et que la succession acquière des biens, les droits du créancier pourront être exercés sur les biens advenus.

700. Le lien civil d'un contrat, bien que ne pouvant pas exister contrairement aux lois établies, peut cependant se former et exister en dehors de ces mêmes lois; il peut exister sans qu'il y ait aucun moyen d'en assurer l'exécution. Quand la loi positive impose aux contractants le devoir d'exécuter une convention, alors l'obligation est complète, bien que les moyens d'exécution ne soient pas précisément parfaits.

701. Maintenant, quelles sont, dans l'esprit de la constitution, les lois qui portent atteinte à la force obligatoire d'un contrat? Il est évident qu'une loi qui élargit ou rétrécit le cercle des obligations change les intentions des parties et porte atteinte au contrat. Peu importent le mode et l'importance du changement; car soit qu'il porte sur

la validité, l'interprétation, la durée ou les preuves du contrat, il y porte atteinte par ces déviations, si légères qu'elles soient, tout aussi bien que la loi qui l'anéantirait entièrement. Ce n'est pas tout : il y a une différence entre le lien du contrat et les moyens légaux d'arriver à son exécution. Une loi rétroactive, en abolissant tout recours existant à l'époque du contrat, détruit la valeur de l'obligation ; mais une modification dans les moyens dé recours n'entraîne pas une pareille conséquence. On ne peut mettre en doute que la législature ne puisse introduire des changements dans les moyens de recours, sauf à laisser intacts les plus essentiels. Une législature d'État peut abolir l'emprisonnement, en matière civile, sans violer la constitution, car cela ne serait qu'une modification des moyens de recours, et ne porterait pas atteinte à l'obligation même, ainsi qu'on l'a vu plus haut.

702. Ces considérations générales nous conduisent directement à des investigations plus ardues qui en dérivent et qui divisent les jurisconsultes. Dans cette matière, le grand objet des fondateurs de la constitution était de garantir l'inviolabilité des contrats; ce principe devait être énergiquement protégé contre toute attaque. On n'a pas voulu énumérer les atteintes diverses que l'on pourrait porter aux contrats; une pareille énumération eût été peu sage, à cause des lacunes qu'elle aurait renfermées L'intention évidente était d'empêcher toute atteinte, sous quelque forme que ce soit, et

dès lors la prohibition a dû être formulée en termes généraux.

703. On a longuement discuté la question de savoir si les États peuvent constitutionnellement porter une loi d'insolvabilité opérant la décharge des dettes. Il est incontestable que les États ont le droit de porter une loi d'insolvabilité opérant la décharge de la contrainte par corps, comme dans le cas de la cession de biens, pourvu que cette loi ne porte pas atteinte au contrat et respecte l'existence de la dette. Il est surtout incontestable qu'une loi d'insolvabilité qui éteindrait la dette antérieure à la loi serait inconstitutionnelle. Mais la question est de savoir si les États ont le droit de faire des lois d'insolvabilité réglant d'avance la décharge des obligations futures. Après une mûre délibération, il a été décidé, par la majorité de la cour suprême, que les États peuvent faire de pareilles lois agissant sur des contrats postérieurs à la loi.

704. Nous avons déjà dit qu'une concession (*grant*), dans l'esprit de la constitution, est un contrat, de même que toute convention non exécutée. La défense faite par la constitution de porter atteinte aux contrats s'étend à toutes les conventions ou concessions privées, de quelque nature qu'elles puissent être. On a demandé alors si cette défense s'appliquait également aux contrats et concessions émanant d'un État en vertu d'une loi. Une opinion aurait voulu que des actes pareils fussent regardés comme des actes législatifs susceptibles d'être rapportés par le même pouvoir qui les avait décré-

tés ; mais, après une délibération solennelle, il a été décidé que des concessions et des contrats faits par un État sont aussi inviolables que des contrats ou concessions émanant des particuliers. Une législature peut, en vertu d'une loi, faire une concession; cette concession une fois faite est irrévocable, et ne peut, d'après la constitution, être affaiblie ou détruite. Ainsi la législature peut, par une loi, contracter avec des particuliers et engager la foi de l'État à l'exécution du contrat; donc on peut regarder comme un principe certain que, toutes les fois qu'une loi prend le caractère d'un contrat et qu'il en résulte des droits pour les parties contractantes, le rapport de cette loi ne détruit ni ne modifie en aucune façon les droits acquis.

705. Les cas dont nous venons de parler sont des cas dans lesquels il s'agit des droits de propriété, et ils rentrent incontestablement dans la sphère de la prohibition constitutionnelle. Mais une question plus délicate a été soulevée, à savoir, si des chartes accordées par un État sont des contrats dans l'esprit de la constitution. Les auteurs de la constitution n'avaient pas l'intention de restreindre les États dans l'exercice du droit de régler leurs institutions civiles. On a toujours entendu désigner sous le nom de *contrats* des conventions qui ont particulièrement rapport à la propriété et qui confèrent des droits qu'on peut revendiquer devant une cour de justice. Une charte est certainement un contrat quant à la forme et quant au fond; elle concède des pouvoirs, des droits

et des priviléges, et donne ordinairement la capacité d'acquérir et de posséder. Quand une charte crée une corporation, elle confère essentiellement le droit de propriété; car c'est un caractère constitutif d'une corporation de pouvoir acquérir et posséder, à moins de prohibition expresse.

706. Une autre question est de savoir si le principe que nous venons d'indiquer s'applique à toute espèce de chartes publiques et privées. Il y a deux genres de corporations, des corporations publiques et des corporations privées. Parmi les premières sont comprises toutes celles établies en vue d'un intérêt public, telles que les cités, les villes, les paroisses; parmi les secondes sont toutes celles qui n'appartiennent pas à la première catégorie. Il n'y a pas de doute que la législature ne puisse modifier, changer, étendre et restreindre les corporations ayant un but d'utilité publique, sous la réserve des droits de propriété appartenant à ces corporations. On peut aller plus loin, et dire que si une charte n'est qu'une concession de pouvoirs politiques,—que si elle a pour but de créer une institution civile destinée à faciliter l'action administrative, — enfin que, s'il s'agit de fonds publics dont le gouvernement seul ait intérêt à avoir le maniement, alors, dans ces divers cas, le pouvoir législatif conserve sur l'existence et l'étendue d'une pareille charte une autorité pleine et entière. La corporation n'est, dans ce cas, en effet, qu'un mode d'exercice des pouvoirs publics, dans un but d'intérêt général,

elle doit donc rester soumise à la volonté législative, sous la réserve toutefois des intérêts privés qui se trouveraient engagés.

707. On a essayé d'étendre encore ce principe, et de soustraire aux prohibitions faites par la constitution toutes les chartes qui, accordées à des particuliers, ont cependant pour objet des intérêts généraux. Cette prétention fut pour la première fois soulevée dans l'affaire du collége de Dartmouth. La législature du New-Hampshire avait, sans le consentement de la corporation du collége, passé une loi qui changeait l'organisation résultant de la charte primitive de ce collége, et transférait à de nouveaux administrateurs les priviléges, droits et franchises accordés aux anciens administrateurs par la charte même d'incorporation. La constitutionnalité de cet acte fut contestée, et, après une discussion solennelle, la cour suprême des États-Unis (1) décida que la charte provinciale étant un contrat dans le sens de la constitution, tout amendement qui portait atteinte aux obligations résultant de la charte d'incorporation était radicalement nul et de nul effet. Ainsi le collége de Dartmouth fut assimilé aux colléges fondés par des particuliers et considéré comme une institution reposant sur des libéralités individuelles,

(1) On sait que toutes les causes qui portent sur une interprétation de la constitution des États-Unis, peuvent toujours être portees en dernier ressort à la cour suprême des États-Unis, même après un arrêt d'une cour suprême d'État.

P. O.

douée par sa charte de la faculté d'acquérir et de posséder sans relation avec le gouvernement. Les fonds avaient été fournis sur la foi de sa charte, et consistaient entièrement en donations privées. A la vérité, l'usage de ces fonds était en quelque sorte public, c'est-à-dire dans un but d'intérêt général, et non pas pour le bénéfice exclusif de la corporation; mais cela ne suffisait pas pour en faire une corporation publique. Car on peut aller plus loin et dire que si l'État lui-même fournissait les fonds pour une institution ayant un caractère privé, il ne serait plus maître de ces fonds.

708. On s'est, en outre, demandé si un traité fait entre deux États était soumis aux restrictions ci-dessus mentionnées; on a décidé l'affirmative. Les termes traité (*compact*) et contrat sont synonymes, et des propositions faites par un État et acceptées par un autre constituent entre eux un véritable contrat. Ni la raison ni le droit ne voient aucune différence dans les contrats faits entre particuliers, ou d'État à État; tous sont également inviolables.

709. Avant de quitter cette matière, il sera utile de faire observer que les prohibitions relatives aux lois de rétroactivité (*ex post facto laws*) s'appliquent seulement aux affaires criminelles, et que la prohibition, en matière civile, se borne à défendre de porter atteinte au lien du contrat. Il y a beaucoup de lois rétroactives qui peuvent, sans violer la constitution, être rendues par une législature d'État, bien qu'elles soient de leur na

ture injustes, oppressives et souvent impolitiques.

710. *Restrictions des pouvoirs des États résultant de la nature du gouvernement.* — On a vivement agité la question de savoir si, indépendamment de la constitution des États-Unis, la nature d'un gouvernement libre et républicain n'imposait pas aussi des restrictions au pouvoir législatif des Etats. On s'accorde en général à penser que, depuis la révolution américaine, aucun gouvernement n'a le droit de rien faire qui porte la moindre atteinte à la propriété. Un gouvernement libre doit tenir pour sacrés et inviolables les droits de propriété et la liberté individuelle; du moins, aucune cour de justice, en ce pays, ne serait justifiable de consacrer une pareille violation de droits, résultant de termes généraux ou implicites. On ne doit pas, en effet, facilement présumer que, sans déclaration formelle, le peuple ait renoncé à des droits si intimement liés à son bien-être et à sa sécurité.

711. *Titres de noblesse.* — La clause se termine par une défense aux États d'accorder des titres de noblesse. La raison de cette prohibition est la même pour les États que pour l'Union. Il serait absurde en effet d'interdire si positivement ce droit au gouvernement général et de l'accorder aux gouvernements particuliers des États. Nous avons déjà dit que cette loi était la clef de voûte du gouvernement républicain. L'absence de tous titres et priviléges de noblesse laissera nécessairement le pouvoir entre les mains du peuple.

# CHAPITRE XXXVII.

## SUITE DES RESTRICTIONS AUX POUVOIRS DES ÉTATS.

Les États ne peuvent seuls établir des droits de tonnage. — Ils ne peuvent faire des traités, mais ils peuvent faire des conventions avec le consentement du congrès. — Les États ne peuvent commencer une guerre. — Exception pour les cas d'urgence ou d'invasion. — Restrictions tacites.

---

712. « Aucun État n'aura le droit, sans le con-
« sentement du congrès, d'établir un droit de
« tonnage; d'entretenir des troupes ou vaisseaux
« de guerre en temps de paix; de contracter
« quelque traité ou union avec un autre État ou
« avec une puissance étrangère; de s'engager dans
« une guerre, si ce n'est dans le cas d'invasion ou
« d'un danger imminent qui n'admettrait aucun
« délai. »

713. Le premier point de cette clause, relativement au droit de tonnage, a déjà été examiné. Les autres ont leur source dans la maxime qui interdit à un État de conclure un traité d'alliance ou de confédération et d'accorder des lettres de marque ou représailles. Quant aux traités, alliance et confédération, l'interdiction est

entière. Mais un État peut, *du consentement du congrès*, faire une convention avec un autre Etat ou avec une puissance étrangère.

714. Les autres restrictions se rapportent au pouvoir de faire la guerre, qui reste exclusivement confié au pouvoir fedéral. Le pouvoir de mettre des troupes sur pied et d'armer des vaisseaux en temps de paix, serait une cause de jalousie entre les États voisins, et pourrait même provoquer des hostilités de la part des nations étrangères, dont le territoire toucherait à celui des États-Unis. D'un autre côté, la défense de l'Union étant confiée au pouvoir national, il n'était pas convenable qu'un État possédât les moyens militaires de tenir l'Union dans la crainte et de mettre en danger la sécurité publique. Toutefois, un État peut être dans une situation qui rende indispensable l'emploi de forces militaires pour réprimer une insurrection ou une invasion. Le danger peut être trop imminent pour permettre aucun délai ; dans de pareilles circonstances, un État aura le droit de lever des troupes pour sa propre sécurité, et sans le consentement du congrès. Dans un temps de guerre, il est évident qu'un État doit avoir le droit de lever des forces pour sa propre défense ; et sa coopération avec les forces nationales peut même être d'une grande importance pour assurer le succès des entreprises de la guerre. Cette restriction du pouvoir des États est donc sagement combinée pour garantir la sécurité des États et le maintien de la paix générale.

715. On a dû s'apercevoir qu'à côté des restrictions expresses, la constitution contient des restrictions tacites. Ainsi, il est évident qu'un État ne peut exercer aucun contrôle, aucune modification ou intervention qui fût contraire au gouvernement national ; et on peut encore ajouter que les lois des États, telles que les lois de limites ou d'insolvabilité, ne peuvent modifier en rien les droits et les obligations des États-Unis.

# CHAPITRE XXXVIII.

## POUVOIR EXÉCUTIF.

Difficulté de constituer convenablement le pouvoir executif.— Ce pouvoir doit-il être distinct des autres? — Doit-il être confie à plusieurs personnes? — Quelle doit être la durée de son exercice? — De la rééligibilité du président de l'Union. —Du vice-president de l'Union président du sénat —Mode d'élection du président et du vice-président. — Création d'un corps électoral spécial. — Avantage de ce système. — Dans quel cas la chambre des représentants est appelée à choisir le président. — Le jour de l'élection doit être le même dans toute l'Union — Conditions d'eligibilité. — Indemnité allouée au président. — Serment imposé au president.

---

716. Dans le cours de notre examen de la constitution, nous sommes arrivés à l'article II, qui contient les détails de l'organisation des pouvoirs de l'autorité exécutive et leur énumération. Quelle est la meilleure constitution de l'autorité exécutive? Quels pouvoirs doivent lui être confiés? Ce sont là des problèmes importants, les plus difficiles à résoudre entre tous ceux que soulève la théorie d'un gouvernement libre. Quiconque a médité sur ce sujet, a dû comprendre ses rapports multipliés et éprouver des doutes infi-

nis. Quiconque aussi a étudié l'histoire, et surtout celle des républiques, a dû être frappé de voir combien peu on est parvenu jusqu'à présent à trouver un sûr dépositaire du pouvoir, et combien il est arrivé souvent que l'autorité exécutive, remise aux mains d'une seule personne, d'un petit nombre ou d'un plus grand, d'un monarque héréditaire ou d'un chef électif, avait écrasé l'État sous son poids, ou avait péri par trop de faiblesse. Il est à craindre que notre histoire ne prouve pas que nous ayons complétement échappé à tous les dangers, et qu'à l'exemple des autres nations, l'organisation du pouvoir exécutif ne soit aussi le côté vulnérable de notre république.

717. La première clause de la 1re section de l'article II est ainsi conçue : « Le président des « États-Unis sera investi du pouvoir exécutif. Il « occupera sa place pendant le terme de quatre « ans. Son élection, et celle du vice-président, « nommé pour le même terme, auront lieu ainsi « qu'il suit. »

718. A la lecture de cette disposition, trois questions se présentent naturellement ; 1° le pouvoir exécutif doit-il être distinct des autres branches du gouvernement ? 2° doit-il être confié à plusieurs personnes? 3° quelle doit être la durée de son exercice ?

719. *Séparation des pouvoirs.* — On peut résoudre en peu de mots la première question. Tous les États d'Amérique ont aujourd'hui reconnu l'utilité de constituer un pouvoir exé-

cutif distinct. C'est un principe consacré dans la constitution de chaque État; ainsi, l'on peut dire que nous avons admis comme une règle fondamentale de gouvernement, que les pouvoirs législatif, exécutif et judiciaire doivent être séparés et exercés indépendamment l'un de l'autre. En outre, il est presque inutile de faire remarquer que là où tous les pouvoirs se trouvent réunis dans les mêmes mains, on rencontre un despotisme proportionné à leur force de cohésion; et que là où les pouvoirs sont réunis, mais ne peuvent être exercés que par délégation (ainsi que cela avait lieu sous la Confédération), il arrive que ces pouvoirs sont en même temps faibles et arbitraires, esclaves des passions populaires, et incapables d'action de suite.

720. Quelle doit être l'organisation du pouvoir exécutif? En thèse général, c'est celle qui garantit en même temps la force de ce pouvoir et la sûreté du peuple. Toutefois, on a soutenu qu'un pouvoir exécutif énergiquement constitué était incompatible avec un gouvernement républicain. Il est difficile de trouver de bonnes raisons pour justifier cette opinion, et ses défenseurs sont ordinairement les hommes qui rêvent une perfection absolue, et regardent comme le meilleur gouvernement celui à qui on a donné les pouvoirs les plus limités. Ceux qui ont étudié l'histoire des différentes nations des temps anciens et modernes, y ont puisé d'autres enseignements; ils y ont appris, au contraire, qu'un pouvoir exécutif forte-

ment constitué est une des conditions d'un bon gouvernement. Un pouvoir exécutif fortement constitué est indispensable pour protéger efficacement le pays contre les attaques étrangères, aussi bien que pour assurer l'exécution des lois à l'intérieur, et pour défendre la liberté contre les entreprises de l'ambition ou de l'anarchie. L'histoire de Rome nous montre cette république obligée souvent de se réfugier derrière le pouvoir absolu d'un seul homme, revêtu du nom formidable de *dictateur*, pour se mettre en garde contre les ambitieux qui voulaient la dominer, et contre les ennemis du dehors qui la menaçaient. Un pouvoir exécutif faible traîne à sa suite une administration faible, et une administration faible est une mauvaise administration; or, un gouvernement mal administré, quelque bon qu'il paraisse en théorie, est toujours, dans la pratique, un mauvais gouvernement.

721. Les éléments qui constituent l'énergie de l'autorité exécutive sont : l'unité, la durée, et les moyens d'action suffisants. Les éléments qui constituent la sûreté du gouvernement républicain consistent dans la force qui vient du peuple et dans la responsabilité envers lui.

722. On ne peut certainement pas contester que l'unité donne l'énergie. La décision, l'activité, le secret se rencontrent à un plus haut degré dans un homme seul que dans la réunion de plusieurs; et plus le nombre est considérable, plus ces qualités s'amoindrissent.

723. *Unité du pouvoir exécutif.* — Cette unité peut être détruite de deux manières; d'abord, en confiant l'autorité exécutive à deux magistrats ou à un plus grand nombre égaux en dignité; ensuite, en la remettant à un seul, mais soumis pour tout ou partie au contrôle d'un conseil. Les deux consuls de Rome, pour les temps anciens; pour les temps modernes, les trois consuls de France pendant la courte période de sa république, sont un exemple des inconvénients que nous signalons. Nous en voyons aussi plusieurs autres exemples dans les colonies, avant la révolution d'Amérique (1), et depuis, dans quelques États. Toutefois, les deux combinaisons qui ten-

(1) Sous la Confédération, en 1784, les États-Unis ont fait momentanement une fâcheuse expérience du défaut d'unité dans la constitution du pouvoir exécutif. Comme l'acte de confederation ne donnait aucun chef visible au gouvernement pendant les vacances du congres, et que quelque institution semblable était nécessaire pour surveiller les mesures executives, recevoir les ambassadeurs, communiquer avec les puissances étrangères, etc., on imagina de créer un comité, nommé *Comité des États*, et compose d'un membre de chacun d'eux (ils étaient 13 alors). Ce comité était investi de l'exercice des fonctions exécutives pendant les vacances du congrès. Ce comite à peine constitué, des divisions et des schismes se formèrent entre les membres, ils se séparèrent bientôt, laissant à l'abandon les rênes du gouvernement, qui demeura ainsi sans chef jusqu'à la réunion du congrès suivant. Les hommes sages attribuèrent ces événements non au caractère particulier des membres du comité, mais à la nature même de l'homme : et l'on s'arrêta à l'avis de confier à une seule personne le pouvoir exécutif. P. O.

dent à rompre l'unité du pouvoir exécutif, ont trouvé des défenseurs.

724. Indépendamment des enseignements puisés dans l'histoire, il est évident qu'un partage du pouvoir exécutif entre plusieurs personnes multipliera les discussions, et produira la mobilité dans les conseils. Si deux ou un plus grand nombre de personnes sont revêtues de la même charge avec une dignité et une autorité égales, on aura bien des dangers à craindre de la jalousie, peut-être même de l'antipathie personnelle. La fierté des uns, le désir des autres de flatter un préjugé populaire; la vanité d'être l'auteur d'un projet; l'amour-propre blessé en voyant un autre projet adopté; toutes ces causes et beaucoup d'autres exciteront des rivalités et des dissensions funestes. Quand un pareil état de choses existe, le pouvoir est affaibli, le respect pour lui diminue, et les projets les mieux conçus avortent. On voit alors les mesures les plus sages abandonnées ou prorogées dans les circonstances les plus critiques. Le danger devient plus grand encore par la division qui s'introduit dans la société, et en forme plusieurs factions qui s'attachent à chacun des membres du pouvoir exécutif. Cette rivalité des factions qui se disputent le pouvoir a toujours servi de prétexte aux partisans de la monarchie pour blâmer amèrement la forme du gouvernement républicain, et l'histoire nous montre en effet que ces déchirements ont existé dans toutes les républiques.

725. On peut faire les mêmes objections, moins fortes cependant, contre l'organisation d'un conseil exécutif. Une cabale adroite sera bientôt en état de fausser et d'énerver l'ensemble des conseils de la nation; et même en l'absence d'une pareille cabale, la grande diversité de vues et d'opinions imprimera toujours au pouvoir exécutif une direction faible et incertaine. Une autre objection sérieuse dans un gouvernement républicain, c'est qu'une pareille division du pouvoir exécutif tend à cacher les fautes et à détruire toute responsabilité. La responsabilité est de deux espèces; l'une entraîne le blâme, l'autre le châtiment. La première est la plus importante dans un gouvernement électif; car les hommes revêtus de fonctions publiques commettront des fautes qui les soumettront plutôt au blâme qu'à la punition; ajoutons que la multiplicité des avis dans l'exercice du pouvoir exécutif rend même très-difficile une responsabilité quelconque. Les reproches se croiseront sans cesse, et au milieu des accusations diverses, on ne pourra trouver le vrai coupable. Souvent la crainte de reproches mutuels engagera les partis à dissimuler leurs fautes sous des raisons plausibles, ou la crainte de la responsabilité les portera à s'abriter derrière le nom de quelque démagogue populaire. Ainsi l'établissement d'un conseil devient souvent le moyen de soustraire l'agent exécutif à toute responsabilité, ou produit les intrigues et les factions qui détruisent son autorité et son influence.

726. De tout ce qui précède, il faut conclure

que la pluralité dans la puissance exécutive ne saurait garantir au peuple l'exercice fidèle d'un pouvoir délégué par lui. D'abord cette pluralité écarte le frein de l'opinion publique, ensuite elle affaiblit tous les moyens de faire peser la responsabilité des mauvaises mesures sur leurs véritables auteurs.

727. *Durée du pouvoir exécutif.* — Après cet examen de la question de l'unité du pouvoir exécutif, voyons quelle doit être la durée de ses fonctions. Nous avons eu l'occasion de dire que la durée est un des principaux éléments d'énergie pour le pouvoir exécutif. Cette durée a une double source : la stabilité personnelle du premier magistrat dans l'exercice des pouvoirs constitutionnels, et la stabilité du système d'administration. Il est évident que plus l'exercice du pouvoir sera prolongé, plus on aura l'espérance d'obtenir des résultats importants. En général, les hommes s'attachent plus vivement aux choses stables qu'aux choses passagères; et cette remarque, vraie dans les affaires privées, s'applique également aux intérêts politiques.

728. La stabilité du système d'administration a aussi des rapports intimes avec la durée de la fonction. Peu d'hommes voudront s'engager dans un système d'administration, dont la sagesse leur paraîtrait même démontrée, s'ils ne peuvent espérer mettre à exécution les plans qu'ils auront conçus. A quoi servirait de former les meilleurs projets d'administration, si le pouvoir exécutif

passe incessamment dans d'autres mains, et si ces projets sont continuellement changés avant d'avoir pu être appréciés et jugés par le public? La plus flatteuse récompense pour les citoyens dévoués à leur pays et pour les hommes d'État, est l'espérance que les objections contre leurs systèmes disparaîtront, quand ces systèmes auront été mis à l'épreuve; et que l'affection et la reconnaissance publique survivront à leurs travaux. Mais qui voudra semer, s'il ne peut espérer recueillir? Quel homme sera disposé à sacrifier son repos actuel et sa popularité pour le succès d'idées politiques, s'il n'a pas le temps de les diriger et d'assurer leur triomphe?

729. Le changement trop fréquent des premiers fonctionnaires de la nation entraîne nécessairement un changement dans la marche de l'administration, et dans les agents subordonnés au pouvoir exécutif; car le nouveau venu a d'ordinaire peu de sympathie pour les plans de son prédécesseur. La suppression de ce qui avait été fait avant lui sera une preuve de sa propre capacité et une recommandation auprès des adversaires de l'ancienne administration. Ainsi la vanité, l'esprit de parti et l'ambition de se faire remarquer pousseront naturellement le nouveau fonctionnaire à abandonner les errements de ses prédécesseurs.

730. Remarquons que le terme fixé par la constitution pour la durée des fonctions du président, est un intermédiaire entre la durée du sénat et celle de la chambre des représentants. Pendant

cette période, la chambre des représentants peut être renouvelée deux fois, et les deux tiers du sénat ont été changés ou réélus. De cette manière, si d'un côté on peut craindre que le pouvoir exécutif exerce une influence contraire aux intérêts du peuple, ce dernier trouve dans la liberté des élections des moyens suffisants pour faire redresser ses griefs. Et, d'un autre côté, si l'on doit désirer l'uniformité et la stabilité des mesures d'administration, ces deux conditions se trouvent garanties par la durée des fonctions des sénateurs, qui sera comme un frein à toute innovation provenant de mutations soit dans le pouvoir exécutif, soit dans la chambre des représentants.

731. On doit reconnaître que jusqu'à présent l'expérience a démontré la sagesse du terme fixé par la constitution; il n'est pas assez long pour mettre en danger les intérêts du peuple, ni assez court pour affaiblir la force et l'indépendance du pouvoir exécutif. Toutefois, nous reconnaissons que la constitution n'a pas encore fonctionné assez longtemps pour que l'on puisse asseoir à cet égard une opinion définitive, d'autant plus que presque toujours le pouvoir exécutif a agi d'un commun accord avec la majorité de la nation, et que dans les moments de crise il a été soutenu par cette majorité, de même que dans les temps paisibles il a été guidé par un esprit de modération dans sa politique générale.

732. *Rééligibilité.*—Une autre question également liée à celle de la durée des fonctions du président, et

qui a été l'objet de sérieuses discussions dans la Convention et même depuis, est la rééligibilité du président. Les adversaires de la rééligibilité avançaient que la rentrée des fonctionnaires publics dans la masse du peuple, en leur faisant sentir directement les effets de leur administration, était la meilleure garantie que l'on pût avoir de leur sage conduite à la tête des affaires. Cela devait en même temps modérer l'ardeur de leur ambition, assurer l'indépendance du pouvoir exécutif, et les mettre à l'abri de la nécessité de flatter les préjugés du moment, ou de former quelque intrigue pour assurer leur réélection. Enfin ceux qui se laissaient effrayer à l'idée des influences du pouvoir dans les affaires générales, ajoutaient que la rééligibilité du président induirait les gouvernements étrangers à intervenir dans les élections, et produirait tous les dangers qui désolèrent la Pologne et causèrent sa ruine.

733. A ces objections on répondait que l'impossibilité d'être réélu n'encouragerait pas les efforts des chefs de l'administration, et qu'en effet la plupart des hommes s'acquittent de leurs fonctions avec beaucoup moins de zèle quand ils savent qu'elles doivent finir à une époque fixe, que lorsqu'il leur est permis d'espérer que par leur mérite ils seront maintenus en place. L'espoir d'une récompense est un des plus forts mobiles des actions des hommes, de même que l'accord de leur intérêt avec leurs devoirs est la meilleure garantie de leur fidélité. Enfin, on ajou-

tait qu'on devait craindre qu'un court séjour au pouvoir, sans l'espoir d'y être maintenu, n'entraînât le fonctionnaire à songer à faire ses propres affaires et celles des siens plutôt que celles de l'État. Cela était d'autant plus à craindre que la courte durée de ses fonctions ne lui permettant pas de se faire une réputation solide et durable, il la sacrifierait facilement à l'avancement de ses intérêts, sans être retenu par l'éventualité si peu probable d'une mise en accusation.

734. Un autre inconvénient de cette espèce d'incapacité, et le plus grave peut-être, sera de priver le pays de l'avantage qu'il pourrait tirer de l'expérience acquise dans l'exercice du pouvoir. L'expérience est la mère de la sagesse, et il serait absurde de soutenir qu'elle doit être systématiquement exclue du pouvoir exécutif. Ne serait-ce pas une chose étrange de reconnaître la sagesse du premier magistrat et de déclarer en même temps qu'il ne pourra plus exercer les fonctions dans lesquelles il vient d'éprouver cette sagesse?

735. En outre encore, cette incapacité exclura de cette fonction des hommes de mérite, dans des temps d'urgence qui rendraient nécessaire leur continuation aux affaires. Il n'y a pas de nation qui, à quelque époque critique de son histoire, n'ait compris la nécessité impérieuse de conserver des hommes spéciaux dans l'exercice de leurs fonctions; et ce n'est peut-être pas trop de dire que dans des temps de guerre ou d'autres dangers, la confiance dans l'expérience et l'habileté éprou-

vées d'un homme a suffi pour ramener la paix. Serait-il sage, dans de telles circonstances, de mettre l'inexpérience à la place de l'expérience, et de bouleverser l'administration ? On doit penser qu'il suffit de pouvoir remplacer un fonctionnaire incapable, sans faire, en quelque sorte, de l'habileté acquise une clause d'exclusion.

736. Lorsque la durée d'une fonction est considérable, la possibilité d'être réélu est moins importante, et n'est même plus une sécurité pour le peuple. Un président élu pour dix ans peut être déclaré non rééligible avec plus de raison que celui qui n'est nommé que pour quatre années. S'il était élu pour vingt ans, il ne devrait pas être rééligible, parce qu'autrement sa responsabilité serait fort affaiblie, et ses moyens d'influence, devenus beaucoup trop considérables. On paralyserait ainsi toute manifestation de l'opinion publique, et le libre exercice du droit d'élection (1).

737. *Vice-président.* — La fin de la clause que

(1) La retraite du président Washington, après huit années d'exercice de la magistrature suprême, a été, pour ses successeurs, un exemple qu'ils ont tenu à honneur de suivre. John Adams a été son successeur; il n'a été en charge que quatre ans, de 1796 à 1801; ensuite ont été élus Thomas Jefferson, de 1801 à 1809; James Madisson, de 1809 à 1817; James Monroe, de 1817 à 1825; John Quincy Adams, de 1825 à 1829; Andrew Jackson, de 1829 à 1837; Martin Van Buren, de 1837 à 1841; le général Harrison, depuis 1841. Ce dernier, étant mort après quelques mois de fonctions, a été remplacé, conformément à la constitution, par le vice-président M. John Tyler, qui achève la période présidentielle.

nous analysons se rapporte au vice-président. S'il est convenable d'élire un semblable fonctionnaire, il est évident qu'il doit rester en place aussi long-temps que le président. Examinons d'abord l'utilité de cette nomination.

738. Les raisons en faveur de la nomination d'un vice-président de l'Union, exerçant d'office les fonctions de président du sénat, peuvent se résumer ainsi : le président du sénat doit être choisi en dehors d'une assemblée où tous les États sont uniformément représentés, et où l'on verrait naturellement avec jalousie une prépondérance donnée à l'un de ces États.

739. Si on nommait à cette fonction un membre du sénat, il arriverait que l'État, dont il serait le représentant dans le sénat, serait privé d'un vote, ou jouirait d'un double vote en cas de partage. Il faut éviter chacune de ces alternatives qui seraient la source de graves inconvénients. Un fonctionnaire choisi par le peuple entier sera dans des conditions meilleures pour présider et avoir une voix prépondérante; car il sera libre de tout attachement local ou de tout intérêt privé, beaucoup plus qu'aucun membre du sénat; et comme il représentera l'Union, il se trouvera naturellement porté à consulter les intérêts généraux de tous les États. D'un autre côté, n'ayant voix qu'en cas de partage, son influence ne se fera sentir que lorsqu'elle sera nécessaire, c'est-à-dire pour mettre fin à l'indécision. Une autre raison importante encore, c'est la nécessité d'avoir une personne qui puisse être conve-

nablement investie de l'autorité exécutive, en cas de mort, d'absence, ou de démission du président de l'Union (1). Tous les motifs des dispositions prescrites par la constitution, en vue du mérite, de l'indépendance et des qualités essentielles pour remplir dignement les fonctions de président, sont également applicables au vice-président, car il est appelé à jouir des mêmes droits, à remplir les mêmes devoirs. Si, comme on l'a suggéré, un président du sénat, élu par ce corps, avait été désigné comme vice-président des États-Unis, on n'aurait eu aucun moyen de s'assurer s'il réunissait les conditions de cette haute position; s'il avait la confiance du peuple; ou s'il comprendrait sa responsabilité aussi bien qu'un vice-président élu directement par le peuple. Un président spécial pour le sénat serait généralement choisi dans des vues et avec des conditions différentes de celles qui conviennent au pouvoir exécutif. Les opinions politiques de ce président pourraient étrangement contraster avec celles de la majorité de la nation, et l'influence qu'il exercerait, comme président du

(1) En cas de mort, d'absence, de démission des président et vice-président, les fonctions de président sont remplies par le président *pro tempore* du sénat; à son défaut, par le président de la chambre des représentants, jusqu'à l'élection d'un nouveau président. Dans le cas de vacance des fonctions de président et de vice-président, le secretaire d'État doit en donner promptement connaissance au pouvoir exécutif de chaque État pour procéder à de nouvelles élections.

P. O.

sénat, pourrait ne pas être en harmonie avec les devoirs multiples du premier magistrat de l'Union. Ajoutez à ces considérations que dans quelques États de l'Union, un fonctionnaire semblable était nommé de cette manière, et qu'ainsi ce n'était pas une chose nouvelle : de telle sorte que ce système avait pour lui l'expérience et paraissait sagement combiné pour empêcher toute interruption du pouvoir, et pour éviter la nécessité d'une délégation d'autorité à un homme qui n'aurait pas la confiance du pays.

740. *Élection de ces fonctionnaires.* — La clause suivante se rapporte à la manière d'élire le président et le vice-président. Quoique ces dispositions aient été modifiées par un amendement (1), nous avons néanmoins jugé utile de les examiner, d'abord pour connaître l'esprit primitif de la constitution, et surtout pour voir si, comme on l'a dit, les dispositions nouvelles sont inférieures aux anciennes en sagesse et en prévoyance.

741. « Chaque État nommera, de la manière « qui sera prescrite par sa législature, un nombre « d'électeurs égal au nombre total de sénateurs « et de représentants que cet État envoie au con- « grès. Mais aucun sénateur ou représentant, ni « aucune personne possédant une place de profit « ou de confiance sous l'autorité des États-Unis, « ne peut être nommé électeur.

(1) Amendement XIIe.

« Les électeurs s'assembleront dans leurs États « respectifs, et ils voteront au scrutin pour deux « individus, dont un au moins ne sera pas habi- « tant du même État qu'eux. Ils feront une liste de « toutes les personnes qui ont obtenu des suf- « frages, et du nombre des suffrages que chacune « d'elles aura obtenu ; ils signeront et certifieront « cette liste, et la transmettront scellée au siége « du gouvernement des États-Unis à l'adresse du « président du sénat, qui, en présence du sénat « et de la chambre des représentants, ouvrira tous « les certificats et comptera les votes. Celui qui « aura obtenu le plus grand nombre de votes sera « président, si ce nombre forme la majorité des « électeurs ; si plusieurs ont obtenu cette majo- « rité, et que deux ou un plus grand nombre « réunissent la même quantité de suffrages, alors « la chambre des représentants choisira l'un « d'entre eux pour président par la voie du scru- « tin. Si nul n'a réuni cette majorité, la chambre « prendra les cinq personnes qui en ont approché « davantage, et choisira de la même manière parmi « elles le président. Mais en choisissant ainsi le « président, les votes seront pris par État, la re- « présentation de chaque État ayant un vote ; un « membre ou des membres des deux tiers des États « devront être présents, et la majorité de tous ces « États sera indispensable pour que le choix soit « valide. Dans tous les cas, après le choix du pré- « sident, celui qui réunira le plus de voix sera « vice-président. Si deux ou plusieurs candidats

« ont obtenu un nombre égal de voix, le sénat « choisira parmi ces candidats le vice-président « par voie de scrutin. »

742. En admettant que le choix ne dût pas être confié au congrès (ce qui fut proposé et rejeté après une longue délibération), plusieurs autres moyens restaient encore : d'abord, l'élection directe par le peuple, — ou par la législature des Etats, — ou enfin l'élection par des électeurs nommés eux-mêmes directement par le peuple — ou par la législature. Ce dernier mode parut le meilleur; et on le justifiait en disant que les élections directes doivent être faites par les hommes les plus capables d'apprécier les qualités convenables à chaque fonction. On ne peut espérer trouver dans la masse du peuple qu'un petit nombre d'hommes réunissant l'intelligence, le savoir et l'indépendance, qui sont les qualités indispensables pour l'accomplissement de cette fonction si importante. D'un autre côté, il est également très-important de fournir le moins possible des occasions au désordre et à l'émeute; et ces dangers seraient à craindre, si le premier magistrat était élu directement par le peuple, à cause des vifs débats et des conflits d'intérêts qu'une pareille élection pourrait faire naître.

743. On n'a pas à craindre que le choix de plusieurs personnes, destinées à former un corps intermédiaire d'électeurs, excite dans la société des troubles et des mouvements aussi violents que pourrait le faire l'élection immédiate du fonc-

tionnaire qui est le but final des préoccupations du public. Et comme les électeurs choisis dans chaque État doivent se réunir et voter dans l'État où ils ont été élus, cette espèce d'isolement les exposera à l'effervescence qui pourrait se propager d'eux au peuple, beaucoup moins que s'ils étaient réunis à la même époque et dans un même lieu. Ces dispositions affaibliront également les dangers des cabales, des intrigues et de la corruption, surtout si le congrès fixe dans l'Union comme il le fera sans doute, le même jour pour nommer les électeurs et donner les votes. Il est permis de croire que ce plan présente toutes les garanties contre les dangers qui menacent les gouvernements républicains. En effet, la nomination du président ne se trouve pas confiée à une réunion d'hommes qui aient pu vendre préalablement leur vote, mais à des hommes choisis par un acte immédiat du peuple pour cet objet seul et temporaire. Tous ceux qui, par leur position, pourraient être soupçonnés d'un dévouement *quand même* au président en fonction, comme les sénateurs, les représentants, ou les fonctionnaires fédéraux occupant des places de confiance ou de profit, ont été déclarés incapables de concourir à la nomination du nouveau président. Ainsi, on peut présumer que les agents immédiats de l'élection entreront en fonction libres de tous engagements funestes; leur existence passagère et leur dispersion étant un grand obstacle à toute tentative de corruption, le temps aussi bien que les moyens manqueront pour que l'intrigue puisse s'organiser et les entraîner à trahir leur devoir. Le président ainsi nommé sera plus indépendant que s'il devait son élévation à un corps législatif, envers lequel on pourrait le croire trop disposé à faire des sacrifices en reconnaissance de son suffrage. Au contraire, étant nommé par la voix du peuple, sa reconnaissance prendra une meilleure direction, et veillera attentivement à la conservation des droits de tous.

744. Les autres parties de la clause nous paraissent également dignes d'approbation. Le nombre des électeurs est égal à celui des sénateurs et des représentants de chaque État; de cette manière, chaque État jouit dans le collége des électeurs d'une représentation semblable, en quelque sorte, à celle qu'il a dans le congrès. Les bulletins des votes doivent être transmis au siége du gouvernement national, et ils sont ouverts et comptés en présence des membres des deux chambres. Le candidat qui a réuni la majorité des voix doit être nommé président; si aucun des candidats n'a réuni cette majorité (1), alors la chambre des représen-

(1) L'élection à deux degres rend, il est vrai, la majorité plus probable, mais cependant ne l'assure pas complétement; dans ce cas, on devait nécessairement prendre l'un de ces trois partis. Consulter de nouveau les mêmes électeurs; — en faire nommer d'autres pour procéder à de nouveaux suffrages, — ou déférer le choix à une autre autorité. Les deux premiers ne remédiaient pas au mal d'une manière certaine et perpétuaient une incertitude dangereuse; on adopta le troisième, et le choix fut remis à la chambre des représentants, toutefois avec de certaines limites. P. O.

tants, branche populaire du gouvernement, doit choisir le président sur une liste des cinq candidats (1) ayant obtenu le plus de suffrages : chaque Etat a une voix pour faire ce choix. Le candidat qui a le plus de suffrages après le président, est nommé vice-président; mais s'il y a égalité entre deux ou un plus grand nombre de candidats, c'est le sénat qui doit choisir le vice-président. On voit que le dernier recours est partagé entre le sénat et la chambre des représentants dans l'établissement du pouvoir exécutif.

745. Le principal reproche que l'on puisse faire à ce mode d'élection, c'est sa tendance à remettre le choix à la chambre des représentants, à cause du grand nombre des candidats; cela s'est déjà rencontré deux fois, et il est probable que cela arrivera plus souvent encore à l'avenir (2). Cet état de choses avait déjà été prévu dès le commence-

(1) Voyez plus loin, n° 747, les modifications faites par l'amendement touchant ce dernier point. P. O.

(2) Toutefois, jusqu'à présent la chambre n'a exercé que deux fois les droits exceptionnels dont elle est revêtue en cas de partage : la première en 1801, lors de l'élection de M. Jefferson, qui ne fut élu qu'au trente-sixième tour de scrutin; la seconde, lors de l'élection de M. John Quincy Adams, à la suite d'un ballottage avec le général Jackson. Ce choix du sénat fut impopulaire; aussi Adams ne fut-il pas élu une seconde fois par le peuple, circonstance remarquable en ce que, dans les premiers temps de la république, Adams le père ne fut pas non plus réélu, et qu'ainsi les deux Adams sont les seuls présidents qui n'aient pas profité du bénéfice consacré d'une réélection. P. O.

ment, et même un des hommes d'État les plus distingués, qui avait concouru à la confection de la constitution, avait affirmé, dans une Convention d'État, que l'élection du président, par le suffrage immédiat du peuple, deviendrait probablement une chose impraticable. En effet, dans un si vaste pays, les candidats doivent nécessairement se multiplier, et chacun d'eux peut obtenir de nombreux suffrages. Une remarque qui n'a pu échapper à tout observateur attentif, c'est que si la chambre des représentants est appelée à choisir le président, son choix pourra être déterminé par des motifs autres que le mérite et la capacité. On peut craindre que l'intrigue, la cabale, se mêlent aux rivalités, et que les discordes, sinon la corruption que cette occasion peut produire, survivent longtemps à l'élection, et répandent leur funeste influence sur les grands intérêts du pays. Ce fut, comme on sait, la rivalité de Jefferson et de Burr qui faillit amener, en 1801, la dissolution de l'Union.

746. *Modifications introduites par l'amendement.* — Le résultat de ces débats de 1801 donna naissance à un amendement qui a changé la constitution sous plusieurs rapports, notamment quant au mode d'élection du président. D'abord, il ordonna que les bulletins des électeurs seraient donnés séparément pour le président et le vice-président, au lieu d'un seul bulletin pour deux personnes comme président; que le vice-président, de même que le président, serait élu à la majorité de tous les

électeurs réunis; que le nombre des candidats, parmi lesquels la chambre des représentants choisirait le président, serait restreint à trois au lieu de cinq; que le sénat choisirait le vice-président parmi les deux autres personnes ayant réuni le plus de suffrages; et que si le choix du président n'était pas fait avant le quatrième jour du mois de mars suivant, le vice-président serait président.

747. Cet amendement fut proposé en octobre 1803, et ratifié avant le mois de septembre 1804; il est conçu en ces termes:

« Les électeurs se rassembleront dans leurs États « respectifs, et ils voteront au scrutin pour la no- « mination du président et du vice-président, dont « un au moins ne sera point habitant du même « État qu'eux; dans leurs bulletins, ils nomme- « ront la personne pour laquelle ils voteront comme « président, et dans des bulletins distincts celle « qu'ils portent à la vice-présidence; ils feront des « listes distinctes de toutes les personnes portées « à la présidence, et de toutes celles désignées « pour la vice-présidence, et du nombre des votes « pour chacune d'elles; ces listes seront par eux « signées, certifiées et transmises scellées, au siége « du gouvernement des États-Unis, à l'adresse du « président du sénat. Le président du sénat, en pré- « sence des deux chambres, ouvrira tous les procès- « verbaux, et les votes seront comptés. La personne « réunissant le plus grand nombre de suffrages « pour la présidence sera président, si ce nombre

« forme la majorité de tous les électeurs réunis; « et si aucune personne n'avait cette majorité, « alors, parmi les trois candidats ayant réuni le « plus de voix pour la présidence, la chambre des « représentants choisira immédiatement le prési- « dent par la voie du scrutin. Mais dans le choix « du président les votes seront comptés par État, « la représentation de chaque État n'ayant qu'un « vote; un membre ou des membres des deux « tiers des États devront être présents pour cet « objet, et la majorité de tous les États sera né- « cessaire pour le choix. Et si la chambre des re- « présentants ne choisit point le président quand « ce choix lui sera dévolu, avant le quatrième « jour du mois de mars suivant, le vice-président « sera président, comme dans le cas de mort, ou « d'autre incapacité constitutionnelle du prési- « dent. »

« La personne réunissant le plus de suffrages « pour la vice-présidence, sera vice-président, si « ce nombre forme la majorité du nombre total « des électeurs réunis; et si personne n'a obtenu « cette majorité, alors, le sénat choisira le vice- « président parmi les deux candidats ayant le plus « de voix; la présence des deux tiers des sénateurs « et la majorité du nombre total sont nécessaires « pour le choix. »

« Aucune personne constitutionnellement iné- « ligible à la place de président, ne sera éligible « à celle de vice-président des États-Unis. »

748. Cet amendement a été successivement

l'objet de louange et de blâme; l'expérience seule pourra décider du mérite de ces modifications. Sous certains rapports, on doit y voir une amélioration : d'abord, d'après la disposition primitive, l'action du sénat était paralysée jusqu'à ce que la chambre des représentants eût fait son choix, ce qui pouvait être encore beaucoup retardé, si les parties persistaient à ne pas s'entendre. D'après l'amendement, le sénat peut procéder à la nomination du vice-président dès que la liste des votes est connue. En outre, si la chambre des représentants (1) ne parvenait pas à nommer un

(1) M. de Tocqueville fait remarquer que dans le cas où la chambre des représentants nomme le president, c'est la majorite des États, et non la majorite des membres, qui decide la question. De telle sorte que New-York n'a pas plus d'influence sur la deliberation que Rhode-Island. « Ainsi, dit-il, on consulte d'abord les citoyens de l'Union, comme ne formant qu'un seul et même peuple; et quand ils ne peuvent pas s'accorder, on fait revivre la division par États et l'on donne à chacun de ces derniers un vote separé et independant. C'est là une des bizarreries que présente la constitution federale, et que le choc d'intérêts contraires peut seul expliquer. » M. de Tocqueville ajoute qu'en faisant décider la question par la chambre des représentants, en cas de partage, on n'arrivait pas encore à la solution complète de toutes les difficultés. « Car, dit-il, la majorité pouvait à son tour se trouver douteuse dans la chambre, et cette fois la constitution n'offrait pas de remède. » Ce reproche est vrai, adressé à la constitution même; mais le danger signalé n'est plus à craindre, depuis l'amendement qui investit le vice-president des fonctions de president, dans le cas où ce dernier n'aurait pu être élu avant le quatrième jour du mois de mars. P. O.

président avant l'expiration de la durée des fonctions du président, il n'y avait personne pour remplir cette fonction, une espèce d'interrègne avait lieu, l'action du gouvernement était suspendue. Aujourd'hui, le nouveau vice-président agirait dans ce cas comme président. Originairement, le sénat élisait le vice-président par bulletin; aujourd'hui, on n'a pas déterminé le mode d'élection, elle peut se faire de vive voix; mais on peut douter si ce changement est une amélioration.

749. D'un autre côté, l'amendement a certainement beaucoup diminué la dignité et l'importance de l'office du vice-président. Quoique ses devoirs soient restés les mêmes, le vice-président n'est plus un compétiteur pour le président; on ne lui demande plus, comme aux autres candidats, ni le même mérite, ni les mêmes talents, ni, enfin, les mêmes conditions. Comme originairement chaque État était appelé à donner son vote pour la même charge à deux candidats (dont l'un n'appartenait pas à l'État), on a sagement fait de donner à tous les autres États le droit de choisir entre eux. De cette manière, on exclut la prédominance des intérêts locaux.

750. Il faut remarquer les termes suivants de la constitution : «Chaque État nommera, de la manière qui sera prescrite par sa législature, le nombre d'électeurs auquel cet Etat a droit. » Par suite de cette disposition, la nomination des électeurs a été organisée de différentes manières par les législatures d'État. Dans quelques États, la lé-

gislature a désigné elle-même les électeurs ; — dans d'autres, ils ont été élus par le peuple directement dans tout l'État ; — enfin, dans d'autres, par le peuple divisé en districts électoraux fixés par la législature, un certain nombre d'électeurs devant être nommés par chaque district. On n'a jamais élevé de doute sur la constitutionnalité de ces différens modes, à l'exception de la nomination des électeurs par la législature ; mais ce dernier point, quoique contesté par des hommes habiles, s'est si bien fortifié par l'usage, qu'il ne paraît pas pouvoir être maintenant mis en discussion, en admettant même qu'il y eût un tribunal compétent pour décider. L'élection par district a été successivement abandonnée, et elle n'est aujourd'hui conservée que dans deux États. Cette inégalité dans les éléments de la nomination des électeurs est tellement nuisible, que l'on s'étonne de la voir encore subsister. En effet, la division des partis dans un État pourrait neutraliser tout le vote, tandis que dans d'autres États, le vote serait compacte et homogène. Sous ce rapport, et pour amener une entière uniformité, les meilleurs esprits paraissent désirer que l'on amende la constitution de manière à confier partout au peuple la nomination directe des électeurs.

751. On comprend facilement le but de la disposition qui termine cet article, et qui ordonne qu'aucun sénateur, représentant, ou qu'aucune autre personne tenant une charge d'honneur ou de profit sous l'autorité des États-Unis, ne pourra

être nommé électeur. Nous dirons seulement qu'en ce qui concerne les représentants et les sénateurs, un des principaux motifs pour les exclure, c'est qu'ils se trouveront déjà engagés par leur vote dans les colléges électoraux, et que, dans les cas où le président et le vice-président n'auraient pas pu être nommés par le peuple, les sénateurs et les représentants ne pourraient apporter au vote final, l'impartialité et l'indépendance que la constitution exige.

752. La clause suivante porte : « Le congrès « peut déterminer l'époque de la réunion des élec- « teurs et le jour où ils donneront leur vote, lequel « jour sera le même dans toute l'Union. »

753. La convenance de cette disposition est évidente. Toutes les raisons tirées d'une bonne politique montrent la nécessité de fixer pour les opérations électorales un jour qui soit le même dans toute l'Union. Une pareille mesure est calculée pour réprimer les intrigues, rendre toute coalition dans les colléges électoraux, sinon impossible, au moins très-difficile, et protéger le peuple contre tous les expédients que la corruption ne manque jamais d'employer pour accomplir ses desseins. L'ambition se trouve ainsi modérée, et l'indépendance des électeurs mise, jusqu'à un certain point, à l'abri de toute influence extérieure. Toutefois, dans les assemblées générales ou dans les assemblées d'États, on fit contre la clause quelques objections qui n'empêchèrent cependant pas son adoption.

754. En conséquence de son pouvoir, le congrès fit, en 1792, une loi portant que dans tous les États, les électeurs seraient nommés dans les trente-quatre jours précédant le premier mercredi du mois de décembre de la quatrième année des fonctions du président. Les électeurs choisis sont requis de s'assembler et de donner leur vote le premier mercredi de décembre, en tel lieu de chaque État qui sera indiqué par la législature de l'État. Ils doivent faire et signer trois certificats de tous les votes donnés par eux, les sceller, et certifier sur chacun d'eux qu'ils contiennent une liste des votes (1) de tel État pour l'élection du président et celle du vice-président. Ils doivent désigner une personne qui demeure chargée de ces certificats, et doit en remettre un au président du sénat, au siége du gouvernement, avant le premier mercredi du mois de janvier suivant; envoyer immédiatement le second par la poste au siége du gouvernement, à l'adresse du président du sénat, et le troisième au juge du district dans lequel les électeurs se sont réunis. La même loi renferme d'autres dispositions secondaires, qui ont pour but d'assurer la conservation et la transmission des votes. Elle déclare, en outre, que les fonctions du président commenceront le quatrième jour du mois de mars qui suit le jour où les électeurs ont donné leur vote.

(1) Ces certificats contiennent la liste des votes individuels et non le produit du vote de la majorité. P. O.

755. *Conditions d'éligibilité.*—La clause suivante est ainsi conçue : « Nul, si ce n'est un citoyen né « dans les États-Unis, ou déjà citoyen naturalisé « lors de l'adoption de cette constitution, ne peut « être éligible à la place de président ; aucune per- « sonne ne sera éligible à cette place, à moins « d'avoir atteint l'âge de trente-cinq ans, et d'avoir « résidé quatorze ans aux États-Unis. »

756. *Age.* — Si l'on examine la nature des devoirs, l'étendue des connaissances, la maturité de la raison et de l'expérience nécessaire à l'exercice du pouvoir exécutif, on ne peut nier la convenance de fixer une condition d'âge. L'âge adopté par la constitution est le milieu ordinaire de la vie ; l'époque où le caractère et les talents des hommes sont entièrement développés, et se sont révélés dans les assemblées publiques. A cette période de la vie, les facultés de l'esprit, si elles n'ont point encore acquis toute leur maturité, sont dans toute leur force, et doivent arriver promptement à leur perfection.

757. *Être citoyen des États-Unis.* — C'est une chose également nécessaire, que le président soit un citoyen né dans les Etats-Unis, ou un citoyen déjà naturalisé à l'époque de l'adoption de la constitution. Cette facilité donnée au citoyen naturalisé, de devenir président, est une exception à la politique fondamentale de tous les gouvernements, qui exclut l'influence étrangère de toute participation au pouvoir exécutif. Cette exception fut sans doute introduite en considération des étrangers défenseurs de la liberté améri-

caine, et qui, par leurs services, avaient droit aux honneurs et aux dignités dans leur patrie adoptive. Avec le temps, cette exception deviendra purement nominale et finira même par disparaître (1). Exclure d'une manière absolue les citoyens naturalisés de toute participation aux honneurs et aux grandes charges de l'État, eût été un acte d'ingratitude. Mais aucun homme d'État ne contestera la convenance de l'exclusion générale prononcée contre les étrangers, dans les circonstances ordinaires. Elle coupe court à toutes les chances que des étrangers ambitieux pourraient se créer, par leurs intrigues, pour arriver à cette dignité; elle empêche l'intervention des gouvernements étrangers dans l'élection du pouvoir exécutif: circonstances d'où sont venus les plus grands périls des monarchies électives de l'Europe. L'Allemagne, la Pologne, Rome elle-même, sont de tristes exemples des malheurs engendrés par cette cause.

758. *Résidence.* — Une résidence de quatorze ans dans les États-Unis est en outre requise comme une condition indispensable pour être éligible, afin que le peuple ait pu avoir l'occasion de connaître le caractère et le mérite du candidat; afin que le peuple sache que le candidat a partagé les devoirs, senti les intérêts, et compris les principes du véritable citoyen d'un gouvernement

(1) Il ne faut pas perdre de vue qu'il s'agit des citoyens naturalisés avant l'adoption de la constitution. Les citoyens naturalises depuis ne peuvent jamais devenir *président des Etats-Unis*. — Voy. la note t. II, p. 63. P. O.

républicain. Par le mot « résider », dont se sert la constitution, on ne doit pas entendre avoir habité, d'une manière absolue, dans l'étendue des États-Unis, pendant toute cette période, mais avoir eu son domicile permanent aux États-Unis. Personne n'a pensé qu'une absence temporaire pour affaires publiques, et surtout en qualité d'ambassadeur auprès d'une cour étrangère, pourrait interrompre la résidence d'un citoyen, de manière à le rendre incapable d'occuper la charge de président. Si l'on devait interpréter cette expression avec rigueur, il arriverait alors qu'un simple voyage de santé, d'affaires ou même d'agrément dans un pays étranger, et qu'une absence d'un seul jour produirait l'incapacité. C'est donc le séjour en pays étranger, *animo manendi*, et non, *in transitu*, qui produira l'incapacité.

759. *Intérim.*—La clause suivante est conçue en ces termes : « Dans le cas où le président viendrait « à être privé de sa place, ou en cas de mort, de dé- « mission ou d'inhabileté à remplir les fonctions « et les devoirs de cette place, elle sera confiée au « vice-président; et le congrès peut, par une loi, « pourvoir aux cas de renvoi, de mort, de démis- « sion ou d'incapacité (*inability*), tant du prési- « dent que du vice-président, et indiquer quel « fonctionnaire public remplira, en pareils cas, la « présidence, jusqu'à ce que la cause d'incapacité « n'existe plus, ou qu'un nouveau président ait « été élu. »

760. Nous avons déjà dit que le projet primitif

de la constitution ne parlait pas de la nomination d'un vice-président; et qu'en cas de mort, de résignation ou d'incapacité du président, le président du sénat devait remplir cette fonction. La nomination d'un vice-président fut demandée par dix États contre un.—Le congrès, en conséquence du pouvoir qui lui a été donné, a disposé qu'en cas de destitution, mort, résignation ou incapacité du président ou vice-président des États-Unis, le président du sénat *pro tempore*, et dans le cas où il n'y en aurait pas, le président de la chambre des représentants, à cette époque, remplira les fonctions de président de l'Union, jusqu'à l'élection d'un autre président.

761. La constitution ne dit pas quelle sera la preuve de la résignation du président ou du vice-président, ou de leur refus d'accepter la fonction. Mais le congrès a décidé, avec beaucoup de sagesse et de prévoyance, qu'elle se ferait par quelque acte écrit signé par la partie, et remis au bureau du secrétaire d'État.

762. *Traitement.* — La clause suivante dispose ainsi : « Le président recevra, pour ses services, « à des époques fixées, une indemnité qui ne « pourra être augmentée ni diminuée pendant la « période pour laquelle il aura été élu; et pendant « le même temps, il ne pourra recevoir aucun « autre émolument des États-Unis ou de l'un des « États. »

763. Il est évident que, sans la précaution de pourvoir aux besoins du fonctionnaire investi du

pouvoir exécutif, la séparation du pouvoir législatif ne serait que nominale et illusoire. Si la législature avait une autorité discrétionnaire sur le salaire et les émoluments du président de l'Union, elle ne tarderait pas à le soumettre à ses volontés. Un pouvoir sur les moyens d'existence d'un homme, est le plus souvent un pouvoir sur ses actions. Agir différemment, ce serait méconnaître la voix de l'expérience et les principes qui sont la conséquence de la faiblesse humaine. On rencontre, il est vrai, des hommes qui ne se laisseront ni contraindre ni entraîner à sacrifier leurs devoirs. Mais cette vertu vigoureuse croît dans un petit nombre d'âmes; il est plus sage d'admettre cette règle ordinaire de la conduite des hommes: qu'ils obéissent à leurs intérêts, et qu'ils peuvent être entraînés par la pauvreté à de basses complaisances, ou par des faveurs, à l'abandon de leurs devoirs. Dans notre propre pays, nous avons eu des exemples trop fréquents de la faiblesse du pouvoir exécutif devant les menaces ou les séductions du pouvoir législatif. Ainsi, la sagesse de la constitution à cet égard n'a pas besoin d'être démontrée davantage. Quant au traitement du président, la législature doit déclarer quelle sera la compensation de ses services pendant toute la durée de ses fonctions. Cela fait, on ne peut modifier cette décision soit par une augmentation ou une diminution, jusqu'à ce qu'une nouvelle période de services recommence par une élection nouvelle. Le gouvernement fédéral, non plus qu'un gouvernement d'État, ne peut allouer aucun autre traitement, et de son côté, le président ne pourrait pas le recevoir. En conséquence, il ne peut avoir aucun motif pécuniaire de renoncer à l'indépendance que la constitution lui a faite. Dans l'origne, le salaire du premier président de l'Union fut fixé à la somme de 25,000 dollars par an, et celui du vice-président à 5,000 dollars Pour prévenir toutes difficultés, quant aux présidents à venir, le congrès décida, peu de temps après, que ces mêmes traitements seraient donnés à l'avenir au président et au vice-président. Par cette mesure, à moins d'un grand changement, l'indépendance du pouvoir exécutif est assurée d'une manière permanente par une allocation proportionnée à ses besoins.

764. *Prestation de serment.* — « Avant son en-« trée en fonctions, il (le président) prêtera le ser-« ment ou affirmation qui suit : Je jure ou j'affirme « solennellement que je remplirai fidèlement les « fonctions de président des États, et que j'em-« ploierai tous mes soins à conserver, protéger « et défendre la constitution des États-Unis. »

765. Il y a peu de chose à dire sur cette clause ; personne ne contestera la convenance de placer le président des États-Unis sous les saintes obligations du serment de maintenir, protéger et défendre la constitution. C'est un engagement solennel de fidélité et de responsabilité envers le pays ; il fait pénétrer dans sa conscience le sentiment profond de ses devoirs, par un engagement solennel envers les hommes et envers Dieu.

# CHAPITRE XXXIX.

## SUITE DU POUVOIR EXÉCUTIF. — SES DROITS. — SES OBLIGATIONS.

Le président commande la force publique. — Nécessité d'un pouvoir exclusif. — Il peut diminuer et remettre les peines. — Il peut faire les traités; — pourvoir à la nomination de certains fonctionnaires. — Lacune de la Confédération. — Mode de nomination. — Le président désigne certains fonctionnaires à la nomination du sénat. — A-t-il le pouvoir de destituer? — Quand la nomination est elle parfaite? — Il peut convoquer le congrès et l'ajourner. — Il peut recevoir les ministres etrangers.

---

766. Après avoir examiné l'organisation du département de l'exécutif, nous avons à rechercher quels pouvoirs lui ont été confiés, et aussi quels sont les devoirs qui y correspondent. On les trouve énumérés dans la 2ᵉ et la 3ᵉ section de l'article II de la constitution.

767. La première disposition de la section 2 est ainsi conçue : « Le président sera commandant en chef de l'armée et des flottes des États-« Unis et de la milice des divers États, quand elle « sera appelée au service actif des États-Unis; il « peut requérir l'opinion écrite du principal

« fonctionnaire dans chacune des divisions du « pouvoir exécutif, sur tout objet relatif aux de- « voirs de leurs charges respectives, et il aura le « pouvoir d'accorder diminution de peine et par- « don pour délits envers les États-Unis, excepté « en cas de mise en accusation par la chambre des « représentants (*impeachment.*) »

768. *Pouvoir sur la force publique.* — Le commandement et l'emploi de la force publique, pour faire exécuter les lois, maintenir la paix, résister aux invasions étrangères, exigent l'exercice de qualités si particulièrement propres à l'autorité exécutive, qu'un gouvernement sera difficilement bien organisé si ces pouvoirs sont séparés. De toutes les matières de gouvernement, la direction de la guerre est celle qui réclame plus spécialement les avantages caractéristiques d'un pouvoir concentré dans une seule main. L'unité de plan, la promptitude, l'activité et la décision sont, en effet, indispensables pour réussir; et ces qualités ne pourront exister que dans les cas où les pouvoirs actifs sont exclusivement confiés à un seul magistrat. Et même l'adjonction d'un conseil pour l'exercice de ces pouvoirs, divise la responsabilité, et paralyse souvent l'énergie des mesures. La timidité, l'indécision ou l'obstination se glissent bientôt dans les conseils, et y produisent la lenteur et l'engourdissement incompatibles avec le succès des opérations militaires.

769. Le président a, en outre, la faculté de requérir l'opinion écrite des principaux fonction-

naires dans chacune des branches du département de l'exécutif. On objecte que cette disposition paraît superflue au premier abord, car elle résulte de la nature même des fonctions du président. Cependant cette disposition n'est pas sans utilité, parce qu'en reconnaissant spécialement ce droit, elle impose une responsabilité plus sévère dans les temps critiques. On y a eu souvent recours dans le gouvernement; mais aucun président n'en a fait un usage plus judicieux que le président Washington.

770. *Pouvoir de commuer les peines et de pardonner.* — Le président peut diminuer les peines, ou même accorder un entier pardon. Beccaria a fait observer que le pouvoir de pardonner ne doit pas exister sous une administration parfaite de la justice, et que l'introduction de ce pouvoir dans une constitution est un aveu tacite de l'imperfection de l'administration judiciaire. Mais si cela est un défaut, il provient en général de la faiblesse de la nature humaine, et sous ce rapport le pouvoir de pardonner n'est pas plus à blâmer que toute autre prérogative du gouvernement. Car chaque prérogative a sa source, en quelque sorte, dans une infirmité humaine. Mais si l'on veut dire que le pouvoir de pardonner admis dans une législation est une preuve de son imperfection, cette proposition peut être niée, et devrait au moins être justifiée. L'argument sur lequel on s'appuie consiste à dire que lorsque les châtiments sont doux, ils doivent être invariables, et que la clémence est

alors une désapprobation tacite de la loi. Mais aucun homme de sens ne soutiendra qu'une législation pénale puisse être assez parfaite pour mesurer exactement le châtiment sur la faute. Ce que l'on a pu faire de mieux jusqu'à présent à cet égard, a été de pourvoir à la punition des crimes par des règles générales, et dans une certaine limite également générale. L'exclusion absolue du pouvoir de pardonner donnera aux juges et aux jurés le pouvoir bien plus dangereux de suivre l'esprit plutôt que la lettre de la loi, et de permettre, par humanité, que de vrais coupables échappent à tout châtiment. Autrement il faudrait prétendre (ce que personne ne fera certainement) que la position du coupable et les circonstances du fait ne changent pas la nature de l'offense, et ne doivent établir aucune distinction dans le châtiment. Non-seulement il y a, dans la perpétration d'un crime, des gradations qui ne peuvent être énumérées ni définies, mais les preuves peuvent être imparfaites par leur nature, quant au crime lui-même, et quant aux circonstances qui l'aggravent ou l'atténuent. Dans bien des cas, les convictions ne reposent que sur des présomptions ou des probabilités. Ne serait-il pas alors injuste et déraisonnable d'exclure tous moyens d'adoucir la punition, quand des recherches nouvelles auront démontré que l'accusation était dénuée de fondement, ou que le crime avait perdu les caractères graves qui avaient apparu dans les premiers débats? Un pouvoir de pardonner semble donc une conséquence indispensable du droit de punir, car autrement les accusés pourraient devenir les victimes de leurs accusateurs, de l'inexactitude des témoins ou de l'erreur des jurés et des juges. Quelquefois aussi, une loi sera violée, et le coupable placé dans des circonstances qui le rendront excusable aux yeux de la morale et de la justice absolue, quoiqu'il reste coupable devant la lettre de la loi. Que devra-t-on faire alors? Doit-on acquitter le coupable malgré la loi, ou le convaincre et lui infliger un châtiment hors de proportion avec l'offense? Si l'on reconnaît nécessaire de créer pour ces cas un pouvoir discrétionnaire, à qui pourrait-on mieux le confier, si ce n'est au pouvoir exécutif?

771. Loin donc que le pouvoir de pardonner soit incompatible avec les principes d'un gouvernement républicain (comme on l'a avancé quelquefois), on peut soutenir hardiment qu'il est convenable surtout dans un État libre, car dans cette forme de gouvernement le pouvoir est exercé sous une responsabilité qui en règle l'emploi. Il y a peu de place, alors, pour la faveur, le caprice, ou les animosités personnelles; et si quelques abus se glissent, ce sera par trop de complaisance pour la volonté du peuple, plutôt que par trop de résistance. Il n'y a pas de danger que dans les républiques les condamnés échappent trop souvent au châtiment par le pardon. Mais on doit craindre, au contraire, que ce pouvoir ne soit pas assez énergiquement exercé dans les cas où l'opinion publique sera favorable à l'accusation et récla-

mera violemment la punition de malheureux poursuivis par des préventions populaires et condamnés sur de faibles témoignages.

772. Puisque le pouvoir de pardonner est compatible avec toutes les formes de gouvernement, l'humanité et la saine politique demandent qu'il puisse être exercé le plus librement possible. Il s'agit seulement de savoir s'il conviendra mieux de le confier au département exécutif ou au département législatif. Les raisons suivantes militent en faveur du département exécutif. La responsabilité est mieux sentie quand elle pèse sur un seul individu. Une personne seule sera donc plus disposée à apprécier les motifs qui pourraient déterminer un adoucissement à la rigueur de la loi, et moins facile à céder à des considérations qui satisferaient ses propres désirs de vengeance. La conscience d'avoir entre ses mains la vie et l'honneur d'un accusé, doit éveiller les scrupules et la prudence du magistrat, en même temps que la crainte d'être accusé de faiblesse ou de connivence, devra le rendre plus circonspect. Au contraire, comme les hommes ont toujours plus de confiance dans le nombre, les membres d'une assemblée nombreuse s'encourageront mutuellement à la sévérité, parce que nul d'entre eux n'encourra individuellement le blâme général. Une assemblée publique occupée d'autres devoirs sera peu en état de s'appliquer à l'examen des affaires de ce genre ; elle sera plus disposée à céder aux sollicitations, ou à se laisser conduire par les préjugés de la minorité, en ac-

cordant trop ou trop peu, sous le prétexte de ses doutes ou de sa conviction.

773. On a toutefois admis une exception au pouvoir de pardonner : il ne peut être exercé dans les matières qui sont l'objet d'une accusation politique. Cette exception a pour but d'ôter au président toute tentation d'abuser de son autorité à l'occasion de délits commis par des fonctionnaires publics. L'accusation politique a lieu le plus souvent contre des personnes occupant des fonctions supérieures dans le gouvernement, et c'est une chose essentielle que le président ne puisse pas intervenir pour entraver les enquêtes sur leurs actes. La constitution a donc agi sagement en posant cette limite au pouvoir de pardonner, pour empêcher qu'il pût servir à mettre à l'abri de tous châtiments les hauts fonctionnaires et leurs protégés.

774. Du principe que chacune des branches de la législature a le droit de punir les injures faites à sa dignité, il paraît résulter que le pouvoir exécutif ne peut, dans ce cas, exercer le droit de pardonner. La prérogative donnée à la législature a pour but d'assurer son indépendance et sa dignité, dans la mesure nécessaire à l'accomplissement de tous ses devoirs. Si les chambres pouvaient être dominées par la force, corrompues par les largesses ou interrompues dans leur marche par la violence, sans la certitude de pouvoir se défendre elles-mêmes, elles paraîtraient bientôt incapables d'agir avec sagesse et indépendance; si,

dans ces circonstances, l'autorité exécutive pouvait remettre de telles offenses, les chambres ne pourraient exercer leur prérogative que sous le bon plaisir de cette autorité, et les droits du peuple qui leur sont confiés seraient continuellement en danger. Cependant il faut remarquer que la constitution est muette sur le droit de pardon dans ces cas, de même qu'elle garde le silence sur la juridiction des chambres à l'égard des offenses commises contre elles. Ce dernier point a été admis par induction; pour le rendre efficace, on a dû restreindre le droit du président également par induction.

775. A l'exception de ces limites, le pouvoir de pardonner est général, et s'applique aux offenses même les plus graves. Il comprend aussi le droit de remettre les amendes et les confiscations, quoique ces matières rentrent dans les attributions du trésor; néanmoins le pouvoir exécutif exerce même en ce cas sa prérogative, car aucune loi ne peut diminuer un droit accordé d'une manière générale par la constitution à l'autorité exécutive.

776. La disposition qui suit est ainsi conçue : « Il (le président) aura le pouvoir de faire des « traités, de l'avis et du consentement du sénat, « pourvu que les deux tiers des sénateurs présents « y donnent leur approbation; il nommera, de « l'avis et du consentement du sénat, et désignera « les ambassadeurs, les autres ministres publics et « les consuls, les juges des cours suprêmes, et « tous autres fonctionnaires des États-Unis, aux

« nominations desquels il n'aura point été pourvu « d'une autre manière dans cette constitution, et « qui seront institués par une loi. Mais le congrès « peut par une loi attribuer les nominations des « employés subalternes au président seul, aux « cours de justice, ou aux chefs des départe- « ments. »

777. *Pouvoir de faire les traités, etc.* — Le pouvoir « de faire des traités » est général d'après la constitution, et il embrasse sans doute toutes les espèces de traités, concernant la paix ou la guerre; le commerce ou les acquisitions de territoire (1); les alliances, la reconnaissance des principes de droit public; enfin toutes les circonstances que la politique ou les intérêts des souverains font naître par leurs relations réciproques. Toutefois, quoique ce pouvoir soit général et absolu, il ne doit pas être interprété de manière à détruire les lois fondamentales de l'Union. Chaque pouvoir donné par la constitution ne peut pas servir à annuler les autres. Chacun d'eux est obligatoire et jouit d'une autorité égale dans sa sphère. Un traité qui aurait pour effet de changer l'organisation du gouvernement, d'anéantir sa souveraineté, de changer sa forme républicaine, ou de le priver de ses pouvoirs constitutionnels, serait frappé de nullité, parce qu'il détruirait ce qu'il doit au contraire maintenir, c'est-à-dire, la volonté du peuple.

(1) Voyez sur les acquisitions des territoires étrangers la note du chap. XXIX, tome II, p. 167. P. O.

778. Le pouvoir de conclure des traités est indispensable à l'exercice complet de la souveraineté nationale, il est d'une importance extrême pour ce qui concerne la guerre, la paix ou le commerce. Qu'il doive appartenir au gouvernement national, c'est une chose fortement établie par toutes les raisons puisées dans l'expérience politique, aussi bien que dans l'examen attentif des objets du gouvernement. Il est difficile de renfermer ce pouvoir dans des limites fixes, applicables à tous les temps, à tous les besoins, sans risquer d'affaiblir ou même d'annihiler son efficacité. La constitution l'a donc donné général et absolu. Cette circonstance le rend si important, qu'il doit être délégué avec les précautions qui présentent les plus grandes garanties, et qu'il doit être exercé par les hommes les plus capables de remplir son objet, et de la manière la plus propre à conduire au bien public. Sous l'influence de ces idées, la Convention dut décider à qui on devait préférablement donner le pouvoir de faire les traités. On pouvait le confier au congrès, à l'exclusion du président, comme cela avait eu lieu sous la Confédération ;—ou bien on pouvait le remettre au congrès et au président conjointement ;—on pouvait aussi le confier à une seule des deux chambres du congrès, encore à l'exclusion du président,—ou à cette même chambre conjointement avec le président,—ou enfin au président seul.

779. Pour la négociation des traités, le secret

et la promptitude sont en général nécessaires, quelquefois même indispensables. Tout homme qui a pris part à des négociations diplomatiques sait combien leur réussite dépend souvent de l'ignorance dans laquelle est tenu le public quant à leur but politique et même quant à leur justice; pouvant compter sur le secret et la discrétion, les négociateurs accepteront une responsabilité, communiqueront des détails, exprimeront des opinions qu'ils ne soumettraient à la publicité qu'avec une très-grande répugnance. Avec la publicité, les mesures proposées pourront échouer, par les intrigues et les entreprises des puissances étrangères. Pour éviter ces dangers, le département de l'exécutif est donc un dépositaire bien plus sûr de ce pouvoir que ne le serait le congrès. Les retards inévitables avec une grande assemblée, les différences d'opinion, le temps perdu en débats, et par-dessus tout l'impossibilité de tenir une chose secrète, tous ces inconvénients rendent les assemblées délibérantes peu propres à traiter les affaires diplomatiques. L'expérience que nous en avons faite personnellement pendant la Confédération, démontre clairement les dangers que la théorie fait entrevoir. En outre, il y a certains courants qui entraînent les affaires publiques comme les affaires privées; la véritable sagesse politique consiste à les discerner et à les mettre à profit. L'autorité exécutive ayant les yeux toujours ouverts sur les affaires extérieures, ira au-devant des événements, en tirera même tous les avantages possibles, tandis qu'une assemblée nombreuse délibérera longuement sur les éventualités de la réussite, et sur l'utilité d'entamer des négociations. Il est donc évident que le congrès ne peut être convenablement revêtu du pouvoir de faire des traités.

780. Les mêmes difficultés se rencontreront si on veut le remettre exclusivement à l'une des branches du congrès; chacune d'elles est trop nombreuse pour agir avec promptitude, énergie et secret. Les mesures préparatoires et préliminaires qui, surtout, exigent ces qualités au plus haut degré, doivent, pour ainsi dire, être traitées sans interruption. Un président pourra facilement le faire, mais la chambre des représentants ou le sénat, s'ils sont en session, ne pourront agir qu'avec beaucoup de lenteur; s'ils sont en ajournement, ne pourront pas agir du tout. Confier ce pouvoir à l'une des deux chambres, c'eût été renoncer aux avantages de l'intervention constitutionnelle du président dans la conduite des affaires extérieures. Il est vrai que la branche de la législature revêtue de ce pouvoir aurait eu la faculté d'employer le président à ces sortes d'affaires, mais elle aurait eu aussi la faculté de ne pas le choisir; et l'on ne peut dissimuler que l'intrigue, la cabale, ou quelque hostilité personnelle ou politique l'entraîneraient à tenir ces affaires éloignées des regards et de la participation du président. De plus, on ne peut pas espérer que le président, considéré comme agent de l'une ou de l'autre des deux branches de l'autorité législative, jouira de la confiance

et du respect des puissances étrangères, au même degré que s'il agissait en qualité de représentant constitutionnel de la nation elle-même ; et par suite, son intervention aura moins d'efficacité et de poids.

781. D'un autre côté cependant, si l'on considère l'importance et l'étendue de ce pouvoir, on ne peut pas présumer qu'un peuple libre voudra confier à un magistrat seul, tout respectable qu'il puisse être, le droit de décider d'une manière définitive et exclusive sur les sujets qui font la matière des traités. En Angleterre, le pouvoir de faire des traités est exclusivement confié à la couronne. Ce système peut être convenable dans une monarchie, mais tout homme d'État américain sentira qu'une telle prérogative accordée au président, présenterait de grands dangers. Cela serait inconciliable avec cette susceptibilité salutaire que toutes les républiques doivent entretenir contre tous les dépositaires du pouvoir, et que l'expérience nous apprend être la meilleure garantie contre tout abus. La pensée que les choses faites né seront que des préliminaires et qu'elles auront besoin de l'assentiment d'autres esprits indépendants pour devenir définitives, éveille l'attention et appelle l'examen.

782. Le mécanisme de notre constitution est heureusement combiné pour toutes les matières relatives aux affaires extérieures. Car tandis qu'elle confie le pouvoir de faire des traités au département de l'exécutif, elle prévient les abus en soumettant les traités à la sanction d'un corps d'élite

digne de la plus haute confiance. Il est évident, sans plus de démonstration, que ce double exercice du pouvoir offre plus de garantie que s'il était exercé par une seule volonté. Le président est celui qui propose tous les traités et qui y met la dernière main. On a ainsi réuni dans ce système tous les avantages qui, d'un côté, dérivent des talents, des connaissances et de l'examen scrupuleux, et qui, d'un autre côté, résultent du secret et de la promptitude. Mais aucun traité ainsi fait ne devient obligatoire pour le pays avant d'avoir obtenu l'assentiment des deux tiers du sénat. Dans ce corps, tous les États sont représentés d'une manière égale, et par le mode de nomination des sénateurs et la durée des fonctions, on peut avec raison penser que le sénat renferme une large part de talent, d'expérience, de patriotisme sincère et de dévouement profond aux vrais intérêts du pays. La condition restrictive d'obtenir l'assentiment des deux tiers pour confirmer le traité est, par elle-même, une garantie suffisante contre un abandon aveugle des droits privés ou des intérêts généraux.

783. Dans les premiers temps du gouvernement, on éleva plusieurs fois des doutes sur cette interprétation des dispositions de la constitution relatives aux traités. Ainsi on demandait si l'intervention du sénat ne devait pas précéder toute négociation, afin de donner des instructions préalables aux ministres; ou si cette intervention était limitée au droit de donner ou de refuser son as-

sentiment après le traité; ou enfin si le président avait le choix entre ces deux systèmes à son gré. La première solution pratique de ces difficultés eut lieu sous l'administration du président Washington. On fut d'avis que le pouvoir exécutif avait la faculté de prendre l'un ou l'autre parti, et que le sénat pouvait être consulté avant comme après la conclusion du traité. Depuis cette époque, le sénat a été rarement consulté avant que le traité ait été arrêté et mis sous ses yeux pour être ratifié. Alors, le sénat a coutume de délibérer, comme il le fait pour quelques mesures exécutives, c'est-à-dire, en secret et les portes fermées. Le sénat peut rejeter le traité en entier, ou donner une ratification partielle, admettant quelques articles, rejetant les autres, ou demandant quelques articles additionnels. En cas de ratification partielle, le traité ne devient obligatoire qu'après le consentement du président et du souverain étranger aux modifications proposées par le sénat. Il faut ajouter que bien que le président puisse préalablement demander l'avis et le consentement du sénat, tout n'est pas par là définitif; car après ce premier assentiment donné, la ratification peut encore être refusée. Ceci devra arriver fort rarement, car un président ne sera pas disposé à soumettre au sénat un traité que cette assemblée ne serait pas disposée à ratifier.

784. *Pouvoir de nommer les fonctionnaires.* — La constitution pourvoit ensuite à la nomination aux fonctions publiques. Le président doit pré-

senter et nommer, avec l'avis et du consentement du sénat, les ambassadeurs, les autres ministres publics et les consuls, les juges des cours suprêmes, et, en général, tous fonctionnaires dont la nomination n'aurait pas été autrement réglée.

785. Sous la Confédération, on avait donné au congrès le pouvoir exclusif d'envoyer et de recevoir les ambassadeurs. L'expression *ambassadeur*, dans son interprétation étroite (comme paraît l'indiquer l'article second de cet acte), comprend seulement le plus haut grade des ministres publics, et exclut les grades secondaires que le gouvernement des États-Unis semble préférer toutes les fois qu'une mission étrangère est nécessaire. Et d'un autre côté, quelque large que soit l'interprétation, jamais le mot ambassadeur ne comprend les consuls. Malgré cela, le congrès jugea utile d'employer des ministres d'un rang inférieur, d'envoyer et de recevoir des consuls. Il est vrai que la nomination réciproque des consuls pouvait être réglée par les traités, et que là où aucun traité n'existait, le congrès pouvait peut-être encore faire cette nomination en vertu du droit qui lui était conféré par l'article IX de la Confédération, de pourvoir à la nomination de tous les fonctionnaires pour l'administration générale des affaires des États-Unis. Mais, on n'avait pas pourvu à l'admission des consuls étrangers dans les États-Unis pour les cas où ce point n'avait pas été réglé par un traité. Cette matière fut toujours le sujet d'embarras et de doutes, et la disposition

de la constitution qui concerne également la nomination des divers ministres publics et des consuls, a certainement amélioré en ce point le système de la Confédération.

786. Le mode de nomination aux offices, adopté par la constitution, nous paraît particulièrement digne d'approbation; le droit de nommer les fonctionnaires pouvait être réglé de plusieurs manières. Ainsi, il pouvait être confié au congrès, — à une branche de la législature, — au pouvoir exécutif seul, — ou au pouvoir exécutif conjointement avec une des branches de la législature. Mais l'exercice de ce pouvoir par le peuple sera difficilement regardé, par les hommes d'État, comme un moyen praticable. Les considérations que nous avons déjà fait valoir pour montrer l'inconvénient de donner au congrès le pouvoir de conclure les traités, doivent également empêcher de remettre à ce corps le pouvoir de nommer aux places. Les candidats seraient trop portés à formenter au sein du congrès des cabales, des intrigues, des coalitions, qui non-seulement détourneraient cette assemblée de ses devoirs législatifs, mais se feraient sentir encore dans les mesures législatives. Avec ce système s'infiltrerait dans les conseils de la nation une nouvelle source de corruption et de division, stimulée par les intérêts privés. De plus, que ferait-on s'il y avait désaccord entre le sénat et la chambre des représentants, au sujet d'une nomination? Devrait-on voter en une seule assem-

blée ou séparément? Ces deux manières présenteraient des difficultés pratiques, et l'expérience n'a pas prouvé que l'une ou l'autre dût conduire à de bonnes nominations et à une juste responsabilité.

787. Les mêmes raisonnements font voir l'inconvénient de confier ce pouvoir à l'une des branches de la législature exclusivement. La défense du gouvernement se trouverait alors subordonnée aux intérêts privés, et l'indépendance du corps chargé de faire les nominations serait bientôt soupçonnée. D'un autre côté, on pourrait craindre que ce pouvoir servît à influencer les élections, en promettant ou en retirant ses faveurs selon son bon plaisir.

788. Les esprits réfléchis n'hésiteront pas à penser qu'un homme d'intelligence et de discernement sera plus en état qu'une réunion d'hommes, même les plus habiles, de rechercher et de découvrir dans les individus les qualités propres à chaque fonction. La responsabilité qui pèsera sur lui seul lui donnera un sentiment plus vif de son devoir. Il recherchera avec un soin plus grand, et décidera avec plus d'impartialité. Étant seul, il aura à satisfaire des affections privées moins nombreuses qu'une grande assemblée; si, par hasard, il se laisse aller au favoritisme, il n'échappera pas à la censure et au blâme publics. Une assemblée, au contraire, se laissera influencer par l'esprit de parti ou de localité, les antipathies, etc. Elle sera portée à transiger, elle

tiendra peu compte du mérite des candidats, tandis qu'elle s'inquiétera des intérêts privés et des cabales. Il est bien permis d'espérer qu'un président choisi par la nation entière sera doué d'une intelligence élevée et d'une grande intégrité; qu'il sera porté à consulter l'opinion publique pour les nominations les plus importantes, et intéressé à justifier la convenance de ses nominations, en choisissant des hommes d'un mérite et d'une capacité incontestés et incontestables. S'il agissait autrement, et s'il confiait les affaires de la nation à des mains indignes, il ne retiendrait pas longtemps la faveur publique.

789. Mais quoique ces considérations générales doivent nous porter à accorder le pouvoir dont il s'agit au président exclusivement, de préférence au sénat ou à la chambre des représentants, cependant la nomination aux places est trop intimement liée à l'intérêt de l'État, pour ne pas laisser encore quelques hésitations. On peut abuser de ce pouvoir, et certainement on en abusera, à moins qu'il ne soit entre les mains d'un homme ferme, indépendant, intègre. On ne doit donc pas, en donnant au président seul le pouvoir de nommer aux fonctions publiques, négliger les mesures de sûreté qui seront un frein salutaire contre les abus, et agiront aussi bien pour prévenir le mal que pour le réparer.

790. La constitution s'est heureusement acquittée de cette tâche difficile. Ainsi le président doit faire les nominations; il doit donc avoir le

droit de choisir seul. Toutefois, la nomination ne confère la fonction que quand elle a été approuvée par la majorité du sénat. Ces deux responsabilités sont ainsi complètes, distinctes; le président ne peut jamais être forcé de présenter un homme indigne de la fonction, et, d'un autre côté, le sénat peut toujours refuser son consentement à la nomination de tout candidat qui, à ses yeux, ne réunit pas toutes les conditions convenables. De cette manière, il ne peut y avoir d'abus graves dans la coopération de ces deux branches du gouvernement, agissant chacune dans leur sphère distincte; s'il arrivait qu'il y eût quelque faiblesse de l'un des deux côtés, il est évident, d'après l'organisation de ces deux branches et les modifications fréquentes qu'elles subissent, que le mal ne subsisterait pas longtemps, et qu'il trouverait un prompt remède dans la liberté des élections. Cette pensée rendra le président plus circonspect, il comprendra qu'en cas de désaccord avec le sénat, sa plus grande justification sera dans le caractère des nominations qu'il aura faites; la seule chose à dire, en cas de rejet, c'est que le président n'est pas maître absolu de son choix. Il aura encore une grande latitude pour faire un autre choix, et la possibilité de présenter un autre candidat offrant toutes les qualités convenables, sera alors complète et inattaquable.

791. On ne doit pas penser davantage que le sénat ne ratifiera pas une nomination convenable. Une pareille assemblée, indépendamment

du désir qu'on doit lui supposer de voir les fonctions remplies par des hommes capables, sera responsable envers l'opinion publique d'un refus qui blesserait les vœux du pays. On peut, il est vrai, imaginer des cas dans lesquels le sénat, par des raisons de parti, par esprit d'opposition, et même par des motifs d'intérêt de localité, rejettera des nominations absolument inattaquables, mais ces circonstances seront rares. Le danger beaucoup plus commun (s'il y en a) sera, au contraire, la trop grande facilité du sénat à céder aux désirs du pouvoir exécutif. Un président ne manquera pas de moyens pour amener quelques membres du sénat à consentir aux nominations, car on peut présumer que le président, en retour de complaisances, accueillera facilement les recommandations des sénateurs, et rendra ainsi ces derniers les dispensateurs indirects des faveurs locales. Ce sera principalement par rapport aux grands fonctionnaires, comme les ambassadeurs, les juges, les chefs des grandes divisions du gouvernement, et les autres nominations d'une grande importance, que le sénat interviendra pour empêcher un mauvais choix. La propre dignité des sénateurs, leurs devoirs envers le pays, sont attachés à l'accomplissement consciencieux de leur devoir dans ces circonstances.

792. La même clause, qui laisse au président la nomination à toutes les fonctions subalternes auxquelles on n'a pas autrement pourvu, donne aussi au congrès le pouvoir de confier ces

nominations comme il le juge convenable, soit au président, soit aux cours de justice ou aux chefs de département. On ne peut contester la convenance de ce pouvoir discrétionnaire accordé au congrès dans une certaine limite. Si l'on admet ce pouvoir discrétionnaire, ses limites pourront avec peine être définies d'une manière exacte, et il sera mieux de laisser le congrès agir d'après ses lumières et son expérience. Ce serait, en effet, une chose difficile de prévoir à la fois toutes les combinaisons d'événements et de circonstances qui peuvent faire varier le droit de nomination, et d'y pourvoir en même temps d'une manière convenable. A une époque, ce droit sera mieux exercé par le président; à une autre époque, au contraire, il sera mieux entre les mains d'une branche du gouvernement.

793. Dans la pratique, on n'a pas défini exactement ce que l'on doit entendre par les fonctionnaires *subalternes* dont parle la constitution, et dont la nomination n'avait pas nécessairement besoin du concours du sénat. Dans beaucoup de nominations, le congrès a exigé ce concours dans des circonstances où il ne paraissait pas exigé par la constitution. Le président est investi par la loi du droit de pourvoir seul ou conjointement avec le sénat, aux nominations des officiers des armées de terre et de mer, des fonctionnaires les plus importants dans l'ordre civil, et spécialement de ceux qui se rattachent à l'administration de la justice, à la perception des re-

venus de la nation, ou aux dépenses publiques. Les cours fédérales ont la mince prérogative de nommer seules leurs secrétaires, leurs rapporteurs. Les chefs des divisions du gouvernement ont également droit de nommer leurs secrétaires. Mais la grande anomalie de ce système est le patronage démesuré du directeur général des postes, qui a le pouvoir exclusif de nommer ou de destituer tous les sous-directeurs de postes. Les pouvoirs et l'influence de ce fonctionnaire se sont accrus par degré jusqu'à devenir égaux, sinon supérieurs, à ceux du président lui-même (1). Combien de temps ce pouvoir subsistera-t-il dans cette étendue, sans devenir un obstacle pour les autres branches du gouvernement? C'est une question qui regarde les hommes d'État et non les jurisconsultes.

794. *Pouvoir de destituer les fonctionnaires.* — Il est à remarquer que la constitution ne donne nulle part d'une manière formelle, à l'autorité exécutive, le droit de destituer aucun fonctionnaire. Cependant, comme, d'après les termes exprès de la constitution, les fonctionnaires judiciaires sont les seuls qui doivent conserver leur place aussi longtemps qu'ils la remplissent fidèle-

(1) Les employés des postes, dans toute l'étendue de l'Union, sont environ au nombre de 32,000; sur ce nombre, un tiers seulement sont des directeurs (*postmasters*); les deux autres tiers se composent principalement des entrepreneurs du transport et de leurs agents. Le directeur général choisit tous les entrepreneurs sous sa responsabilité. P. O.

ment (*good behaviour*), il en résulte forcément que tous les autres sont révocables à la volonté du pouvoir exécutif, à moins que la durée de leur office n'ait été fixée par le congrès. En effet, de même que le congrès a, d'après la constitution, le droit de régler et de déléguer la nomination des employés secondaires, de même il peut fixer la durée de la fonction, le mode de destitution, et désigner l'autorité qui prononcera la destitution. Deux questions se présentent ici. La première est de savoir à qui, en l'absence de toute disposition législative, le pouvoir de destituer peut appartenir? Est-ce à l'autorité qui fait la nomination, ou à l'autorité exécutive? Est-ce au président et au sénat qui concourent pour les nominations, ou au président seul? La seconde question est de savoir si le président a le droit de destituer tous les fonctionnaires indistinctement qu'il peut nommer d'après la constitution, ou bien si ce pouvoir de destitution lui échappe dans le cas où le congrès a fixé la durée de l'office? Cette restriction au pouvoir de destituer a jusqu'ici été considérée comme purement spéculative, car notre législation, en limitant toutes les fonctions (1), hormis les offices

(1) Cette durée limitée des fonctions est précisement l'essence du principe américain, qui veut le roulement d'office (*rotation in office*). C'est un privilége dont tout Américain se montre jaloux à l'excès. Ce roulement forcé des offices entretient l'activité génerale, et tient chacun en haleine par l'espérance de prendre quelque part aux affaires, et, en même temps, cette excitation est moderée et sans danger, par l'im-

judiciaires, a virtuellement reconnu au pouvoir exécutif le droit de destituer.

795. La difficulté qui s'était élevée à ce sujet dans la pratique, dès les premiers temps de la constitution, provenait des termes de cet acte qui portent : « le président présentera (*nomi-* « *nate*), et, de l'avis et du consentement du « sénat, nommera (*appoint*)... » — Le pouvoir de présenter ne comprend-il pas naturellement et nécessairement le pouvoir de destituer? Et si le pouvoir de nommer (*appoint*) le renferme aussi, alors le pouvoir de déposséder appartient à l'autorité exécutive et au sénat conjointement. En un mot, avec cette interprétation, la destitution a lieu en vertu d'une nouvelle nomination (*appointment*) et par l'opération de la loi. Elle résulte de la nomination (*appointment*) même, et n'en est pas séparée.

796. Cette doctrine fut soutenue avec une grande force par *le Fédéraliste ;* elle tendait à tranquilliser les justes alarmes causées par l'influence excessive et l'exercice arbitraire de cette prérogative du pouvoir exécutif, qui pouvait ainsi mettre en danger l'indépendance individuelle, la liberté d'opinion des fonctionnaires, et les libertés publiques du pays. Certes, il est impossible de ne pas sentir que si le pouvoir de destituer existe sans limite, il peut devenir dans les mains d'un homme hardi et ambitieux un instrument d'op-

possibilité où sont les fonctionnaires nommés de se perpétuer dans leurs places. P. O.

pression et de vengeance. Dans les monarchies, où les conseils de l'État sont soumis à des fluctuations et des changements continuels, les fonctionnaires ordinaires du gouvernement restent en possession paisible de leurs charges, sans être troublés par la politique ou la passion des courtisans. Mais dans une république où la liberté d'opinion et d'action est garantie par les principes fondamentaux du gouvernement, si un parti triomphant peut aussitôt élever ses candidats aux charges, et user du pouvoir de destituer pour satisfaire ses vengeances; si les hommes peuvent se faire les espions des fonctionnaires afin de prendre leurs places, il est évident que les élections seront corrompues dans leurs sources. Ce ne fut donc pas sans raison que dans les discussions dont nous avons parlé, on insista pour que le pouvoir de destituer fût attaché au pouvoir de nommer définitivement (1) (*appoint*). Autrement, cette prérogative absolue entre les mains du pouvoir exécutif ferait de tous les fonctionnaires publics du pays des instruments ou des créatures du président. Une dépendance si servile détournerait les hommes honorables et d'un esprit élevé de prendre part aux services publics; et si, contre toute attente, ces hommes prenaient part aux affaires, ils se verraient contraints de sacrifier leur indépendance à la volonté du premier magistrat, ou de s'exposer à la honte d'une destitution, dans

(1) On n'a pas oublié que la plupart des nominations faites par le président, sont soumises au consentement du sénat. P. O.

un temps peut-être où ils ne pourraient plus embrasser une nouvelle carrière.

797. D'un autre côté, ceux qui, après l'adoption de la constitution, soutenaient que le pouvoir de destituer devait appartenir au président, prétendaient que cette interprétation résultait de la nature de ce pouvoir, et était nécessaire à son exercice. Évidemment, disait-on, le pouvoir de destituer est, par sa nature, une partie de l'autorité exécutive, en même temps qu'une condition indispensable pour l'exécution complète des lois et de l'administration régulière des intérêts généraux. Que deviendrait la société si, en l'absence du sénat, le président ne pouvait éloigner un fonctionnaire indigne de confiance, s'il ne pouvait déplacer un ambassadeur corrompu? Si l'autorité exécutive, pour prévenir la non-exécution des lois ou l'exercice infidèle d'une charge publique, a droit de suspendre un fonctionnaire, ce droit est-il différent de celui de destituer? est-ce autre chose, enfin, qu'un adoucissement de ce dernier droit? On ajoutait que la crainte de voir le président éloigner des hommes capables, était tout à fait imaginaire, non pas seulement à cause de l'élévation de caractère du président (1), mais à cause de la nature même de ses fonctions. En effet, l'homme auquel la majorité des suffrages du peuple des États-Unis aura confié la haute dignité de président, doit présen-

(1) Il faut se rappeler que cette discussion avait lieu sous la présidence de Washington. P. O

ter toutes les probabilités en faveur de ses principes; on doit présumer qu'il possède l'intégrité, l'indépendance et les grands talents que réclame l'opinion. On ne peut supposer qu'il abusera de l'influence du gouvernement ou de son pouvoir de destituer, pour récompenser son parti, satisfaire ses ressentiments, ou pour déposséder des hommes de mérite à cause d'une simple différence d'opinion. La désapprobation générale, qui s'attacherait infailliblement à de tels actes, est la meilleure garantie qu'ils n'auront pas lieu; car, en effet, des destitutions basées sur de tels motifs ou dans le but de confier les fonctions à des favoris, seraient un de ces grands méfaits qui donnent lieu à une accusation publique (*impeachment*).

798. On a dit à cette époque et l'on a toujours répété depuis, que la solution définitive de cette question, en faveur du pouvoir exécutif, avait été déterminée par le caractère élevé du président alors en charge (Washington). Quoi qu'il en soit, cette doctrine fut soutenue et combattue avec autant d'éclat que de profondeur par les hommes les plus dévoués au pays. L'opinion publique consacra la prérogative du président (1), prérogative qui offre l'exemple le plus extraordinaire dans

(1) La destitution est expresse ou implicite : expresse, par la notification que tel fonctionnaire est révoque; implicite, par la nomination d'une autre personne pour la charge. Mais, dans tous les cas, la destitution n'est pas complète avant que le fonctionnaire destitué en ait été informé. P. O.

notre histoire, d'un pouvoir confié implicitement à l'autorité exécutive par l'assentiment d'une simple majorité du congrès. Les partisans les plus jaloux des droits des États paraissent avoir admis cette vaste extension de pouvoir, et ils l'ont laissée passer en la considérant comme un terrain neutre de controverse.

799. Une autre difficulté également importante dans la pratique est de savoir quand la nomination (*appointment*) d'un fonctionnaire est réputée accomplie. On verra, dans une autre clause « que le « président doit commissionner tous les fonction- « naires des États-Unis (1). » Quant aux employés amovibles à la volonté du pouvoir exécutif, la question est sans intérêt, puisqu'ils peuvent être déplacés et leur commission suspendue à tout moment; mais à l'égard de ceux qui ne sont pas amovibles, c'est une chose importante de déterminer quand la nomination est parfaite.

800. Ce sujet a été discuté avec soin dans la cause célèbre de *Marbury* contre le président Madison. Après une longue délibération, la cour émit l'opinion que quand une commission avait été signée par le président, la nomination était complète et définitive : le fonctionnaire ainsi nommé se trouvait revêtu de tous les pouvoirs légaux, qui ne pouvaient lui être retirés. Jusqu'à la signature de la commission, le pouvoir discrétionnaire du président, quant à la nomination ou

(1) Art. II, section 3, inf.

l'investiture (*appointment*), peut être exercé; mais après la signature, le pouvoir du président est entièrement épuisé et la signature irrévocable. De ce moment, le fonctionnaire nommé a un droit absolu à l'office; c'est à lui d'accepter ou de refuser. Ni la délivrance de la commission, ni l'acceptation immédiate de l'office, ne sont indispensables pour rendre la nomination complète.

801. La clause suivante porte : « Le président « aura le droit de pourvoir à toutes les places va-« cantes pendant l'intervalle des sessions du sénat, « en accordant des commissions qui expireront à « la fin de la session suivante. »

802. La convenance de cette disposition est si évidente, qu'elle n'a pas besoin d'explication. On n'avait à choisir qu'entre deux partis, ou laisser le sénat toujours en session pour pourvoir à la nomination des fonctionnaires, ou autoriser le président à faire, pendant l'absence du sénat, des nominations temporaires qui expireraient quand le sénat pourrait s'en occuper. Le premier parti était onéreux pour le sénat, et augmentait les dépenses publiques (1); le second réunissait la convenance, la promptitude d'action et la sécurité générale.

803. La nomination ainsi faite expire à la plus prochaine session du sénat; les commissions délivrées par le président ont la même durée. Quand

(1) On se rappelle que les membres des deux chambres reçoivent une indemnité pendant la session. P. O.

le sénat se réunit, si le fonctionnaire temporairement nommé est confirmé par le sénat, c'est une nouvelle nomination (*appointment*), et non la continuation de l'ancienne ; en sorte que si une caution a été donnée pour garantir la fidélité de l'exercice sous l'ancienne nomination, elle ne répond pas des actes faits sous la nouvelle commission.

804. La section 3 de l'article II est ainsi conçue : « De temps en temps le président donnera « au congrès des informations sur l'état de l'Union, « et il recommandera à sa considération les me- « sures qu'il jugera nécessaires et convenables ; il « peut, dans les occasions extraordinaires, convo- « quer les deux chambres ou l'une d'elles ; et, en « cas de dissentiment entre elles sur le temps de « leur ajournement, il peut les ajourner à telle « époque qui lui paraîtra convenable. Il recevra « les ambassadeurs et les autres ministres publics ; « il veillera à ce que les lois soient fidèlement exé- « cutées, et il commissionnera tous les fonction- « naires des États-Unis. »

805. *Communications du président avec le congrès.* — La première partie de cette disposition, relative aux informations que le président donne au congrès, aux mesures qu'il recommande, est si en harmonie avec l'organisation de l'autorité exécutive dans les gouvernements coloniaux ou d'État, avec les usages et la pratique des gouvernements libres, avec les obligations du congrès et la part de responsabilité qui lui revient, qu'elle est au-dessus de toute objection sérieuse. Par la nature et les devoirs de l'auto-

rité exécutive, le président doit avoir à sa disposition plus de moyens d'information à l'égard des affaires intérieures et extérieures, que ne peut en avoir le congrès. Les différentes opérations de la loi; les imperfections dans la nature et dans l'organisation générale du commerce, des finances et de la justice; les établissements militaires, maritimes ou civils de l'Union, sont plus facilement et plus constamment sous les yeux du département de l'exécutif que de tous autres départements. C'est donc une mesure très-sage non-seulement de permettre au président, mais encore d'exiger de lui qu'il porte devant le congrès tous les faits et toutes les informations qui peuvent être soumis aux délibérations de ce dernier, qu'il fasse connaître les défauts et indique les moyens de les corriger (1). Car c'est avec raison qu'on le rend responsable non-seulement des contraventions aux règles administratives établies, mais encore de sa négligence à rechercher les moyens de perfectionner ces règles.

806. *Pouvoir de convoquer le congrès et de l'ajourner.* — Le pouvoir de convoquer le congrès dans des occasions extraordinaires est indispensable pour la marche des affaires, et quelquefois même pour la sûreté du gouvernement. En effet,

(1) On sait que le président des États-Unis n'a pas entrée au congrès; ses ministres ou secrétaires d'État en sont exclus comme lui-même, et ce n'est que par des voies indirectes et des communications par écrit qu'il fait pénétrer dans ce grand corps son influence et son avis. P. O.

des circonstances peuvent se présenter, pendant l'absence du congrès, qui requièrent l'emploi de mesures vigoureuses : par exemple pour repousser une attaque étrangère, des déprédations ou des hostilités, réprimer des insurrections, enfin pour répondre aux exigences nombreuses et graves qui peuvent naître des rapports avec les autres nations.

807. Le pouvoir d'ajourner le congrès en cas de dissentiment est également nécessaire; c'est le seul moyen de terminer à l'amiable des différends qui ne pourraient conduire qu'à une division dans les conseils publics.

808. *Pouvoir de recevoir les ministres étrangers.* — Quant au pouvoir de recevoir les ambassadeurs, nous en avons déjà parlé incidemment. Nous ajouterons qu'un pouvoir semblable exista sous la Confédération; mais alors il était borné à la réception des ambassadeurs, expression qui comprend seulement, ainsi que nous l'avons dit, les ministres du grade le plus élevé, et non ceux d'un grade secondaire. Le gouvernement des États-Unis préfère ordinairement employer les grades inférieurs; la signification des termes de la clause se trouve ainsi élargie, de manière à y comprendre les ministres de tout grade. On ne peut expliquer facilement pourquoi la disposition qui nous occupe garde le silence sur le droit de recevoir les consuls, puisque la clause précédente traite de leur nomination, et puisque déjà, sous la première Confédération, on avait remarqué l'incon-

vénient qui résulta de cette omission. Cependant ce pouvoir peut être regardé comme résultant des autres dispositions de la constitution, et comme une dépendance de l'autorité exécutive. Il a été en réalité constamment exercé sans objection, et les consuls étrangers n'ont jamais prétendu remplir leurs fonctions avant d'avoir reçu l'*exequatur* du président. Les consuls ne sont pas des fonctionnaires diplomatiques ou des représentants politiques d'un pays étranger, mais ils ont le caractère d'agents purement commerciaux.

809. Le pouvoir de recevoir les ambassadeurs et les ministres étrangers est toujours une fonction importante, quelquefois même délicate, puisqu'elle constitue le seul intermédiaire reconnu pour entretenir avec les puissances étrangères les négociations et les relations amicales. Un gouvernement peut, dans l'étendue de sa liberté légale, refuser de recevoir un ambassadeur ou tel autre ministre, sans que cela soit un juste motif de guerre; mais généralement ce refus passera pour un acte peu amical, et pourra amener des hostilités, s'il n'est pas accompagné d'explications conciliantes. Ce refus peut, par exemple, être fondé sur le caractère malveillant du ministre, ou sur ses actes antérieurs, s'ils ont été offensants; ou enfin sur l'objet particulier d'une mission qui ne pourrait convenir au pays, ou qui du moins serait susceptible de controverse : toutefois, ces cas sont rares. Mais la position est plus délicate encore, quand une guerre civile a éclaté dans une nation, et

que deux partis se sont formés, réclamant chacun la souveraineté entière. Dans de telles circonstances, une nation neutre peut convenablement refuser de reconnaître la suprématie de l'un des deux partis, ou l'indépendance souveraine de tous les deux; et, sur ces motifs, refuser de recevoir les ambassadeurs de l'un ou de l'autre. Car il est évident que, dans ce cas, la simple reconnaissance du ministre d'un parti ou d'une nation serait regardée comme un acte d'hostilité contre l'autre, et comme un encouragement ou une opposition à la rébellion et au démembrement civil. C'est pourquoi les nations placées dans de semblables positions n'ont pas hésité à déclarer la guerre aux neutres, comme s'étant mêlés aux débats, et les ont rendus victimes de leur vengeance, alors que ces derniers désiraient seulement conserver leur neutralité. L'exercice du droit de reconnaître une nation nouvelle ou ses ministres est donc, dans ces cas, une fonction exécutive très-délicate et qui demande beaucoup de prudence et de réflexion. Lorsque la reconnaissance est faite, elle est définitive pour la nation, à moins que cette reconnaissance ne soit anéantie par un acte exprès du congrès; si, au contraire, l'autorité exécutive refuse de faire cette reconnaissance, on dit que le congrès peut reconnaître solennellement la souveraineté de la nation ou du parti, sans avoir égard à ce refus. Nous devons ajouter que ce sont là des propositions purement abstraites, et restées jusqu'à ce jour sans application; on peut donc les regarder comme étant encore sujettes à discussion, si jamais elles s'élèvent dans nos relations diplomatiques avec les peuples. La constitution a expressément investi l'autorité exécutive du droit de recevoir les ambassadeurs et les autres ministres, tandis qu'elle n'a expressément donné au congrès ni le pouvoir de les désavouer, ni celui de les reconnaître. Quelque opinion que l'on embrasse à cet égard, toujours est-il que dans les cas de révolution ou de démembrement d'une nation, l'autorité judiciaire ne peut prendre en considération aucun gouvernement nouveau, jusqu'à ce qu'il ait été reconnu par telle branche du gouvernement à qui ce pouvoir a été confié par la constitution.

810. Le président, ayant le pouvoir de recevoir les ambassadeurs et les ministres étrangers, est réputé avoir implicitement le pouvoir de les refuser, et même de les congédier, lorsque ces fonctionnaires s'exposent à une juste censure, ou que les événements politiques ne permettent plus de reconnaître leurs priviléges. Cependant, tant qu'ils sont autorisés à rester comme fonctionnaires publics, ils jouissent des immunités et droits que les lois internationales ont admis touchant leur dignité, leur indépendance et leur inviolabilité.

811. *Priviléges personnels du président.* — Il y a encore d'autres prérogatives inhérentes au pouvoir exécutif, et qui dérivent nécessairement de la nature de ses fonctions. Ainsi le président ne peut être arrêté, emprisonné ou détenu pendant l'accomplissement des devoirs de sa charge; sa

personne est regardée comme inviolable, au moins pour les affaires civiles. Dans la sphère de ses pouvoirs politiques, il doit jouir d'une liberté complète, et n'est responsable qu'envers le pays et sa conscience. Ses décisions, dans l'étendue de ses prérogatives, ne sont sujettes à aucun contrôle, et sa volonté est concluante. Mais il n'a aucune autorité pour contrôler les autres fonctionnaires du gouvernement quant aux obligations qui leur sont imposées par la loi et qui ne touchent pas à ses pouvoirs politiques.

812. Nous avons vu que, d'après la loi, le président a le droit de demander l'avis par écrit et l'opinion de ses ministres de cabinet, sur toutes les questions du ressort de leur département; mais il n'a pas ce même droit à l'égard de l'autorité judiciaire. Cette branche du gouvernement n'est appelée qu'à décider sur les controverses qui lui sont soumises dans les formes légales; elle doit donc s'abstenir de donner un avis extra-judiciaire sur un point de droit, quand même elle serait solennellement sollicitée par le pouvoir exécutif.

813. La fin de la section Ire de l'article 4 de la constitution traite de l'accusation politique à laquelle peuvent être soumis le président, le vice-président et les autres fonctionnaires des États-Unis; il est inutile d'y revenir, puisque la question a été examinée plus haut dans tous ses détails.

# CHAPITRE XL.

## AGENTS DU POUVOIR EXÉCUTIF (1).

AGENTS INTÉRIEURS : I. Secrétaire d'État.—II. Secrétaire de la trésorerie.—Contrôleurs.—Auditeurs.—Tresorier.—*Register.* —Procureur du trésor (*solicitor of treasury*).—III. Administration des terres publiques.—IV. Secrétaire de la guerre. —Division des affaires indiennes.—V. Secretaire de la marine.—VI. Procureur général des États-Unis. — Procureurs de district. — VII. Directeur general des postes. — AGENTS EXTÉRIEURS : Ministres.— Chargés d'affaires. — Consuls.

---

814. Pour compléter le commentaire de M. Story sur le pouvoir exécutif des États-Unis, nous avons cru devoir présenter le tableau abrégé des principaux agents de ce pouvoir et de leurs fonctions (2).

(1) Ce chapitre est ajoute aux Commentaires de M. Story.
P. O.

(2) Pour comprendre la simplicité des rouages de l'administration féderale, il ne faut pas perdre de vue qu'elle n'agit que dans les matières générales et qui intéressent toute l'Union. Les États particuliers ont en outre une administration locale pour leur gouvernement intérieur. De plus, les États sont divisés en comtés et en communes ; et comme on a admis aux États-Unis le principe du *self government* dans toutes ses conséquences, chacune de ces divisions est indépendante dans sa sphère, et s'administre elle-même. Ainsi, il y a aux États-Unis quatre administrations distinctes, quatre budgets : l'Union a le

815. Le pouvoir exécutif réside, comme nous venons de le voir, dans la personne du président des États-Unis. Pour mettre en œuvre le gouvernement et les lois de l'Union, on a créé les départements suivants : Département d'État ;—du trésor; —des terres publiques; — de la guerre; —de la marine; — des postes. Les fonctionnaires de ces différentes branches du gouvernement, y compris le procureur général, sont les agents du pouvoir exécutif de l'Union à l'intérieur. Ces fonctionnaires, à l'exception du directeur des terres publiques, du directeur général des postes et du procureur général, sont nommés par le président des Etats-Unis. On a décidé que puisque le président était responsable, on ne pouvait le forcer de se servir d'agents qui n'avaient pas sa confiance. Ajoutons que ces fonctionnaires ne partagent pas la responsabilité qui pèse seule sur la personne du président. Le pouvoir exécutif est représenté à l'extérieur par des agents revêtus d'un caractère permanent : tels sont les ambassadeurs, les chargés d'affaires et les consuls. Aidé des conseils des chefs des départements, le président les consulte soit séparément, soit réunis; il profite ainsi de leur sagesse et de leurs connaissances, ramène leurs vues à un centre commun, et imprime l'uniformité désirable à l'action et à la direction de toutes les branches du gouvernement.

816. Agents intérieurs. — *Département d'É-*

sien, les États, les comtés, les communes ont également le leur.

P. O.

*tat.* — Ce département (1) est dirigé par un chef principal appelé *secretary of state* (secrétaire d'État) et par un chef subordonné appelé *chief clerk of state* (secrétaire général). Le secrétaire d'État est chargé, sous la direction immédiate du président des États-Unis, de correspondre avec les ministres et les consuls des États-Unis à l'étranger, et de leur transmettre les instructions officielles; de négocier avec les puissances étrangères; de recevoir les notes diplomatiques des ministres étrangers résidant aux États-Unis; et en général, de traiter toutes les affaires concernant les relations extérieures attribuées par le président à ce département.

817. Une loi du 20 avril 1818 impose aux secrétaires d'État, de la trésorerie, de la guerre, de la marine, et au directeur général des postes, l'obligation de faire, au commencement de chaque année, un rapport au congrès, contenant les noms des personnes employées (*clerks*) dans leur département respectif l'année précédente, la durée de leur emploi, les sommes qui leur ont été payées; et l'on ne doit allouer à aucun de ces employés un traitement plus fort que celui fixé par la loi.

818. Le secrétaire d'État est gardien du sceau des États-Unis; il doit l'apposer sur toutes les commissions civiles délivrées aux fonctionnaires

(1) Ce département était appelé *department of foreign affairs*, par une loi du 27 juillet 1789; une autre loi du 15 septembre de la même année lui a donné le nom de *department of state*, qu'il porte aujourd'hui. P. O.

nommés par le président, avec le consentement du sénat, ou par le président seul.

819. Il doit recevoir du président des États-Unis les bills, ordonnances, ou résolutions des deux chambres, et qui, approuvés et signés par le président, sont devenus des lois; recevoir du président du sénat, ou du président de la chambre des représentants, les bills, ordonnances ou résolutions qui, après avoir été renvoyés par le président du congrès avec des observations, ont été de nouveau soumis aux chambres, et sont devenus des lois.

820. Il doit faire publier le plus tôt possible les lois, bills, résolutions émanés du congrès, à l'exception des actes d'un caractère privé, de même que les traités ratifiés. Une loi du 11 mai 1820 règle le mode de publicité dans le siége du gouvernement, les États et les territoires. Il est également chargé de rendre publics les amendements à la constitution, régulièrement proposés. (Loi du 20 avril 1818.)

821. A la fin de chaque session, le secrétaire doit faire publier et distribuer 11,000 exemplaires de tous les actes du congrès en général, comprenant toutes les résolutions, tous les traités publics et ratifiés, les amendements adoptés, etc., dans l'intervalle d'une session à une autre. Une loi du 3 avril 1818 règle la distribution de ces exemplaires entre les divers fonctionnaires, les États et territoires de l'Union.

822. Le secrétaire d'État est chargé de l'admi-

nistration du commerce quant aux relations avec les nations étrangères et les tribus indiennes. Le commerce intérieur, la pêche, la navigation sur les rivières et les lacs, sont du ressort du secrétaire de la trésorerie.

823. Le traitement du secrétaire d'État a été fixé à 6,000 dollars par an, environ 30,000 fr.

824. Le *chief clerk of state* remplace le secrétaire d'État dans les cas de vacance, soit par suite de révocation, soit par toute autre cause. Il est chargé de la garde des archives et papiers appartenant à ce département.

825. *Département des finances*. — Cette branche du pouvoir exécutif est composée de plusieurs fonctionnaires principaux : — 1° un secrétaire de la trésorerie chef du département; — 2° deux contrôleurs; — 3° cinq auditeurs; — 4 un auditeur à la direction générale des postes; — 5° un trésorier; — 6° un *register*; — 7° un procureur du trésor (*solicitor*); — 8° un commissaire général des terres publiques.

826. Le secrétaire de la trésorerie, le premier contrôleur, le premier auditeur, le trésorier, le *register* et les *clerks*, employés dans le département, ne doivent, ni directement ni indirectement, prendre part à des opérations de commerce ou d'industrie, ni être propriétaires de navires en totalité ou en partie, pour eux-mêmes, ou pour un autre en leur nom, etc., ni recevoir, en les appliquant à leur profit, des sommes autres que celles allouées par la loi, pour direction

d'affaires du ressort de leur département. Aucun des fonctionnaires des États-Unis, employé au recouvrement des revenus ou au payement des sommes dues par le gouvernement, ne pourra également prendre part aux acquisitions ou ventes de gages appartenant aux États-Unis ou aux États particuliers, ou de toute autre propriété publique des États-Unis ou des États. Tout contrevenant à ces dispositions, s'il est employé de la trésorerie, sera condamné à une amende de 500 dollars; et s'il dépend d'un autre département, à 300 dollars seulement; il pourra en outre être destitué, et deviendra incapable de remplir aucune fonction du gouvernement (1).

827. 1° *Secrétaire de la trésorerie.* — Les fonctions du secrétaire de la trésorerie sont nombreuses. Il doit, au commencement de chaque session, rédiger et mettre sous les yeux du congrès un rapport sur les finances, contenant l'aperçu des revenus et des dépenses publiques, ses vues sur les moyens de soutenir le crédit, d'améliorer et d'accroître les ressources du pays.

828. Il doit aussi organiser les services relatifs à la vente de terres publiques; surveiller la perception des revenus. Par suite de cette obligation, il a sous ses ordres les percepteurs d'impôts et de revenus, et règle, comme il le juge le plus convenable, la perception des droits de douane

(1) Voyez les lois des 2 septembre 1789; — 3 mars 1791; — 8 mai 1792; — 2 juillet 1836.

et de tonnage; il règle aussi la forme de la comptabilité publique, et tire des mandats sur le trésor.

829. Donner, soit en personne, soit par écrit, telles informations que peut lui demander l'une des branches de la législature sur les matières du ressort de ce département. Faire dresser des statistiques du commerce étranger pour les soumettre au congrès. Fixer de temps en temps, sous la direction du président des États-Unis, des règles pour l'estimation de certaines marchandises soumises aux droits *ad valorem* (1), et nommer les estimateurs.

830. Fixer la monnaie qui sera reçue en payement des sommes dues aux États-Unis (2). Fixer la forme des expéditions en douane. Nommer les percepteurs des droits. Fournir aux départements de la marine et de la guerre des mandats pour leurs dépenses. Porter au fonds de réserve les crédits non employés par les départements. Payer les dettes des États-Unis (3).

831. Le traitement du secrétaire de la tré-

(1) A l'égard de ce pouvoir du secrétaire de la trésorerie, il est important de consulter la dernière loi du tarif. P. O.

(2) C'est en vertu de ce pouvoir que, dans ces derniers temps, on a ordonné de ne recevoir en payement que de l'or et de l'argent, ce qui, vu la rareté du numéraire, a fortement contribué à la gêne du commerce et à la grande crise financière qui dure encore. P. O.

(3) Le secrétaire de la trésorerie a encore plusieurs autres attributs de détail peu importants; pendant l'existence de la banque des États-Unis, il avait le contrôle et la manutention des fonds publics déposés dans cette banque. P. O.

sorerie est de 6,000 dollars par an, environ 30,000 fr.

832. 2° *Contrôleurs.* — Le premier contrôleur doit reviser les comptes arrêtés par le premier et le cinquième auditeur de la trésorerie, et approuver la balance. Contre-signer les mandats tirés par le secrétaire de la trésorerie, autres que ceux tirés à la demande des secrétaires de la guerre et de la marine en vertu d'une loi. Surveiller la comptabilité publique, et veiller au versement des sommes reçues par les agents. Veiller également au recouvrement de toutes sommes dues aux États-Unis, et ordonner les poursuites. Mettre sous les yeux du congrès, dans la première semaine de chaque session, la liste des comptables qui n'ont pas rendu leurs comptes, avec l'énonciation des causes qui en ont empêché le règlement. Le traitement du premier contrôleur est de 3,000 dollars, environ 15,000 fr.

833. Le second contrôleur doit reviser les comptes arrêtés par le second, le troisième et le quatrième auditeur, et approuver la balance. Contre-signer les mandats tirés par le secrétaire de la trésorerie, à la demande des secrétaires de la guerre et de la marine en vertu d'une loi. Surveiller la comptabilité des comptes soumis à sa révision. Le traitement de ce second contrôleur est également de 3,000 dollars par an, environ 15,000 fr.

834. 3° *Auditeurs.* — Nous avons déjà dit qu'il y a cinq auditeurs du trésor. — Le premier doit recevoir, examiner tous les comptes du département

des finances. — Le second, les comptes du département de la guerre relatifs à la paye et à l'habillement de l'armée, aux rations des officiers, et aux hôpitaux militaires, etc. Il reçoit aussi certains comptes relatifs aux affaires des Indiens. — Le troisième auditeur reçoit et examine les comptes relatifs aux vivres de l'armée et, en général, à toutes les dépenses militaires autres que celles précédemment énumérées. — Le quatrième reçoit les comptes du département de la marine. Ces trois derniers fonctionnaires (2e, 3e et 4e auditeurs) doivent, après l'examen des comptes, les soumettre avec les pièces à l'appui, au second contrôleur chargé de l'apurement définitif. — Le cinquième auditeur reçoit les comptes relatifs au département d'État, et certains comptes relatifs aux affaires des Indiens. Ces deux derniers fonctionnaires (1er et 5e auditeurs) doivent, après l'examen des comptes, les transmettre, avec les pièces à l'appui, au premier contrôleur chargé de l'apurement définitif. Les auditeurs chargés des comptes des départements de la guerre et de la marine, doivent, chaque année, faire un rapport au congrès, touchant les dépenses de l'année précédente pour l'armée et pour la marine. On peut, dans les six mois, appeler d'un règlement fait par un auditeur, et le porter devant le contrôleur.

835. 4° *Auditeur de la trésorerie près la direction générale des postes.* — Ce fonctionnaire reçoit et examine tous les comptes relatifs aux bureaux de poste, il les règle, les apure; il doit en outre en-

registrer et contre-signer tous les mandats tirés régulièrement sur le trésor par le directeur général des postes. Il doit faire connaître, dans le plus bref délai, au directeur général, les directeurs particuliers en retard envers le trésor.—On peut, dans l'année du règlement des comptes, appeler de l'auditeur du trésor près la direction des postes au premier contrôleur du trésor, qui décide en dernier ressort. L'auditeur près la direction des postes doit veiller à la rentrée de toutes sommes dues au département des postes, et ordonner au besoin les poursuites.

Le traitement de chaque auditeur est de 3,000 dollars par an, environ 15,000 fr.

836. 5° *Trésorier.* — Avant d'entrer en fonction, le caissier du trésor doit fournir une caution (1) approuvée par le secrétaire de la trésorerie et le premier contrôleur, pour la somme de 150,000 dollars, environ 750,000 fr. — Il reçoit les fonds des États-Unis et fait tout payement sur mandats tirés par le secrétaire de la trésorerie et contre-signés par le fonctionnaire compétent, et enregistrés conformément à la loi. Il rend ses comptes au contrôleur au moins une fois par trimestre, et doit en transmettre une copie au secré-

(1) Aux États-Unis, il n'y a pas de cautionnement, il n'y a que des cautions, et lorsqu'elles deviennent insolvables, le recours du gouvernement est presque toujours illusoire, malgré le chiffre souvent énorme des engagements, tandis qu'en France les fonds du cautionnement étant versés, sont une garantie effective. P. O.

taire de la trésorerie. — Il doit en outre, dans les trois premiers jours de chaque session du congrès, présenter aux chambres un état des comptes rendus par lui au contrôleur, avec un état exact de la situation du trésor. — Sa caisse est en tout temps soumise à l'inspection du secrétaire de la trésorerie ou des contrôleurs.

Le traitement du caissier du trésor est de 3,000 dollars par an, environ 15,000 fr.

837. 6° *Register.* — Le *register* reçoit des contrôleurs les comptes définitivement réglés, les conserve avec les pièces à l'appui, enregistre tous les mandats tirés sur le trésor, et transmet au secrétaire de la trésorerie un état sommaire de ses comptes. — Il doit, sous la direction du secrétaire de la trésorerie, préparer annuellement les statistiques du commerce des États-Unis avec les nations étrangères. Ces statistiques doivent présenter le tableau détaillé des importations et exportations, de la navigation, du tonnage, etc.

Le traitement de ce fonctionnaire est de 3,000 dollars par an, environ 15,000 fr.

838. 7° *Procureur de la trésorerie* (*solicitor*). — Le procureur du trésor est nommé par le président des États-Unis, de l'avis et avec le consentement du sénat. Ce fonctionnaire remplace l'ancien agent judiciaire du trésor, et doit ordonner et surveiller toutes poursuites et procédures intentées par lui ou par les agents comptables du trésor, en matière de loi et d'équité, pour le recouvrement de toutes sommes dues aux États-Unis, ou pour re-

vendication de terres, immeubles, et toutes autres propriétés leur appartenant. Il remplace également l'ancien commissaire des revenus publics, et doit en conséquence veiller à la rentrée des sommes arriérées (1), administrer les terres et autres biens donnés au gouvernement en payement ou en garantie, et en ordonner au besoin la vente; il doit enfin recevoir toutes les garanties fournies au trésor.

839. Le procureur de la trésorerie agit sous la direction du procureur général des États-Unis.

840. Les formes de procédure contre les débiteurs des États-Unis sont nombreuses, et organisées de manière à assurer autant que possible le payement des dettes. Quant aux créanciers du gouvernement, la loi ne leur donne aucune prise. « Les États-Unis ne peuvent pas être poursuivis, et en cas de refus de payement de la part du trésor, le créancier n'a d'autre remède que de s'adresser au congrès. » Ces principes ont été consacrés dans deux procès importants (2).

841. *Administration générale des terres publiques* (*general land office*). — Cette administration est composée des fonctionnaires suivants : — 1° un commissaire général des terres publiques nommé par le président des États-Unis, avec le consentement du sénat. Ce fonctionnaire est

(1) Loi du 29 mai 1830, section V.

(2) Cohens contre l'État de la Virginie. Arrêts de Wheaton, vol. VI, p. 411, 412. — Les États-Unis contre Barney. Journal de Hall, vol. III, p. 130. P. O.

chargé, sous la direction immédiate du président, de régler et de contrôler tout ce qui concerne l'arpentage et la vente des terres publiques ou les réclamations des particuliers; de faire dresser, à la demande du président ou de l'une des deux chambres, les plans des terres publiques, et de donner à cet égard toutes informations, etc.; — 2° deux secrétaires généraux, appelés l'un secrétaire général des terres publiques, l'autre secrétaire général des réclamations privées (portant sur des terres publiques, *private land claims*); — 3° un secrétaire général de l'arpentage, agissant sous les ordres du commissaire général, et chargé de surveiller et de contrôler les opérations des agents de l'arpenteur général; — 4° un archiviste des terres publiques (*recorder*), chargé de viser et de rectifier les titres délivrés aux acquéreurs de terres publiques; — 5° un procureur des terres publiques (*solicitor*), chargé du contentieux de l'administration; — 6° un secrétaire nommé par le président avec le consentement du sénat, pour signer au nom du président les ventes ou concessions de terres publiques; — 7° plusieurs receveurs des terres publiques, chargés de toucher, dans les différentes localités, le montant des ventes, et de le transmettre au secrétaire de la trésorerie (1). Depuis une loi de 1836, les comptes relatifs aux terres pu-

(1) Voyez la note sur les formalités usitées pour les ventes des terres publiques, liv. III, chap. XXXII, p. 184. — Voyez aussi pour les détails des devoirs de ces principaux agents, les lois des 25 avril 1812 et 4 juillet 1836.

bliques doivent être remis au commissaire général, pour être arrêtés par lui, et remis ensuite par le commissaire général au contrôleur du trésor, pour recevoir une décision définitive.

842. En cas de mort, d'absence ou de maladie, le commissaire général est remplacé par le secrétaire général des terres publiques, et l'archiviste (*recorder*) par le secrétaire général des réclamations privées.

843. Le traitement annuel de ces fonctionnaires est fixé comme suit : Le commissaire général reçoit 3,000 dollars, environ 15,000 fr.; — l'archiviste, 1,500 dollars; — le secrétaire général de l'arpentage, 1,800 dollars; — chacun des autres secrétaires généraux, 1,500 dollars; — le procureur des terres publiques, 2,000 dollars.

On a établi des administrations particulières dans les diverses localités de la situation des terres publiques; ces administrations sont composées d'un *register*, qui est le chef de l'administration; de plusieurs receveurs et d'un arpenteur général. Ces fonctionnaires reçoivent l'impulsion du commissaire général des terres publiques, mais ils sont nommés par le président des États-Unis, de l'avis et avec l'approbation du sénat.

844. *Département de la guerre.* — Cette division du pouvoir exécutif est dirigée par un fonctionnaire appelé le Secrétaire de la guerre, et nommé par le président des États-Unis. Ses principales fonctions sont de pourvoir à l'entretien de l'armée, à la discipline militaire, à l'approvision-

nement des arsenaux et magasins. Le secrétaire de la guerre doit en outre, au commencement du mois de février de chaque année, mettre sous les yeux du congrès un état des crédits accordés à son département pour l'année précédente, en indiquant le montant des sommes dépensées, et la balance avec ce qui restait à la fin du mois de décembre précédent; présenter aussi un état approximatif des demandes nécessaires au service de ce département pendant l'année courante. Il doit faire restituer au trésor le surplus des crédits non employés. Le traitement du secrétaire de la guerre est de 6,000 dollars par an, environ 30,000 fr.

Indépendamment de ce fonctionnaire principal, il y a encore au département de la guerre un *chief clerk*, ou secrétaire général, recevant un traitement annuel de 2,000 dollars au plus. En cas de mort, vacance ou maladie du secrétaire de la guerre, il est pourvu à l'intérim par le président jusqu'à la nomination du nouveau fonctionnaire, s'il y a lieu; mais l'intérim ne peut se prolonger au delà de six mois.

845. Les affaires des Indiens forment une division à part dans le département de la guerre; elles sont placées sous un commissaire nommé par le président avec le consentement du sénat; ce fonctionnaire doit agir sous la direction du secrétaire de la guerre, et conformément aux instructions que le président des États-Unis pourra lui donner. Tous les comptes relatifs aux affaires des Indiens doivent être soumis, avec les pièces à l'appui, au

commissaire, qui doit les examiner sous le rapport de l'administration, et les faire passer ensuite au fonctionnaire compétent du département de la trésorerie, pour être par lui arrêté définitivement. Le président des États-Unis nomme, avec le consentement du sénat, des agents principaux dans les différents établissements des Indiens : ces agents correspondent avec le commissaire. Le traitement de ce fonctionnaire est de 3,000 dollars par an, environ 15,000 francs.

846. *Département de la marine* (1).—Ce département est dirigé par un fonctionnaire appelé secrétaire de la marine, dont le principal devoir est de faire mettre à exécution les ordres qu'il recevra du président des États-Unis pour l'entretien des forces navales, la construction, l'armement et l'équipement des navires. Le secrétaire du département de la marine doit aussi, au commencement du mois de février de chaque année, mettre sous les yeux du congrès un état des crédits accordés à son département pour l'année précédente, balançant le montant des sommes dépensées, avec ce qui restait à la fin du mois de décembre précédent; verser le surplus à la trésorerie, et présenter un état approximatif des som-

(1) Jusqu'en 1800, l'administration de la marine des États-Unis avait éte annexée au departement des affaires étrangères; en 1800, elle fut separée de ce département et jointe à celui de la trésorerie; enfin, en 1801, le congrès organisa un département distinct pour l'administration de la marine de l'Union. P. O.

mes nécessaires au service de son département.

Le traitement du secrétaire du département de la marine est de 6,000 dollars par an, environ.

847. A l'époque où l'on organisa le département de la marine, en 1801, on créa aussi un comité composé de trois officiers de la marine, dont le plus ancien avait la présidence. Les membres de ce comité, nommés par le président des États-Unis, de l'avis et avec le consentement du sénat, étaient chargés de la partie technique du service. Ce comité devait agir sous la direction du secrétaire de la marine; mais comme ses pouvoirs n'avaient pas été suffisamment définis, il se montra souvent hostile au secrétaire de la marine, et ne répondit pas aux espérances que l'on avait conçues; toutefois cette organisation dura jusqu'en 1842. La législature voulut remédier aux vices que présentait l'ancienne administration, elle supprima le *comité de la marine,* et répartit ses attributions entre cinq bureaux, de la manière suivante : Le premier est chargé des chantiers et des formes, sous la direction d'un capitaine de vaisseau; — le second, des constructions, aménagements et réparations, sous la direction d'un ingénieur; — le troisième, des approvisionnements et de l'habillement, sous la direction d'un capitaine de vaisseau; — le quatrième, de l'armement et de l'hydrographie, sous la direction d'un capitaine de vaisseau; — le cinquième, des règlements de santé, sous la direction d'un chirurgien de la marine. La même législature s'est occupée de l'organisation d'une branche de service

distincte pour l'administration de la marine à vapeur, qui a pris dans ces derniers temps un immense développement (1).

848. *Procureur général des États-Unis.* — On a créé aux États-Unis des fonctionnaires chargés d'intenter toutes les poursuites au nom de l'Union, de répondre à toutes celles qui pourraient être intentées. Auprès de la cour suprême fédérale, ce fonctionnaire est appelé *attorney general*, procureur général ; il peut aussi être consulté sur toutes les matières contentieuses par les chefs des divers départements. Auprès des cours de district, ces fonctionnaires prennent le nom de *district attorney*. Les *attorneys* de district reçoivent les instructions du procureur de la trésorerie, de l'auditeur du trésor près la direction générale des postes ; ils doivent aussi envoyer de temps en temps au procureur du trésor un état des affaires pendantes devant les cours de district et qui intéressent l'Union. Tous ces fonctionnaires, nommés pour un temps déterminé, sont dans leur ressort indépendants l'un de l'autre, et ne relèvent d'aucune autorité, si ce n'est du congrès, et même seulement en cas d'accusation devant les chambres. Les *attorneys* de district peuvent être révoqués à la volonté du président des États-Unis.

849. Le traitement du procureur général des

(1) Voyez pour de plus amples détails, *Considérations sur le principe démocratique qui régit l'Union américaine*, par M. le major Poussin ; — *De la puissance américaine*, par le même. P. O.

États-Unis est de 4,000 dollars par an, environ 20,000 fr.; et, en outre, de 500 piastres par an pour diriger au besoin le procureur de la trésorerie dans les poursuites à faire au nom du trésor. Le traitement des procureurs de district n'est pas fixe.

850. *Direction générale des postes.* — Il y a au siége du gouvernement une direction générale des postes, à la tête de laquelle est placé un fonctionnaire appelé directeur général des postes (*postmaster general*), nommé par le président. Ce fonctionnaire nomme et a sous ses ordres trois directeurs-adjoints (*assistants*), un commis en chef, trois commis principaux, trente-trois commis ordinaires, un messager chef et trois messagers ordinaires. Il nomme, en outre, des directeurs de poste (*postmasters*) dans les localités où la loi a établi des bureaux de poste, et correspond avec eux et leur transmet ses ordres. Il choisit aussi tous les entrepreneurs du transport des dépêches. Sous ce point de vue, la charge de directeur général des postes a acquis une importance extrême par le grand nombre d'agents qui sont sous sa dépendance et à sa nomination. Le directeur général doit pourvoir au transport de la malle sur toutes les routes désignées par la loi; il doit exiger des directeurs, au moins une fois par trimestre, la reddition de leurs comptes et l'envoi des fonds à la direction générale; et, de son côté, il doit verser tous les revenus de la poste au trésor, rendre des comptes tous les trois mois au secré-

taire de la trésorerie, pour le mettre à même de les régler et de les comprendre dans la comptabilité générale. Il doit annuellement adresser au congrès plusieurs rapports ayant pour but de faire connaître l'état de l'administration des postes dans tous ses détails.

851. Aucun directeur de poste, aucun directeur-adjoint (*assistant*) ne peut se charger de l'entreprise du transport de la malle, ni être intéressé dans une entreprise de ce genre. En cas de contravention, il sera destitué et passible d'une amende. Le directeur général des postes doit veiller à l'exécution de cette prescription légale (1).

852. Les directeurs de poste, les directeurs-adjoints, les personnes régulièrement employées au service des postes, les courriers, les conducteurs, etc., sont dispensés du service de la milice et du jury.

Le traitement du directeur général est de 6,000 dollars, environ 30,000 fr. Les directeurs particuliers ont un traitement proportionnel qui ne doit pas excéder 2,000 dollars, ou 10,000 fr.

853. AGENTS EXTÉRIEURS. *Ministres plénipotentiaires. — Chargés d'affaires. — Secrétaires de légation.* — Nous avons dit page 280, nº 785, que pour se faire représenter dans les pays étrangers, le gouvernement des États-Unis ne nommait pas d'ambassadeurs, et qu'il préférait se servir d'agents d'un grade inférieur. — Le président nomme,

(1) Lois du 3 mars 1825 et du 2 juillet 1836.

avec l'avis et le consentement du sénat, les ministres plénipotentiaires, les chargés d'affaires ou secrétaires de légation. Dans l'intervalle des sessions, le président peut faire seul ces nominations, à la charge de les soumettre au commencement de la session prochaine à l'approbation du sénat. Le président ne peut allouer au ministre plénipotiaire plus de 9,000 dollars, environ 45,000 fr., pour ses services personnels et ses dépenses; à un chargé d'affaires, plus de 4,500 dollars, ou 27,500 fr.; à un secrétaire de légation ou d'ambassade, plus de 2,000 dollars, ou environ 10,000 fr. Mais il peut leur allouer pour frais, dépenses d'installation et de voyage, une indemnité qui ne doit jamais excéder une année de traitement. Ces fonctionnaires n'ont droit au traitement qu'autant qu'ils ont été régulièrement nommés.

854. *Consuls* (1). — Les consuls sont aussi nom-

(1) La France, qui avait si efficacement aidé les États-Unis à conquerir leur indépendance, se pressa, après la capitulation de Saratoga, de fermer tout chemin à la réconciliation méditee avec l'Angleterre par la conclusion de deux traités, l'un d'alliance et l'autre de commerce, signés tous les deux à Paris le 6 fevrier 1778. — Ce traite de commerce est l'origine de l'établissement de consuls respectifs dans les deux pays. L'article XXIX de cet acte portait : « Les deux parties con-« tractantes se sont accordé mutuellement la faculte de tenir « dans leurs ports respectifs des *consuls*, *vice-consuls*, *agents* « et *commissaires*, dont les fonctions seront réglees par une « convention particulière. » En effet, une convention spéciale pour régler les fonctions et les prerogatives des consuls fut conclue à Paris le 29 juillet 1784. Mais cet acte portant la

més par le président avec l'avis et le consentement du sénat. Tout consul ou vice-consul devra, avant d'entrer en fonction, fournir au secrétaire d'État une caution qui s'engagera solidairement avec lui pour la somme de 10,000 dollars. Les consuls ont le droit de recevoir les déclarations et protêts qui leur sont faits par les capitaines de navire, maîtres d'équipage, marchands, etc., citoyens des États-Unis, ainsi que les déclarations faites par des étrangers dans l'intérêt de citoyens des États-Unis. Les copies dûment certifiées par les consuls ou vice-consuls, sous le sceau du consulat, sont authentiques, et foi leur est due comme aux originaux dans les cours des États-Unis.

855. Le consul a le droit, dans les pays où la loi ne s'y oppose pas, de prendre possession des biens mobiliers dépendant de la succession d'un citoyen des États-Unis, autre qu'un marin faisant partie de l'équipage d'un navire, lorsque le défunt ne laisse sur les lieux aucun représentant légal, aucun

clause d'une durée perpétuelle, et plusieurs des stipulations qu'il renfermait n'étant point conformes au projet de convention que les États-Unis avaient envoyé à leurs plénipotentiaires, le congrès refusa de le ratifier. De nouvelles négociations furent ouvertes à ce sujet, et toutes les difficultés ayant été aplanies, on ratifia de part et d'autre la convention signée à Versailles le 14 novembre 1788. Ces relations de bonne amitié, un instant interrompues en 1798, furent renouées en 1800 par le traité du 30 septembre, et ont toujours continué depuis ce temps. Le traité du 30 septembre 1800 renvoyait l'effet de la convention de 1798 à des négociations ultérieures, qui ne nous paraissent pas avoir été entamées depuis. P. O.

associé ou fondé de pouvoir. Il doit faire inventaire de ces biens avec l'assistance de deux témoins, de préférence citoyens des États-Unis; procéder au recouvrement des sommes dues à la succession, et au payement de celles dues par la succession; faire vendre aux enchères, après publications, les biens d'une nature périssable, et telle autre partie des biens qui serait nécessaire pour payer les dettes. Une année après le décès, le surplus des biens mobiliers et le compte de la succession doivent être envoyés à la trésorerie des Etats-Unis, pour être tenus à la disposition des représentants légaux du défunt; mais si, avant l'expiration de l'année, ces représentants légaux se présentent, le consul doit leur remettre les biens et rendre compte (1).

856. En cas de mort d'un citoyen des États-Unis, le consul ou vice-consul doit immédiatement notifier le décès dans un des journaux pu-

(1) Nous avons entendu souvent des Americains regretter que leurs consuls ne soient pas formellement autorisés par la loi à agir, en ce qui les concerne, comme officiers de l'etat civil, notaires, etc., du moins pour les actes qui doivent recevoir leur execution aux États-Unis; en un mot, qu'ils n'aient pas la même latitude que les consuls de France à l'étranger. C'est cependant un principe généralement admis que les consuls étrangers ont le droit de recevoir les conventions intervenues entre les sujets de leur gouvernement, et que ces actes sont considérés comme actes authentiques; nous pensons du moins qu'une instruction génerale du 2 mars 1833 a consacre ce principe. Voy. Bursotti, *Manuel des agents consulaires*, t. I, p. 25. P. O.

bliés dans le consulat, et, de plus, au secrétaire d'État, pour que pareille notification puisse être faite dans l'État auquel appartenait le défunt. Il doit également transmettre au secrétaire d'État un inventaire des biens laissés par le défunt.

857. En cas d'échouement d'un vaisseau des États-Unis sur les côtes, le consul ou vice-consul devra, autant que les lois du pays le permettront, prendre les mesures convenables pour sauver le navire, la cargaison, etc., emmagasiner les marchandises, les inventorier; et les objets sauvés seront rendus aux propriétaires, déduction faite des droits de sauvetage. Mais le consul ou vice-consul ne pourra prendre possession des biens, marchandises, etc., quand le propriétaire ou consignataire sera présent et pourra en prendre possession lui-même.

858. Tout capitaine ou commandant d'un navire des États-Unis devra, à son arrivée dans un port étranger, déposer ses papiers de bord chez le consul, le vice-consul, ou tout autre agent commercial, sous peine, en cas de refus ou même de négligence, d'être condamné à payer au consul, vice-consul, etc., 500 dollars au profit du trésor des États-Unis. Les consuls doivent remettre au capitaine tous ses papiers de bord, quand il se présente pour faire viser, à son départ, ses expéditions régulières de la douane, pourvu toutefois que le capitaine ait rempli à son arrivée les formalités prescrites.

859. Les consuls doivent fournir des secours

aux citoyens des États-Unis dans le besoin, et leur procurer les moyens de retourner aux États-Unis.

860. Tout consul, vice-consul, etc., qui certifierait faussement et sciemment qu'une propriété, appartenant à des étrangers, appartient à un citoyen des États-Unis, ou qui délivrerait sciemment tout autre faux certificat, devrait, sur conviction du fait devant une cour compétente, être condamné à une amende n'excédant pas 10,000 dollars, et à un emprisonnement n'excédant pas trois ans. Et s'il délivrait sciemment un passe-port ou toute autre pièce à un étranger, en lui attribuant faussement la qualité de citoyen des États-Unis, il encourrait la forfaiture, et devrait être condamné à une amende n'excédant pas 1,000 dollars.

861. Tout consul doit transmettre annuellement au secrétaire de la trésorerie un compte des sommes reçues ou déboursées pour le compte des États-Unis, avec l'indication de l'emploi des sommes dépensées et les pièces à l'appui.

862. Les fonctions générales des consuls, vice-consuls, ne sont pas exclusives de toutes autres fonctions ou prérogatives qui peuvent leur être accordées par les traités (1).

863. La loi a fixé les honoraires des consuls comme suit :

(1) Les consuls, vice-consuls, etc., résidant dans les États barbaresques, sont soumis à des règlements particuliers qui modifient jusqu'à un certain point leurs devoirs et leurs prérogatives. Voy. L. du 1er mai 1810.

1° Pour tout certificat et pour toute légalisation sous le sceau consulaire, 2 dollars, ou 10 fr. Dans le cas d'envoi de marchandises, une seule déclaration peut embrasser tous les articles expédiés, et ne paye qu'un droit.

2° Pour administrer, inventorier, vendre et transmettre à la trésorerie des États-Unis les biens mobiliers provenant de la succession vacante d'un citoyen des États-Unis, 5 pour cent sur le montant brut de la succession.

3° Pour administrer, inventorier, vendre et remettre au représentant légal qui se présente dans l'année du décès, les biens mobiliers de la succession vacante d'un citoyen des États-Unis, 2 1/2 pour cent sur les biens en nature, et 5 pour cent sur le montant brut de tout le reste.

4° Pour tout certificat de congé délivré à des marins dans un port étranger, 50 cent. (1), ou environ 2 fr. 50 cent.

5° Pour commission sur gages de marins payés ou reçus par le consul, 2 1/2 pour cent.

864. Les consuls, vice-consuls, etc., sont astreints, si on l'exige, à donner un reçu détaillé de toutes sommes reçues par eux à titre d'honoraires. P. O.

(1) Il s'agit de la centième partie du dollar; on sait que le dollar vaut environ 5 fr. P. O.

# CHAPITRE XLI.

## POUVOIR JUDICIAIRE FÉDÉRAL.

La constitution confie le pouvoir judiciaire fédéral à une cour suprême. — Le congrès peut, selon les besoins, créer des tribunaux fédéraux inférieurs. — Nomination des juges. — Durée de la tenure des offices. — Traitement des juges. — Juridiction fédérale en matière de loi et d'équité. — Note sur la distinction entre la loi et l'équité. — Autres cas de juridiction fédérale : 1° Causes naissant de la constitution. — 2° Causes naissant des lois de l'Union. — 3° Causes naissant des traités. — 4° Causes concernant les ambassadeurs, les ministres et les consuls. — 5° Cause de l'amirauté : en matière civile, en matière criminelle.

---

865. En établissant une autorité judiciaire centrale, on s'est proposé deux fins également importantes et fondamentales dans un gouvernement libre. La première consiste dans l'exercice régulier des pouvoirs du gouvernement; la seconde, dans l'uniformité d'interprétation et d'action de ces pouvoirs. Le pouvoir d'interpréter les lois comprend nécessairement celui de décider si elles sont conformes ou non à la constitution, et, dans ce dernier cas, de les déclarer nulles et de nul effet. Comme la constitution est la loi suprême

du pays, si un conflit s'élève entre elle et les lois du congrès, ou des États, l'autorité judiciaire doit suivre seulement celle qui est d'obligation principale, c'est-à-dire la constitution. Ce dernier point résulte de la théorie d'une constitution de gouvernement républicain, car autrement les actes des autorités législative et exécutive deviendraient inattaquables et sans contrôle : malgré les prohibitions et les restrictions contenues dans la constitution, les usurpations les moins équivoques et les plus dangereuses auraient lieu sans redressement possible. De cette manière, le peuple serait à la merci des gouvernants, dans le gouvernement national comme dans celui des États; en un mot, il en résulterait de fait une omnipotence semblable à celle du parlement anglais. L'opinion générale, en Amérique, a décidé que le pouvoir judiciaire doit prononcer en dernier ressort sur la constitutionnalité des actes et des lois du gouvernement fédéral et de ceux des États, en tant du moins qu'ils donnent lieu à un débat judiciaire. De là il suit que quand ces lois et ces actes sont soumis à l'appréciation du pouvoir judiciaire de l'Union, le jugement doit être définitif; s'il en était autrement, les décisions judiciaires tomberaient dans le mépris, et les pouvoirs législatif et exécutif domineraient exclusivement.

866. En résumé, les fondateurs de la constitution ayant ces grands principes devant les yeux, adoptèrent à l'unanimité deux règles fondamentales : premièrement, qu'un pouvoir judiciaire na-

tional devait être établi; secondement, que le pouvoir judiciaire national devait posséder des droits aussi étendus que ceux du pouvoir législatif.

867. *Établissement d'un pouvoir judiciaire fédéral.* — La première section de l'article III^e de la constitution est ainsi conçue: « Le pouvoir judiciaire des « États-Unis sera confié à une cour suprême, et « aux autres cours inférieures que le congrès peut « de temps à autre former et établir. Les juges, tant « de la cour suprême que des cours inférieures, « conserveront leurs places tant que leur conduite « sera bonne, et ils recevront pour leurs services, « à des époques fixées, un traitement qui ne « pourra être diminué tant qu'ils conserveront « leurs places. » A ces termes, on peut ajouter la clause que nous avons vue dans l'énumération des pouvoirs du congrès, et qui lui donne le droit « de constituer des tribunaux subordonnés à la cour suprême. »

868. On ne voit pas qu'aucune objection sérieuse ait été faite dans les Conventions d'État contre l'établissement d'une cour suprême et d'une juridiction en dernier ressort, quoiqu'on ait attaqué certaines parties de cette juridiction, que le premier projet de constitution proposait de remettre aux cours fédérales de l'Union. La question principale paraît avoir été de savoir si le pouvoir judiciaire devait être distinct et indépendant, ou une branche du département législatif.

869. Quant au pouvoir donné au congrès de

constituer les tribunaux inférieurs de l'Union, il est évidemment calculé pour éviter la nécessité de recourir à la cour suprême dans toutes les affaires fédérales. Il met le gouvernement national à même d'instituer et d'autoriser, dans chaque État ou district de l'Union, un tribunal compétent pour déterminer les matières qui rentrent dans les limites de la juridiction nationale. On ne pouvait prendre, à cet égard, que l'un de ces deux partis : créer des cours inférieures sous l'autorité nationale pour prononcer sur tous les cas rentrant dans la juridiction nationale, et qui, d'après la constitution ou la convenance, ne pourraient pas être portés en premier lieu à la connaissance de la cour suprême; ou bien, il fallait confier la juridiction, dans ces cas, aux tribunaux des États, avec le droit d'appel à la cour suprême des États-Unis. Ce dernier moyen donnait lieu à des objections graves, et qui le rendaient tout à fait impraticable. D'abord, les juges des tribunaux d'État seraient irresponsables vis-à-vis du gouvernement national, quant à leur conduite dans l'administration de la justice fédérale, de sorte que le gouvernement national pourrait être à la discrétion des États; en outre, la prépondérance de l'esprit de localité pourrait encore être regardée comme rendant les tribunaux d'État incapables de remplir les fonctions de tribunaux fédéraux. On peut en dire autant du mode de nomination en usage dans quelques États; les juges d'État, en effet, étant révocables à la volonté du pouvoir, les autres étant nommés pour une année, ou même pour une période plus courte, seraient trop peu indépendants pour garantir l'exécution inflexible des lois nationales. Que feraient-ils, si, l'État se trouvant en hostilité avec le gouvernement national, les tribunaux d'État devaient être les seuls dépositaires des pouvoirs judiciaires de l'Union, tant en matières criminelles qu'en affaires civiles? De plus, si les tribunaux d'État étaient chargés de l'administration ordinaire de la justice criminelle ou civile de l'Union, il y aurait nécessité de laisser une large voie d'appel; car la facilité de l'appel doit être en proportion du degré de confiance des tribunaux inférieurs. Cependant la voie de l'appel sans aucun frein serait une source d'inconvénients privés et publics : elle encouragerait les contestations, et entraînerait des parties dans des dépenses énormes et oppressives. N'oublions pas, d'ailleurs, que l'appel produira naturellement des jalousies, des collisions même entre les cours d'État et la cour suprême, non-seulement par la différence d'opinion, mais encore par un sentiment exagéré d'indépendance rivale.

870. En analysant la première clause de la section 3ᵉ, qui porte « que le pouvoir judiciaire des « États-Unis sera confié à une cour suprême, et « aux autres cours inférieures que le congrès peut « de temps à autre former et établir, » nous arrivons naturellement à rechercher si le pouvoir du congrès est illimité, quant à la création de la cour suprême et des cours inférieures, auxquelles on doit

confier la juridiction fédérale. Ce point fut autrefois l'objet de nombreuses discussions, et il touche à l'existence même du pouvoir judiciaire. Si le congrès a liberté pleine et entière à ce sujet, il est évident que le pouvoir judiciaire peut être anéanti ou privé de sa juridiction par la seule volonté du congrès. Car si cette omnipotence existe, on ne peut déterminer l'époque, la manière et les circonstances dans lesquelles elle doit être exercée. Tout l'argument sur lequel repose cette interprétation, consiste à dire que les termes de la constitution, « sera confié, » ne sont pas impératifs, mais indiquent seulement un temps à venir. Cette interprétation a été condamnée par la cour suprême dans une délibération solennelle. « Les termes de l'article III, a dit la cour, constituent dans leur ensemble un ordre formel donné à la législature. La force obligatoire de ce langage est telle, que le congrès ne pourrait, sans manquer à ses devoirs, refuser d'organiser ce pouvoir. Le pouvoir judiciaire sera confié (et non pourra être confié) à une cour suprême, et aux autres cours inférieures que le congrès peut de temps en temps former et établir. Dès lors, le congrès pourrait-il légalement refuser de créer une cour suprême, ou de la revêtir de toute la juridiction constitutionnelle? — « Les juges des cours suprême et inférieures tiendront leur office, *during good behaviour*, et devront recevoir, à certaines époques, « pour leurs services, un traitement qui ne pourra « être diminué tant qu'ils rempliront leurs fonc-

« tions. » — Le congrès pourrait-il fixer d'une autre manière la durée des offices judiciaires? Pourrait-il refuser de payer le traitement convenu, ou le diminuer pendant la tenure de l'office? Évidemment non. L'objet de la constitution était d'établir trois grandes divisions dans le gouvernement : le département législatif, celui de l'exécutif, et le département judiciaire; le premier pour faire les lois, le second pour les approuver et les faire exécuter, le troisième, enfin, pour les interpréter et les affermir. Sans ce dernier, quelques clauses de la constitution seraient inexécutables. Comment, en effet, pourrait-on juger et punir les crimes commis contre l'Union? Comment pourrait-on décider une contestation entre les États? »

871. La constitution a sagement établi qu'il y aurait une cour suprême, afin d'obtenir l'uniformité de décisions dans tous les cas, quels qu'ils fussent, du ressort du département judiciaire, soit en matière de loi commune (1), d'équité, de l'amirauté ou de prises, soit en matière de lois municipales (2), constitutionnelles ou internationales. Il est évident que s'il y avait eu des cours suprêmes indépendantes, de droit commun, d'équité, d'a-

(1) Il ne faut pas prendre trop strictement à la lettre ce que dit ici M. Story sur les causes jugées en *loi commune* et en *équité;* beaucoup de ces questions sont évidemment du ressort des tribunaux d'État. P. O.

(2) On sait que les mots *lois municipales* sont très-souvent employés par opposition à ceux : *Lois internationales*, et signifient alors les lois particulières du pays. P. O.

mirauté, etc., on aurait toujours eu une grande diversité de jugements, non-seulement quant aux limites de la juridiction de chacune de ces cours, mais même quant aux principes fondamentaux du droit municipal, constitutionnel ou public. L'effet de cette diversité aurait été de faire consacrer par ces cours les règles les plus diverses sur les sujets les plus importants; et de cette manière les citoyens auraient été embarrassés dans des doutes sans fin, non-seulement quant à leurs droits privés, mais encore quant à leurs devoirs publics. La constitution elle-même paraîtrait tenir un langage différent, selon la cour qui serait chargée de l'interpréter; et des discussions interminables entraveraient l'administration de la justice dans toute l'étendue du pays. Mais la même raison ne s'appliquait pas aux tribunaux inférieurs: ceux-ci ont été laissés à l'entière discrétion du congrès, quant à leur nombre, leur juridiction et leurs pouvoirs. L'expérience pourra indiquer de temps en temps des modifications nécessaires, et il y aurait eu non-seulement manque de prévoyance, mais inconvénient grave à arrêter irrévocablement, dans la constitution même, leur organisation, puisque le congrès se trouverait alors hors d'état de pouvoir la modifier selon les exigences du pays.

872. *Nomination des juges.* — Le président des États-Unis est expressément autorisé à nommer les juges de la cour suprême avec le consentement du sénat. On n'a pas pourvu d'une manière aussi explicite à la nomination des juges des cours infé-

rieures; mais ce droit a été laissé à la discrétion du congrès, ou appartient tacitement au président, comme conséquence de la clause de la constitution, qui l'autorise à nommer tous les autres fonctionnaires des États-Unis, lorsqu'on n'a pas pourvu autrement à leur nomination.

873. *Tenure des offices judiciaires.* — La constitution déclare que les juges, tant des cours suprêmes que des cours inférieures, conserveront leurs places tant que leur conduite sera bonne (*good behaviour*).

874. On a quelquefois prétendu que dans les gouvernements monarchiques, l'indépendance de l'autorité judiciaire était nécessaire pour garantir les droits des sujets contre toute injustice ou toute oppression de la part de la couronne, mais que ces motifs ne trouvaient pas d'application dans une république où la volonté du peuple est suffisamment connue, et se fait obéir. Il est facile de démontrer cependant que les raisons en faveur de l'indépendance judiciaire s'appliquent avec plus de force encore dans une république, et surtout dans celles qui ont une constitution écrite avec des pouvoirs déterminés et des droits limités.

875. D'abord, les factions et les partis sont aussi communs et aussi violents dans les républiques que dans les monarchies; les mêmes garanties sont donc indispensables dans les unes comme dans les autres, contre les empiétements de l'esprit de parti, ou la tyrannie des factions. Les

lois, même celles qui sont reconnues bonnes et nécessaires, deviennent souvent l'objet de l'aversion momentanée, de la haine du peuple, et quelquefois de sa résistance. Dans une république, rien de plus facile pour des démagogues que d'organiser, sous des prétextes trompeurs, quelques cabales contre l'exercice régulier de l'autorité. Ils voient leurs projets intéressés trop souvent déjoués par la fermeté et l'indépendance des magistrats, pour ne pas devenir ennemis d'un pouvoir qui les censure, et d'une impartialité qui les condamne. Le pouvoir judiciaire, qui est le point vulnérable de la constitution, est donc constamment en butte aux attaques; et un triomphe, même momentané, remporté sur ce pouvoir à l'aide des passions populaires, est un coup durable porté à la constitution. C'est pourquoi, dans les républiques, ceux qui doivent profiter des troubles ou de la prédominance d'une faction, sont toujours les ennemis déclarés d'une justice régulière et indépendante. Ils propagent toutes sortes d'erreurs afin de tromper l'esprit public et d'exciter les passions, car ils savent que, sans l'aide du peuple, leurs funestes projets seraient impuissants.

876. Dans de telles circonstances, il est évident que si la durée des fonctions judiciaires n'est pas permanente, les juges, devenus odieux par leur résistance au mal, ne tarderont pas à laisser la place à d'autres magistrats plus complaisants pour les démagogues en faveur. L'autorité judiciaire est la

seule garantie des minorités paisibles. Dans une monarchie, les sympathies du peuple se réunissent naturellement contre le chef qui opprime, et protégent ses victimes contre sa vengeance; c'est la cause d'un seul contre tous. Mais dans les gouvernements libres, où la majorité qui obtient le pouvoir pour un moment, est présumée représenter la volonté du peuple, les persécutions, et principalement celles d'une nature politique, deviennent la cause de tous contre un seul. Les persécutions sont plus violentes et plus incessantes, puisqu'on les juge indispensables pour obtenir le pouvoir, ou pour en jouir, si on l'a obtenu. Dans les gouvernements libres, donc, l'indépendance de l'autorité judiciaire est beaucoup plus importante pour la garantie des droits des citoyens que dans une monarchie, puisqu'elle est la seule barrière contre l'oppression d'une faction dominante, armée momentanément du pouvoir, et abusant de son influence pour détruire les institutions et les libertés publiques.

877. En outre, l'indépendance du pouvoir judiciaire est indispensable pour défendre le peuple contre les usurpations volontaires ou involontaires des pouvoirs législatif ou exécutif. La tendance du pouvoir législatif à absorber les autres pouvoirs du gouvernement, a toujours été considérée par les hommes d'État comme une vérité généralement confirmée par l'expérience. Si les juges sont nommés à de courts intervalles, soit par le département législatif, soit par l'exécutif,

ils seront certainement et forcément dans la dépendance du pouvoir qui les nommera. S'ils désirent obtenir une charge ou la conserver, ils seront disposés à se mettre à la suite du pouvoir alors prédominant dans l'État, et à lui obéir. La justice sera administrée d'une main défaillante, elle décidera conformément aux opinions du jour, et oubliera que les préceptes de la loi reposent sur des bases immuables. Les gouvernements et les citoyens ne combattront pas alors à armes égales devant les tribunaux. Les favoris du jour effrayeront par leur pouvoir, ou séduiront par leur influence. Ainsi sera tacitement désapprouvé et ouvertement violé ce principe fondamental dans toute république, qu'elle est un gouvernement par la loi et non par les hommes.

878. Ces considérations acquièrent encore plus de consistance et de force quand elles s'appliquent à des questions de droit constitutionnel. Dans les monarchies, il n'y a pour le pouvoir judiciaire, de résistance possible que contre les usurpations d'une seule branche du gouvernement; mais si les pouvoirs exécutif et législatif sont d'accord sur certaines mesures, l'obéissance à leur volonté devient pour le pouvoir judiciaire un devoir aussi bien qu'une nécessité. Ainsi, même dans le gouvernement libre de la Grande-Bretagne, un acte du parlement réunissant la volonté de la couronne et de la législature est absolu : aucune résistance ne peut être légalement faite. L'autorité judiciaire est forcée de faire exécuter la loi, quand même elle

serait subversive des droits privés ou publics. Mais les choses se passent différemment dans une république comme la nôtre, avec une constitution définie, fixant à la fois les pouvoirs des gouvernants et les droits des citoyens. Cette circonstance seule suffirait à montrer que l'indépendance judiciaire est absolument indispensable à l'équilibre des pouvoirs et au maintien de la constitution. Personne ne peut nier la nécessité d'avoir un pouvoir judiciaire pour interpréter la constitution et les lois, et pour défendre les citoyens contre tout abus, toute oppression en matière civile et criminelle. Ne suit-il pas de là que pour être en état de remplir ses fonctions, le pouvoir judiciaire doit être indépendant de ceux dont il doit contrôler et même annuler les actes? Pourrait-on espérer que des hommes revêtus de leurs charges pour la courte période de deux, quatre ou même six années, seront assez fermes pour résister à ceux qui les nomment et peuvent les déplacer?

879. L'argument des partisans d'une courte durée des offices judiciaires repose sur la nécessité de suivre incessamment la volonté du peuple. Cet argument est spécieux, si on suppose que la volonté des gouvernants est la même que celle du peuple. Mais il peut arriver, et, en fait, il arrive souvent qu'elle est tout à fait contraire. Personne dans un gouvernement républicain ne doute que la volonté du peuple ne doive être souveraine. Mais c'est la volonté réfléchie, manifestée par des actes solennels, et non les transports acciden-

tels d'une majorité passagère et capricieuse. La constitution est l'expression réfléchie de la volonté du peuple; il a déclaré dans quelles circonstances, et de quelle manière elle devait être amendée ou modifiée; et jusqu'à ce qu'un changement ait été fait de la manière prescrite, elle doit être la loi suprême du pays, obligatoire pour tous, gouvernants et gouvernés. Ainsi, lorsqu'on analyse le principe que les juges doivent dépendre de la volonté du peuple, personne n'en peut nier l'exactitude dans son sens vrai et légitime.

880. Mais ceux qui insistent sur ce principe, lui donnent un sens plus large; selon eux, la volonté du peuple est manifestée par le choix des gouvernants, et doit être suivie. Si les gouvernants interprètent la constitution différemment des juges, leur opinion doit être acceptée, parce qu'ils représentent les opinions du peuple. Ainsi donc les juges doivent être révocables ou nommés pour une courte période, de manière à rester subordonnés à la volonté du peuple, exprimée par l'organe de ses gouvernants. Ce système n'est-il pas, en fait, subversif de la constitution? N'en fait-il pas un acte soumis à des interprétations mobiles, au lieu d'en faire une forme stable de gouvernement? Au lieu d'être la loi souveraine du pays pour nous et pour nos descendants, ne deviendrait-elle pas seulement l'instrument de la volonté inconstante des chefs? En un mot, n'y aurait-il pas là un pouvoir occulte, tendant à renverser la constitution elle-même?

881. Il est évident que les élections ne peuvent que rarement démontrer quelle est l'opinion réfléchie du peuple quant à l'interprétation de la constitution ou des lois. Les représentants et les gouvernants doivent ordinairement être choisis pour des objets différents; et dans beaucoup de cas, leurs opinions sur les questions constitutionnelles sont ignorées de leurs commettants. Les élections peuvent porter une année tel parti au pouvoir, et l'année suivante porter les opposants, confondant ainsi les systèmes les plus contradictoires. De cette manière, les mêmes districts ou les mêmes États se trouvent ballottés par les alternatives incertaines des élections. Le seul moyen donné par la constitution pour manifester la volonté du peuple sur une question de ce genre, est la proposition faite par voie d'amendement, et qui est soumise à son adoption.

882. On peut donc affirmer que même avec l'inamovibilité (*during good behaviour*), on n'a pas à craindre que les juges se montrent trop fermes dans leur résistance à l'opinion publique, mais au contraire, qu'ils soient encore trop faciles à céder aux passions et aux préjugés du jour. Dans une monarchie, les juges, en remplissant leurs devoirs avec probité et impartialité, pourront toujours compter sur l'appui d'une des branches du gouvernement, ou au moins sur la sympathie du peuple. Dans une république, il n'est pas rare de voir toutes les branches du gouvernement coalisées contre le pouvoir judiciaire, et l'on voit même quelquefois

le peuple, sous l'influence d'un parti ou de factions turbulentes, se montrer également disposé à l'abandonner. Peu d'hommes ont la fermeté nécessaire pour résister au torrent des opinions populaires; un plus petit nombre encore préfère aux avantages présents et à la faveur publique, la satisfaction intérieure que donne l'accomplissement d'un devoir, et consent à attendre patiemment, pour récompense, le suffrage de la postérité.

883. Après ces considérations générales, si l'on consulte les faits, on se convaincra davantage que le pouvoir judiciaire est en sûreté dans une république, lorsque les offices judiciaires sont tenus tant que dure la bonne conduite du juge, et que la justice sera ordinairement mieux administrée là où l'indépendance est plus grande. Parmi les constitutions des anciens États, cinq seulement sur vingt-quatre ont donné à la durée des fonctions judiciaires une autre limite que la bonne conduite du juge (*good behaviour*); les constitutions des nouveaux États admis depuis dans l'Union ont, à l'exception de deux ou trois, adopté la permanence dans la durée des charges. Tout le monde reconnaîtra que dans les Etats où les juges conservent leur charge tant qu'ils remplissent bien leur devoir, la justice est administrée avec sagesse, fermeté et modération; la confiance publique s'est reposée sur le pouvoir judiciaire, avec un respect inébranlable, dans les circonstances les plus critiques. Si l'on peut en dire autant des États où les fonctions judiciaires sont moins stables, on devra

prouver au moins, pour répondre à notre argument, que dans ces derniers États, les juges n'ont pas été destitués pour leurs opinions politiques, ou qu'ils ont souvent résisté ouvertement aux opinions populaires.

884. Tout ce qui précède nous mène à conclure que, dans les républiques, il y a de plus fortes raisons encore que dans les monarchies, en faveur de l'indépendance des fonctions judiciaires. Assurément une république, avec une constitution définie, mais sans un pouvoir judiciaire assez indépendant pour résister aux usurpations ou défendre les libertés et les droits privés, serait une chimère, une société organisée sans aucun frein légal. Une telle république deviendrait une démocratie revêtue de pouvoirs illimités, exerçant par ses chefs une souveraineté despotique. La théorie même d'une république pondérée, avec des pouvoirs restreints, suppose des moyens organisés pour contrôler l'autorité et résister à ses excès. Le peuple peut, à sa volonté, remettre tous les pouvoirs à ses chefs temporaires; mais alors on doit donner à ce gouvernement le véritable nom qui lui convient; ce sera un gouvernement despotique, électif il est vrai, mais toujours despotique. Il deviendra plus arrogant, plus vindicatif et peut-être sanguinaire, parce qu'il nourrira dans son sein des factions incessantes qui ne pourront arriver au pouvoir que sur la ruine des factions rivales. Dans le gouvernement des hommes, il n'y a que deux pouvoirs de *contrôle* : le pouvoir

des armes ou celui des lois. Si ce dernier n'est pas fortifié par une organisation judiciaire à l'abri de toute crainte ou de tout reproche, le premier prévaudra : les forces militaires domineront les institutions civiles. C'est pour cela que les rédacteurs de la constitution ont, avec une sagesse profonde, regardé l'indépendance durable du système judiciaire comme la base fondamentale de notre république. Sur ce point, leurs suffrages furent unanimes; ils reconnurent les résultats d'une expérience éclairée, et ne se laissèrent pas séduire par ces rêves de perfectibilité qui portent à croire que le pouvoir peut être abandonné sans danger à la vertu personnelle des chefs; et d'un autre côté, ils n'ont pas été assez ignorants des affaires humaines, pour ne pas comprendre que la confiance doit trouver quelque part un point d'appui solide, si l'on veut qu'un système de gouvernement soit efficace et exempt de périls. Après avoir largement pourvu aux départements législatif et exécutif, les fondateurs de la constitution établirent donc une espèce de contre-poids qui, par son organisation indépendante, pourrait faire disparaître les irrégularités, et réprimer les empiétements accidentels dans la marche du gouvernement.

885. On doit remarquer que la constitution a déclaré que les juges des cours inférieures, comme ceux de la cour suprême des États-Unis, conserveraient leurs places tant que leur conduite serait bonne. On voit, à ce sujet, une différence capitale

entre le gouvernement anglais et le nôtre. En Angleterre, l'investiture des offices est donnée exclusivement aux juges des cours supérieures, et même elle n'est pas donnée à tous. En fait, une grande partie des affaires civiles et criminelles du royaume est jugée par des personnes déléguées à cette fin, en vertu de commissions données pour une seule tournée (*circuit*). Il est vrai qu'une grande partie des affaires a été pendant longtemps, et est encore jugée par les membres des cours appelées *King's Bench*, *Common Pleas* et *Exchequer*; dans ce cas, ces juges n'agissent pas en vertu de leur office, mais d'après les commissions spéciales qui les investissent de temps en temps de ce pouvoir, conjointement avec d'autres personnes. Telles sont les commissions d'*oyer and terminer* (1), d'*assize*, de *gaol delivery* (2) et *nisi prius* (3), d'a-

(1) *Oyer and terminer*, du français *ouir et terminer*. On désigne en Angleterre par ce nom la *cour des juges d'assises*, qui, en vertu de pouvoirs spéciaux, est chargée de juger les causes criminelles, telles que haute trahison, crime de lèse-majesté, félonie, rébellion, et autres crimes capitaux. (*Blackstone*, t. III, p. 299. — *Cabinet Lawyer*, Dict., p. 590.)

P. O.

(2) Les cours de *gaol delivery* jugent les causes criminelles, en vertu de pouvoirs spéciaux. Leurs sentences sont appelees *gaol delivery*, parce qu'elles vident les prisons par l'exécution des peines prononcées contre les coupables ou par l'elargissement des prisonniers. (Blackstone, t. IV, p. 270.)

(3) *Nisi prius*; on désigne par ce nom, dans la jurisprudence anglaise, la *cour des juges d'assises*, qui, en vertu de pouvoirs spéciaux, est chargée de juger, avec l'intervention

près lesquelles toutes les questions de fait, au civil comme au criminel, doivent être jugées tant dans les circuits que dans la métropole. Suivant la constitution des États-Unis, la juridiction civile et criminelle doit être exclusivement confiée à des juges qui conservent leur charge tant que dure leur bonne conduite ; et quoique le congrès puisse partager la juridiction entre des cours inférieures qu'il peut créer de temps à autre, et supprimer ensuite à son gré, il n'a pas le pouvoir de conférer la juridiction à des juges temporaires, ou de la leur confier par une commission spéciale. On a pensé que, dans notre gouvernement populaire, ce serait une chose exorbitante de pouvoir confier l'administration de la justice à des hommes commissionnés par le président, et selon son bon plaisir.

886. La disposition suivante porte que les juges, tant des cours suprêmes que des cours inférieures, « recevront pour leurs services, à des époques « fixées, une indemnité qui ne pourra être dimi- « nuée tant qu'ils conserveront leurs places. » Sans cette disposition, celle qui concerne la durée des

d'un jury, les causes civiles dont l'instruction est commencee, c'est-à-dire qui, après que toutes les formalites requises ont été remplies, se trouvent en état d'être jugées : ce qu'on appelle *try issues of fact.* La denomination de *nisi prius* vient de ce que l'injonction adressee au magistrat chargé de sommer le jury de se réunir, commence par la phrase : « *Nisi prius justici domini regis ad assisas capiendas venerint.* (*Blackstone*, t. III, p. 58, 60, 353. — *Cabinet Lawyer*, Dict , p. 586.)

fonctions des juges aurait été inutile et presque dérisoire. Le *Fédéraliste* s'est exprimé sur ce sujet en termes si convaincants, qu'il est inutile de chercher ailleurs d'autres arguments.

887. *Traitement des juges.* — « Après l'inamovibilité de la fonction, dit le *Fédéraliste*, rien ne constitue mieux l'indépendance des juges qu'un traitement fixe. En étudiant la nature humaine, on reconnaît qu'un pouvoir sur les moyens d'existence est un pouvoir sur la volonté; et on ne peut espérer voir se réaliser la séparation complète des pouvoirs judiciaire et législatif, dans tout système qui laisse le premier dans la dépendance du second. Quant à la fixation arbitraire des émoluments, les amis éclairés d'un bon gouvernement ont regretté l'absence de dispositions précises sur ce point, dans la plupart des constitutions d'État. Quelques-unes d'elles, il est vrai, disposent que des traitements seront établis pour les juges d'une manière permanente; mais l'expérience a montré, dans quelques circonstances, que de telles expressions n'étaient pas suffisamment explicites pour échapper au caprice législatif : il fallait pour cela quelque chose de plus positif et de plus précis. En conséquence, le projet de la Convention porte que les juges des États-Unis recevront pour leurs services, *à des époques fixes*, une indemnité qui ne pourra *être diminuée* tant qu'ils conserveront leurs places. »

888. Tout bien considéré, cette disposition est la meilleure qui ait pu être proposée; on comprendra

facilement que les variations dans la valeur de la monnaie et dans l'état de la société rendaient impossible la fixation par la constitution du chiffre de l'indemnité. Un traitement qui paraîtrait exagéré aujourd'hui, sera peut-être minime et même insuffisant dans un demi-siècle. Il était donc nécessaire de laisser à la discrétion de la législature le soin de modifier l'indemnité, selon les localités et les circonstances; mais il fallait aussi ôter au corps législatif le pouvoir d'amoindrir la position des magistrats. De cette manière, un homme peut ainsi être sûr de sa position, sans être détourné de son devoir par la crainte d'être placé dans une moins bonne situation. La clause de la constitution réunit ces deux avantages. Le traitement des offices judiciaires peut être changé, de temps à autre, quand les circonstances l'exigent; de manière, toutefois, à ne pas diminuer l'allocation sous l'empire de laquelle le juge sera entré en charge. On doit remarquer une différence dans la disposition qui regarde le traitement du président, et celle relative au traitement des juges. D'après la première, le traitement du président ne peut être ni augmenté ni diminué; d'après la seconde, celui des juges ne peut être diminué. Cette différence vient probablement de celle qui existe dans la durée des fonctions. Comme le président ne doit pas être élu pour plus de quatre ans, il arrivera rarement qu'un traitement qui aura paru convenable lors de l'entrée en fonction ne continuera pas à être tel jusqu'à la fin. Mais à l'égard des juges, qui, s'ils se conduisent bien, sont assurés de conserver leur place toute leur vie, il pourra arriver, et surtout dans les premiers temps d'un gouvernement, qu'un traitement suffisant à une époque ne le sera plus à une autre.

889. Cette disposition pour le traitement des juges est remarquable par sa prévoyance et son efficacité; et l'on peut affirmer que, jointe à la permanence de la fonction, elle offre les meilleures garanties qui puissent se rencontrer dans les constitutions de chaque État pour l'indépendance de leurs juges. Les mesures relatives à leur responsabilité sont contenues dans l'article sur les accusations politiques (1). Ils peuvent être mis en accusation pour conduite mauvaise par la chambre des représentants et jugés par le sénat; et en cas de conviction, ils peuvent être destitués et déclarés incapables d'occuper aucune fonction publique. Cette disposition est la seule que l'on trouve dans la constitution concernant l'indépendance des juges, et c'était la seule nécessaire.

890. Les juges des cours inférieures dont parle la constitution, diffèrent des juges des cours organisées dans les territoires des États-Unis, d'après

(1) Nous avons cru devoir adopter l'expression de *jugement politique* pour rendre le mot *impeachment*, parce que cette expression a été consacrée, en quelque sorte, par M. de Tocqueville, dans l'ouvrage si connu sur la *Démocratie en Amérique*. Toutefois, la vraie traduction, selon nous, devrait être *jugement des fonctionnaires par les chambres*, car l'*impeachment* ne se borne pas aux delits politiques. P. O.

le pouvoir général donné au congrès de régler l'administration de ces territoires. Les cours de territoire ne dérivent pas de la constitution, et ne tirent pas directement de cette source leur autorité judiciaire. Les cours de territoire émanent de lois spéciales en vertu de la souveraineté qui appartient au gouvernement central sur tous les territoires. La juridiction dont elles sont investies n'est pas une partie du pouvoir judiciaire défini par l'article III de la constitution, mais résulte de la souveraineté législative. En rendant des lois à leur égard, le congrès exerce les pouvoirs combinés de gouvernement central et de gouvernement d'État. Le congrès peut donc légalement limiter la durée des offices judiciaires dans les territoires aussi bien que leur juridiction, et, en conséquence, il la limite ordinairement à une courte période.

891. *Juridiction fédérale.*—La seconde section de l'article III contient un exposé de la juridiction appartenant au pouvoir judiciaire du gouvernement national. La première clause est ainsi conçue : « Le pouvoir judiciaire s'étendra à toutes les causes « en matière de lois et d'équité, qui s'élèveront « sous l'empire de cette constitution, des lois des « États-Unis, et des traités faits ou qui seront faits « sous leur autorité ; — à toutes les causes concer- « nant des ambassadeurs, d'autres ministres pu- « blics ou des consuls ; — à toutes les causes de « l'amirauté ou de la juridiction maritime ; — aux « contestations dans lesquelles les États-Unis se-

« ront partie ; — aux contestations entre deux ou « plusieurs États, — entre un État et des citoyens « d'un autre État, — entre des citoyens d'États dif- « férents, — entre des citoyens du même État récla- « mant des terres en vertu de concessions émanées « de différents États, — et entre un État ou les « citoyens de cet État, et des États, citoyens ou « sujets étrangers. »

892. En premier lieu, le pouvoir judiciaire s'étend à toutes les causes en matière de lois et d'équité qui s'élèveront sous l'empire de la constitution, ou des lois et des traités des États-Unis ; et par *causes*, on doit entendre dans cette disposition les affaires civiles et criminelles.

893. La convenance d'une délégation de juridiction, dans les causes qui naissent sous l'empire de la constitution, repose sur cette observation très-fondée, qu'il est indispensable d'avoir un moyen constitutionnel de faire exécuter les dispositions de la constitution. A quoi serviraient, par exemple, les restrictions apportées à l'autorité de la législature des États, si la constitution ne donnait aucun moyen de les contraindre à les observer ? D'après la constitution des États-Unis, plusieurs choses sont interdites à la législature des États, quelques-unes étant incompatibles avec les intérêts de l'Union, quelques autres avec la paix et la sûreté générale, d'autres, enfin, avec les principes de tout bon gouvernement. L'établissement de droits sur les articles importés, les déclarations de guerre et l'émission de papier-

monnaie, sont des exemples de chacun de ces cas. Aucun homme de sens ne pensera que de telles prohibitions pourront être scrupuleusement observées, sans une force efficace pour y contraindre. Cette force ne peut être que de deux sortes : ou la nullité radicale des lois des États sur ces matières, ou l'autorité des cours nationales pour les anéantir comme étant en contravention flagrante avec la constitution. Le dernier moyen a été jugé préférable et le plus acceptable par les États.

894. Les mêmes raisons s'appliquent avec autant de puissance « aux causes s'élevant sous l'empire des lois de l'Union. » En fait, l'évidente nécessité de l'interprétation uniforme de ces lois suffirait pour résoudre les doutes qui pourraient s'élever à cet égard. « Treize cours indépendantes, dit le « *Fédéraliste*, ayant une juridiction définitive sur « les mêmes causes, sont, dans le gouvernement, « une hydre qui ne peut enfanter que contradic- « tion et confusion. »

895. Ce raisonnement a plus de force encore, s'il est possible, quand on l'applique « aux causes qui s'élèvent sous l'empire des traités faits ou qui seront faits sous l'autorité des États-Unis. » Sans ce pouvoir, on aurait toujours à craindre quelque collision, et même la guerre, avec les puissances étrangères; il y aurait, assurément, impossibilité de remplir les obligations des traités. L'absence de ce pouvoir fut, comme nous l'avons déjà dit, un des plus grands vices de la confédération, et

exposait le pays non-seulement au reproche de la foi violée, mais lui imprimait d'une manière presque proverbiale l'injurieuse imputation de foi punique.

896. Il faut remarquer que la disposition porte que le pouvoir judiciaire s'étendra à toutes les causes en matière *de loi* et *d'équité*. Que doit-on donc entendre par les mots : « causes en matière de loi et d'équité? » On doit entendre, évidemment, les causes en matière de loi commune, distinctes des causes en matière d'équité, conformément à la distinction connue dans la jurisprudence d'Angleterre (1), que nos ancêtres ont ap-

(1) Aux États-Unis, l'administration de la justice présente une distinction empruntée à l'Angleterre et inconnue en France; nous voulons parler de la division des cours de justice en deux classes, dont la première comprend les cours dites *de la loi commune*, ou simplement *de la loi* (*courts of the common law*, ou *courts of law*); et les cours appelées *cours d'équité* (*courts of equity* . Les cours de la première classe jugent d'après les anciennes lois et coutumes du royaume, lois et coutumes qui n'existent que dans la tradition constatée par les auteurs et par la jurisprudence des tribunaux. Les cours de la seconde classe ne sont pas liées d'une manière aussi rigoureuse. Ainsi, tandis que la juridiction des cours de la loi est restreinte dans des limites étroites, celle des cours d'équité a une étendue presque sans bornes. Avec une flexibilité admirable, elle s'applique à tous les droits et intérêts de la nature la plus diverse, à toutes les circonstances particulières que les causes peuvent présenter : elle scrute la conscience des parties, et découvre les ressorts cachés des actes et des faits de l'homme; elle protége le faible, elle defend le simple contre la ruse et la méchanceté; elle ordonne des

portée dans leur émigration, et qui est en usage dans les Etats d'Amérique. Ainsi donc la constitution des États-Unis adopte ici la loi commune d'Angleterre, comme base de l'administration de

mesures provisoires tendant à prévenir tous dangers, accidents ou dommages; elle peut reconnaître comme valables et obligatoires, certaines conventions ou promesses qui seraient sans aucune force de fait ou de droit devant les cours de la loi commune. Ainsi, par exemple, des biens ont eté transféres sous des conditions de pure confiance, l'inexecution de ces conditions ne peut donner lieu à aucune action devant les cours de la loi commune, mais pourrait être portée devant les cours d'équite.

On ne procède pas devant les cours de la loi commune de la même manière que devant les cours d'équite. Lorsque dans une cause portée devant les cours de la loi commune, les faits sont contestés, la question est soumise à un jury : en règle générale, la preuve ne résulte pas de la declaration des parties elles-mêmes, mais de celle de tierces personnes n'ayant pas d'intérêt dans la cause, c'est-à-dire de la déposition des témoins; devant les cours d'equite, au contraire, il n'y a pas de jury, on s'adresse à la conscience du défendeur, en le requérant de répondre sous serment aux faits articulés dans la demande; le défendeur peut être contraint à rendre compte d'une manière complète de tous les faits et circonstances; les dépositions des témoins servent seulement à confirmer ou réfuter les allégations.

M. Story (*) établit ainsi les attributions des cours d'équité. Ces cours, dit-il, ont juridiction dans tous les cas où, bien qu'il s'agisse de droits reconnus et protégés par la législation du pays, les cours de la loi commune ne sont pas compétentes à accorder une réparation complète et conforme à la nature

(*) *Commentaries of equity jurisprudence.* — Voyez aussi un article de M. Fœlix sur cette matière, dans la *Revue étrangère de législation*, t. IX, p. 210.

la justice dans les cours de l'Union. Si, dans les causes qui naissent sous l'empire de la constitution, des lois ou des traités des États-Unis, le remède légal se trouve dans la loi commune ou

des droits du demandeur; on s'adresse à la juridiction d'équite lorsque la réparation qui pourrait être obtenue devant les cours de la loi, serait soit douteuse ou obscure, soit restreinte à ce qui résulte de la lettre du titre, soit enfin incomplète en ce qu'elle ne comprendrait pas la compensation de tout le prejudice éprouve, et n'assurerait pas tous les droits de la partie, ainsi que l'exigent les circonstances particulières de la cause. De là résulte que les cours d'équité exercent quelquefois une juridiction concurrente avec celle de la loi; quelquefois elles excluent cette juridiction; quelquefois, enfin, elles lui viennent en aide et la complètent.

M. Story a ramené à cinq principes les règles sur la limitation de la juridiction d'équite.

1° L'équité suit la loi : lorsqu'une loi a statué sur l'espèce de la cause, la cour d'équité est liée par cette loi comme le serait une cour de loi; d'autre part, dans les causes de la compétence des cours d'équité, on adopte et on suit par analogie les règles établies par les lois et applicables devant les cours de loi commune.

2° Si l'une et l'autre des parties peut invoquer l'equité en sa faveur, la loi doit prévaloir.

3° Celui qui invoque l'équité doit aussi consentir à l'admettre à sa charge : ainsi l'emprunteur, qui, devant une cour d'équité, réclame la réduction d'intérêts usuraires, n'obtient cette réduction qu'à la charge de payer au prêteur ce qu'il lui doit en réalité et de bonne foi.

4° L'équité exige l'égalité : ainsi, lorsqu'une succession ne suffit pas pour payer tous les legs faits par le défunt, on doit réduire proportionnellement tous les legs. Lorsque plusieurs individus se sont rendus acquéreurs de diverses parcelles de terre grevées de dettes, ou lorsque plusieurs personnes rédans la jurisprudence d'équité, on doit y puiser les raisons de décider, pourvu toutefois qu'elles ne soient pas en désaccord avec la constitution et les lois de l'Union; et jusqu'ici telle a été la règle d'interprétation suivie dans les cours fédérales.

897. On peut demander encore ce que l'on doit entendre par *cause* (*case*), dans le sens de la disposition qui nous occupe : il est clair que le pouvoir judiciaire peut exercer sa juridiction toutes les fois que la question qui s'élève aura un caractère litigieux de nature à être résolu par les tribunaux. Quand elle a pris ce caractère, elle devient une cause, *case*, et alors seulement le pouvoir judiciaire fédéral est appelé à prononcer. Une cause donc, dans le sens de la constitution, existe quand une contestation née sous l'empire de la constitution, des lois ou des traités des États-Unis, est soumise aux cours fédérales par la partie lésée, qui réclame ses droits dans la forme prescrite par la loi. En d'autres termes, une cause est un procès soit en matière de loi, soit en matière d'équité, instruit selon la marche ordinaire des procédures judiciaires. Et lorsqu'il embrasse une

clament la propriété de ces parcelles, tous les acquéreurs ou les réclamants sont tenus au marc le franc du payement des dettes.

5° Enfin, l'équite exige que l'objet de la contestation reçoive son exécution pleine et entière, quant au principal et aux accessoires, conformément à l'intention des parties et à la nature des choses; ce dernier principe s'applique surtout aux contrats. P. O.

question relative à la constitution, aux lois ou aux traités des États-Unis, le procès appartient alors à la juridiction fédérale.

898. *Causes naissant de la constitution.* — Les causes qui naissent de la constitution fédérale, distinctes des causes qui s'élèvent sous l'empire des lois des États-Unis, sont celles qui concernent les pouvoirs conférés, les priviléges accordés, les garanties assurées, ou les prohibitions faites par la constitution, indépendamment de toute loi spéciale. Par exemple, si on refuse au citoyen d'un État les droits de citoyen dans un autre État; — si un État frappe monnaie, ou offre en payement du papier-monnaie; — si, dans une poursuite criminelle, on refusait à l'accusé le jugement par jury, — ou si on refusait de le juger dans l'État où le crime a été commis. Dans ces cas et beaucoup d'autres, la question à décider en justice serait une cause naissant de la constitution.

899. *Causes naissant des lois fédérales.* — Les causes s'élevant sous l'empire des lois de l'Union, sont celles qui résultent de la législation du congrès dans la sphère de son pouvoir constitutionnel, soit que les lois constituent, en tout ou en partie, les droits, les priviléges, ou les garanties de celui qui les invoquera.

900. *Causes naissant des traités.* — Les mêmes distinctions s'appliquent aux causes relatives aux traités.

901. Partout donc, où, dans une procédure judiciaire, une question s'élève sur la validité d'un

traité, d'un statut fédéral, d'une loi d'État, violant la constitution ou les lois des États-Unis, enfin sur l'interprétation d'une clause de la constitution, on a toujours invariablement regardé cette question comme ressortissant à la juridiction du pouvoir judiciaire fédéral.

902. On a souvent demandé pourquoi on trouvait dans la clause constitutionnelle ces mots : « Causes en matière d'équité. » Quelles étaient ces causes en matière d'équité qui pouvaient résulter de la constitution? » A cela, nous ferons la réponse du *Fédéraliste*, parce qu'elle nous paraît claire et satisfaisante. « On conçoit difficilement un procès entre individus, dans lequel ne se rencontrent pas quelques éléments de fraude, de force majeure, d'abus de confiance, qui sont plutôt dans le domaine de l'équité que dans le domaine de la loi rigoureuse, selon la distinction reconnue et établie dans la plupart des États. C'est le domaine propre d'une cour d'équité d'intervenir dans les affaires appelées *hard bargains* : ce sont des contrats dans lesquels il n'y a pas eu de fraude directe, ou des artifices pouvant les faire annuler devant une cour de loi, mais dont on a retiré des avantages illégitimes par suite du besoin extrême ou du malheur de l'une des parties, et qu'une cour d'équité ne pourrait tolérer. Dans ce cas, s'il y a des étrangers en cause, les cours fédérales ne pourront rendre justice sans avoir une juridiction d'équité aussi bien qu'une juridiction de loi commune. »

903. *Causes concernant les ambassadeurs, les*

*ministres, les consuls, etc.* — La constitution étend ensuite le pouvoir judiciaire « aux causes « concernant les ambassadeurs, les autres ministres « publics et les consuls. » Tout esprit réfléchi ne peut mettre en doute l'utilité et la convenance de cette extension du pouvoir judiciaire fédéral. Il y a plusieurs grades de ministres publics, depuis les ambassadeurs, qui sont les plus élevés, jusqu'aux ministres résidents ordinaires; leur rang, leur préséance diplomatique et leur autorité sont reconnus et déterminés par les lois et les usages des nations. Toutefois, quel que soit leur rang et leur grade entre eux, les ministres publics de toutes les classes sont les représentants immédiats de leurs souverains. Comme tels, ils ne sont soumis à aucune autre loi que celle de leur propre pays. Pour s'acquitter de leurs devoirs envers leur souverain, les ministres publics doivent être indépendants de tout pouvoir, à l'exception de celui qu'ils représentent; en conséquence, ils ne sont pas gouvernés par les lois municipales du pays où ils exercent leurs fonctions. Les droits, les pouvoirs, les obligations et les priviléges des ministres publics sont basés sur les lois internationales, lois qui sont également obligatoires pour les souverains et les États. L'examen de ces droits, de ces pouvoirs et de ces priviléges, rentre dans l'étude générale du droit des nations. Mais sans approfondir ici la matière, on peut dire que toutes les causes qui concernent ces droits, ces privilégés, sont si intimement liées à la paix générale et à la politique des nations, touchent de si près à la dignité des souverains, qu'il y aurait eu danger à soumettre ces sortes d'affaires à un autre tribunal que la plus haute judicature de l'Union.

904. A strictement parler, les consuls n'ont pas de caractère diplomatique: on les considère surtout comme des agents commerciaux, et, en conséquence, ils ont le caractère ordinaire de ces agents, et sont, comme eux, soumis aux lois municipales du pays où ils résident. Cependant, comme ils sont les agents publics de la nation à laquelle ils appartiennent, et que des missions délicates leur sont souvent confiées, ils pourraient difficilement remplir leurs devoirs, s'ils étaient soumis à la juridiction ordinaire des tribunaux inférieurs de l'Union ou des États. Il était donc convenable de placer ces agents sous la juridiction originelle de la cour suprême. Cette juridiction, approuvée par les adversaires même de la constitution, a toujours été regardée comme exclusive (1).

905. *Causes d'amirauté et de juridiction maritime en matière civile.* — La disposition qui suit applique le pouvoir judicaire « à toutes les causes d'amirauté et de juridiction maritime. »

906. L'amirauté et la juridiction maritime (cette dernière expression a sans doute été ajoutée pour empêcher une interprétation trop étroite du mot

(1) En matière criminelle, nous avons vu, t. II, p. 66, à la note, que les consuls et vice-consuls peuvent être traduits en première instance devant les cours fédérales de circuit. P. O.

amirauté), établie par la constitution, embrasse deux grandes classes de causes, les unes dépendant de la localité, les autres de la nature des obligations. La première comprend les actes ou les délits sur les côtes, dans l'espace qui s'étend jusqu'aux plus basses marées, et enfin sur la haute mer, où toutes les nations ont un droit commun et une juridiction commune; la seconde classe comprend les contrats et les affaires purement maritimes, ou qui se rapportent aux droits et aux obligations du commerce et de la navigation. La première classe se subdivise, en outre, en deux grandes branches : l'une embrassant les captures et les prises par suite du droit de guerre, l'autre embrassant les actes et les dommages purement civils, et indépendants des opérations de la guerre.

907. D'après la loi des nations, la connaissance de toutes captures, *jure belli*, ou, comme on le dit plus habituellement, de toutes les questions de prises et leurs incidents, appartient exclusivement aux tribunaux du pays du capteur. Aucune nation neutre ne peut prétendre au droit d'examiner la validité de la prise et de prononcer sur elle, quand même il s'agirait de la propriété de ses citoyens ou de ses propres sujets, à moins que ses droits souverains et territoriaux n'aient été violés. Cette juridiction, d'après l'accord unanime des peuples, est confiée exclusivement à des tribunaux de l'amirauté en première instance ou en appel. Les tribunaux de droit commun doivent s'abstenir de donner aucune décision sur des af-

faires de cette nature, quand même elles leur seraient soumises directement ou indirectement. Il n'y a d'autres remèdes contre les captures illégales que le recours devant les tribunaux de prises du pays du capteur; si justice n'est pas rendue, la nation elle-même devient responsable envers les parties lésées; et si toute réparation est refusée, alors la nation de la partie lésée peut examiner si elle fera valoir ses droits par le moyen pacifique des négociations, ou par la voie des armes.

908. Après le plus léger examen, on voit évidemment que la connaissance de toute question de prises faites sous l'autorité des États-Unis, doit appartenir exclusivement aux cours fédérales. Autrement, comment la légalité des captures pourrait-elle être reconnue ou réparée d'une manière satisfaisante? Cela nous paraît être une conséquence non-seulement naturelle, mais même nécessaire, du pouvoir de faire la guerre, et du pouvoir de négocier avec les puissances étrangères. S'il en était autrement, il arriverait que la paix de la nation entière serait mise à tout moment en danger par quelques actes de l'un de ses membres. Le gouvernement, paralysé, ne pourrait exécuter les devoirs imposés par le droit des gens, ou contraindre à les accomplir. Ce serait une souveraineté sans aucun des attributs essentiels de la souveraineté. Sous la confédération même, le pouvoir de décider sur les questions de prises était exclusivement confié en dernier ressort aux cours nationales d'appel. Mais, de même que tous

autres pouvoirs conférés par cet acte, celui-ci fut complétement méprisé toutes les fois qu'il se trouva en opposition avec la politique d'un État ou avec les intérêts populaires. Nous avons vu que les décisions de la cour nationale d'appel en matière de prises avaient été traitées comme choses nulles et sans valeur, et n'avaient pu être mises à exécution jusqu'à l'établissement de la constitution actuelle. Les mêmes raisons qui nous ont amené à conclure que les cours nationales doivent avoir la juridiction sur toutes les affaires de l'amirauté, nous mènent également à cette autre conclusion, que l'administration de la justice internationale, pour être efficace, doit être exclusive; en conséquence, on a toujours pensé que cette juridiction appartenait exclusivement aux cours de l'Union.

909. L'autre branche de la juridiction de l'amirauté se rattache à la localité; elle comprend les actes civils, les préjudices, les torts faits sur la mer, sans aucune relation avec l'exercice du droit de guerre. Tels sont les cas de voies de fait, de dommages personnels, de chocs de navire, de spoliations, ou, comme on le dit en termes techniques, les cas de saisies illégales ou de déprédations sur la propriété; tels sont encore les cas de saisies par l'autorité locale pour prévention de fraude ou de contrebande, ou encore les cas de sauvetage de navires ou marchandises, abandonnés ou seulement en péril.

910. On voit que toutes ces causes ont une re-

lation intime avec les droits et les obligations des étrangers en matière de navigation et de commerce maritime. Elles peuvent affecter nos communications avec les nations étrangères, et soulever un grand nombre de questions de droit international, concernant non-seulement les réclamations individuelles, mais la souveraineté et la réciprocité nationale. Ainsi, par exemple, si une collision a lieu entre un vaisseau américain et un vaisseau étranger, des questions importantes de droit public seront soulevées, et il est évident qu'elles ne peuvent être convenablement jugées d'après les lois municipales de l'un ou de l'autre pays. Si un navire étranger parvient à délivrer un navire américain, ou à lui rendre tel autre service de sauvetage, les questions qui s'élèveront doivent certainement être jugées par les principes généraux du droit maritime, et réciproquement reconnus. Si on reprend des mains des ennemis un vaisseau appartenant à une puissance amie, on doit, d'après la doctrine générale maintenant admise, rendre ce vaisseau moyennant une récompense, si le pays auquel il appartient reconnaît le principe de la réciprocité; ou l'adjuger à ceux qui l'ont repris, si c'est la règle suivie dans le pays étranger. Dans tous les autres cas de sauvetage, on suivra les doctrines de droit international ou maritime, plutôt que celles des codes purement municipaux. Il y avait donc une convenance particulière à attribuer cette classe d'affaires aux tribunaux nationaux, car elles seront jugées par eux d'après des principes plus larges, les décisions seront uniformes et plus satisfaisantes pour les étrangers.

911. La dernière catégorie de causes comprend les contrats, les réclamations et les services purement maritimes, tels que réclamations pour réparations et équipement des vaisseaux appartenant à des nations étrangères, obligations pour prêt d'argent sur des vaisseaux dans des ports étrangers, afin de relever les navires de leur détresse, et de les mettre à même de continuer leur voyage; expertise des navires endommagés par la mer; pilotage sur la haute mer, et réclamations pour le payement des matelots : toutes ces circonstances, qui se présentent souvent en matière de commerce et de navigation, nous semblent une dépendance du pouvoir de réglementer le commerce. Elles peuvent aussi affecter le commerce et la navigation des peuples étrangers; des réparations peuvent être faites, des secours fournis aux vaisseaux étrangers, de l'argent peut être prêté sur un vaisseau étranger, etc. Dans ces cas, le droit général maritime met les cours d'amirauté à même de rendre bonne et prompte justice. Même dans la plupart de ces cas, comme les cours d'amirauté peuvent être saisies des procès *in rem* et *in personam* (1), elles sont souvent les seules qui puissent donner un remède efficace, surtout lorsqu'il

(1) Voyez t. II, chap. XVI, p. 33, note sur les juridictions commerciales.

s'agit de donner force à un contrat maritime particulier.

912. On voit donc que la juridiction de l'amirauté se rattache naturellement, d'un côté, à nos rapports diplomatiques et à nos devoirs envers les gouvernements étrangers et leurs sujets, et, d'un autre côté, au plus grand intérêt de la navigation et du commerce intérieur et extérieur. C'est donc un acte de grande sagesse, de donner cette juridiction particulière au gouvernement national, car elle ne peut être exercée que pour le bien général, elle augmente les garanties de la paix au dehors, et donne au dedans les secours les plus efficaces à la navigation et au commerce. Ajoutons que les raisons qui, en matière de prises, exigeaient une juridiction exclusive, n'existent pas pour plusieurs des cas de cette catégorie; en conséquence, toutes les fois que le droit commun est compétent pour procurer le remède dans les tribunaux des États, ces derniers peuvent exercer concurremment leur juridiction.

913. *Juridiction maritime en matière criminelle.* — Jusqu'à présent nous avons examiné la juridiction de l'amirauté et la juridiction maritime dans les causes civiles seulement, mais elle embrasse encore toutes les offenses publiques commises sur la haute mer, dans les criques, anses, havres, baies, à partir de la ligne des plus basses marées. Là, est exclusive la juridiction des tribunaux de l'amirauté, car celle des tribunaux de droit commun est limitée aux offenses commises dans l'éten-

due d'un comté. A l'égard des côtes de la mer, la juridiction est alternée ou divisée entre les tribunaux de droit commun et ceux de l'amirauté, suivant les limites des hautes et basses marées; la première, ou la juridiction de droit commun, s'étend sur terre aussi loin que la basse marée, et la juridiction de l'amirauté s'étend sur l'eau aussi loin que la haute marée, *usque ad filum aquæ.* Cette juridiction criminelle de l'amirauté est confiée exclusivement au pouvoir judiciaire national, et s'étend à ces sortes d'offenses et de crimes dont la connaissance peut de temps à autre être déléguée par le congrès aux cours fédérales. La convenance d'investir le gouvernement national de cette juridiction criminelle peut se justifier par les mêmes arguments et les mêmes considérations générales que nous avons invoqués à l'égard des causes civiles. Cette convenance a des rapports intimes avec la juste protection due à notre commerce et à notre navigation sur la haute mer, et avec nos droits et nos devoirs vis-à-vis des gouvernements étrangers et leurs sujets, dans l'exercice de la souveraineté commune sur l'Océan. Les États de l'Union n'ont pas individuellement cette souveraineté, ils ne sont pas reconnus comme souverains sur l'Océan; et s'ils pouvaient exercer leur juridiction civile ou criminelle, ce serait une source d'embarras provenant du conflit de leurs lois diverses, et une source de contestations dangereuses avec les puissances étrangères. En un mot, la paix de l'Union serait continuellement mise en péril par des actes sur lesquels le gouvernement central n'aurait aucun contrôle.

# CHAPITRE XLII.

## SUITE DU POUVOIR JUDICIAIRE FÉDÉRAL.

Autres exemples de juridiction fédérale. — Contestations dans lesquelles les États-Unis sont parties. — Contestations entre deux ou plusieurs États. — Contestations entre un État et les citoyens d'un autre État. — Contestations entre citoyens d'États differents. — Contestations entre des citoyens du même État reclamant des concessions faites par des États différents. — Contestations entre un Etat ou les citoyens de cet État, et des États, citoyens ou sujets étrangers. — Contestations entre un État de l'Union et un État étranger.—Que doit-on entendre par étrangers? — La cour suprême a une juridiction originelle et une juridiction d'appel. — L'appel de la cour suprême s'étend sur les tribunaux des États. — La cour suprême juge le fait et le droit. — La constitution consacre le principe du jugement par le jury en matière civile et en matière criminelle.

---

914. *Contestations dans lesquelles les États-Unis sont parties.* — La disposition suivante étend la juridiction du pouvoir judiciaire de l'Union « aux contestations dans lesquelles les États-Unis « seront parties. » On peut à peine élever un doute sur la convenance de donner aux cours nationales la juridiction dans les propres causes de l'Union. Ce serait une nouveauté étrange, en ma-

tière de jurisprudence nationale et de droit public, qu'un souverain n'eût pas le pouvoir de demander justice devant ses propres tribunaux. Si ce pouvoir n'avait pas été donné aux États-Unis, leurs droits, leurs priviléges, leurs contrats, auraient été à la merci des tribunaux d'État : l'Union n'aurait même eu aucun moyen de contraindre ces tribunaux d'État à remplir leurs fonctions, et il n'y aurait eu aucune uniformité dans les décisions.

915. La constitution soumet ensuite au pouvoir judiciaire de l'Union « les contestations entre « deux ou plusieurs États, — entre un État et des « citoyens d'un autre État, — entre des citoyens d'É- « tats différents, — entre des citoyens du même « État réclamant des terres en vertu de concessions « émanées de différents États, — et entre un État « ou les citoyens de cet État, et des États, citoyens « ou sujets étrangers. » Nous allons examiner séparément chacun de ces points.

916. *Contestations entre deux ou plusieurs États.* — Ce pouvoir semble essentiel au maintien de la paix de l'Union. « L'histoire, dit le *Fédéraliste*, nous présente une sombre peinture des discussions et des guerres civiles qui désolèrent l'empire d'Allemagne avant l'établissement de la chambre impériale, par Maximilien, vers la fin du quinzième siècle; elle nous montre en même temps la grande influence de cette institution, pour apaiser les désordres et rétablir la tranquillité dans l'empire. La chambre impériale était une cour investie du pouvoir de prononcer en définitive sur les con-

testations qui s'élevaient entre les membres du corps germanique. » Mais nous n'avons pas besoin d'aller puiser nos enseignements dans l'histoire des autres peuples, notre propre histoire nous a présenté, dans les temps passés, des preuves abondantes des dangers qui résultent des disputes entre les États, pour des revendications de territoires ou des fixations de frontières.

917. Sous l'empire de l'acte de Confédération, on avait donné au gouvernement national le pouvoir d'intervenir dans toutes les discussions et contestations entre deux ou plusieurs États, relativement aux frontières, à la juridiction, etc., et de décider en dernier ressort. Avant l'adoption de cet acte comme après, de nombreuses contestations s'étaient élevées entre plusieurs États au sujet du sol, de la juridiction et des frontières, et avaient produit de véritables calamités. Quelques-unes de ces contestations furent jugées par un tribunal composé de commissaires nommés par le congrès; mais, malgré la décision de ces commissaires, le conflit subsista dans plusieurs cas jusqu'à l'établissement de la constitution actuelle.

918. Avant la révolution, les contestations entre les colonies, quant à l'étendue de leurs droits de territoire, de juridiction ou de frontières, suivant les chartes respectives, étaient jugées par le roi en conseil, exerçant la juridiction souveraine d'après les principes du droit féodal. Cette juridiction fut souvent maintenue dans la pratique, ainsi que cela eut lieu dans le débat entre le Massa-

chusetts et New-Hampshire, débat qui fut jugé par le conseil privé en 1679; et aussi dans le différend entre le New-Hampshire et New-York, en 1764. Lord Hardwick reconnut cette juridiction de la manière la plus positive dans la grande affaire de Penn contre lord Baltimore. Les mêmes nécessités qui avaient amené cet état de choses à l'époque de notre existence coloniale, ont dû certainement continuer d'exister. Un tribunal, revêtu d'une semblable autorité, est donc essentiel pour prévenir tout recours à la force, et empêcher le gouvernement de se dissoudre. En outre, cette autorité doit évidemment résider dans le gouvernement national plutôt que dans un gouvernement d'État; car on peut justement présumer que sous le gouvernement national, la décision, dans ces sortes d'affaires, sera rendue avec une entière impartialité.

919. *Contestations entre un État et les citoyens d'un autre État.* — « Indépendamment des réclamations de frontières, dit le *Fédéraliste,* il y a encore d'autres sources d'animosité entre les membres de l'Union; déjà l'expérience du passé nous en a révélé quelques-unes, nous voulons parler des lois frauduleuses passées dans plusieurs États. Et encore, bien que la constitution offre des garanties contre le renouvellement de pareils abus, il est permis de craindre que l'esprit funeste qui les avait enfantées, ne prenne des formes nouvelles, imprévues, contre lesquelles la constitution ne s'est pas mise spécialement en garde. Toute con-

testation qui peut avoir pour résultat d'interrompre l'harmonie entre les États, doit être soumise au contrôle du gouvernement central. On doit, en effet, regarder comme la base de l'Union, « que les citoyens de chaque État ont droit aux priviléges et aux immunités des citoyens des divers États. » Et si c'est un principe sage que tout gouvernement doit avoir les moyens de faire exécuter les lois par sa propre autorité, il en résulte que, pour maintenir invariablement cette égalité de priviléges entre les citoyens de l'Union, le pouvoir judiciaire national doit juger souverainement toutes les causes dans lesquelles un État ou ses citoyens se trouvent en contestation avec un autre État ou ses citoyens. Car le gouvernement national est réellement le seul qui n'ait pas de prédilections locales, et qui puisse se montrer véritablement impartial entre les États ou leurs citoyens.

920. Une question importante, en ce qu'elle touche au pouvoir constitutionnel, s'est élevée dans les premiers temps de la constitution; il s'agissait de savoir si, dans les causes où un État est partie, la juridiction fédérale s'étendait aux procès intentés *contre* un État, aussi bien qu'aux procès intentés *par* un État, ou bien si elle ne s'appliquait exclusivement qu'au second cas. De nombreux procès ayant été intentés contre les États par leurs créanciers, pour obtenir le payement de dettes, la majorité de la cour suprême décida que le pouvoir judiciaire de l'Union s'ap-

pliquait également aux deux cas. Cette décision causa une alarme générale parmi les États, et un amendement à la constitution fut bientôt proposé et ratifié; d'après cet amendement, la juridiction fédérale ne dut plus s'étendre aux procès intentés *contre* les États, ainsi que le porte la clause suivante : « Le pouvoir judiciaire des États-Unis ne « sera point interprété de manière à pouvoir s'é- « tendre à une procédure quelconque, commencée « *contre* un des États par les citoyens d'un autre « État, ou par les citoyens ou sujets d'un État « étranger. » Ainsi l'amendement embrassait les procès déjà pendants et les procès à venir; en conséquence, toutes poursuites contre les États furent anéanties (1).

921. On a encore demandé quand, à proprement parler, un État devait être considéré comme partie dans un procès, et, par suite, être soumis au pouvoir judiciaire de l'Union ou en être affranchi? La meilleure réponse à cette question est, qu'un État est partie au procès, dans le sens de la constitution, lorsqu'il est, dans la citation, demandeur ou défendeur; il ne suffirait pas qu'il eût des intérêts indirects dans une contestation pendante entre d'autres parties.

922. Ces règles s'appliquent, en conséquence, au cas où un État a un intérêt dans une corporation; par exemple, s'il est actionnaire d'une banque, la corporation peut être poursuivie, mais non

(1) Voyez pour plus de développement, n° 938.

l'État, car ce dernier, en devenant actionnaire, ne s'identifie pas avec la corporation. Il n'y aurait même aucune différence, alors que l'État serait seul intéressé dans la corporation, si en fait il y a d'autres membres de la corporation. On voit une analogie de ce dernier cas dans le pouvoir donné, par acte exprès du congrès, au directeur général de la poste, d'intenter les procès en sa capacité officielle. Dans de pareilles contestations, les États-Unis ne sont pas considérés comme partie, quoique l'issue du procès les regarde seuls. Le directeur général de la poste n'agit pas en vertu de la clause de la constitution qui étend la juridiction « aux contestations dans lesquelles les États-Unis « sont partie, » mais en vertu de celle qui étend cette juridiction « aux causes s'élevant sous l'empire des lois des États-Unis. »

923. *Contestations entre citoyens d'États différents.* — Quoique la nécessité de remettre ces contestations à la juridiction fédérale ne soit pas prouvée par des raisons aussi fortes que dans les cas précédents, cependant elle repose encore sur une saine politique et une bonne justice. Il y a des circonstances nombreuses dans lesquelles une telle juridiction est indispensable, ou du moins extrêmement utile pour faciliter la jouissance de certains priviléges ou de certains droits, ou pour faire exécuter certaines prohibitions, expressément mentionnées dans la constitution. Ainsi, par exemple, la constitution déclare que les citoyens de chaque État ont droit aux

priviléges et immunités des citoyens des autres États. Supposons qu'une tentative soit faite pour nier ou pour éluder ces priviléges et ces immunités, n'est-il pas juste de donner à la partie lésée un moyen de les revendiquer devant un tribunal de l'Union, c'est-à-dire, devant la cour la plus impartiale? Supposons encore qu'un État fasse une loi qui porte atteinte au lien des contrats privés, ou accorde à ses citoyens des priviléges contraires à la constitution fédérale, n'est-il pas évident que, dans ces cas, la juridiction doit appartenir à une cour nationale, pour donner force aux obligations et maintenir la constitution? Ces hypothèses ne sont pas purement imaginaires; elles se sont déjà présentées, et elles peuvent se présenter de nouveau dans le cours de la législation des États. Qu'est-il arrivé sous la Confédération? Chaque État était obligé d'accepter pour ses citoyens les principes admis dans les tribunaux des autres États. Cet état de choses pouvait amener les plus dangereuses animosités entre États; et, en fait, il y eut des représailles législatives dans le but de remédier à ces griefs réels ou imaginaires.

924. Rien ne conduit plus sûrement à l'harmonie et à la confiance entre les États que la faculté donnée aux citoyens de pouvoir, si bon leur semble, soumettre à la juridiction nationale les contestations qui les intéressent. Il faut de plus remarquer que la durée des fonctions judiciaires varie dans les différents États. Quelques juges con-

servent leur place tant que leur conduite est irréprochable; d'autres, quelques années, ou même une seule année; d'autres encore sont nommés à vie et ne peuvent être révoqués que sur une accusation devant les chambres (*impeachment*); d'autres enfin peuvent être révoqués sur la demande des chambres (1). Il est bien permis de supposer qu'avec un tel état de choses, la politique et la législation des États pourraient être nuisibles aux citoyens des autres États dans leurs intérêts personnels ou dans leurs propriétés. On ne peut espérer que les tribunaux d'État seront affranchis de tous préjugés locaux, et qu'ils s'efforceront sérieusement de réprimer les tentatives d'empiétement commises par l'État sur les droits et les priviléges des citoyens d'un autre État; tandis qu'on peut attendre toute impartialité de la part d'un tribunal autrement constitué et complétement indépendant de l'autorité de l'État. En admettant même que la justice sera aussi bien et aussi fermement administrée par les tribu-

(1 Comme exemple de ce dernier cas, nous dirons qu'à la Louisiane, un juge peut être déplacé par le gouverneur, sur la demande des trois quarts des deux chambres, pour des *causes raisonnables*, mais qui ne pourraient motiver une accusation formelle (*impeachment*). Ces causes sont nombreuses; on va même, aux États-Unis, jusqu'à regarder comme un motif raisonnable de déplacement l'âge trop avance du juge. Les lois de New-York en ont fait notamment une incompatibilité. Tant est grand le besoin d'action chez ce peuple, qui ne croit pas qu'une longue expérience puisse compenser le défaut d'activité. P. O.

naux d'État que par les tribunaux nationaux, l'esprit public ne le croira pas, et le mal sera également grave, car, dans de telles circonstances, l'administration de la justice doit être au-dessus, non-seulement de tout blâme, mais même de tout soupçon. Les causes de jalousie entre les États sont déjà assez nombreuses, sans en laisser encore une aussi importante que le serait le doute sur l'impartialité des tribunaux. Ajoutons de plus que si la confiance publique continue à s'attacher aux tribunaux d'État (comme cela sera sans doute dans beaucoup de cas), la présente clause de la constitution deviendra inutile et sans danger, car puisque les parties ont le choix de la juridiction, elles ne déclineront pas les tribunaux d'État sans une raison grave. D'un autre côté, on n'a aucun danger réel à craindre de la part des tribunaux fédéraux, puisqu'ils doivent décider d'après les lois locales.

925. On s'est demandé quelles personnes pouvaient être considérées comme citoyens d'États différents, d'après le sens de la clause que nous examinons. La réponse nous paraît facile et satisfaisante : la constitution a déclaré, il est vrai, que les citoyens d'un État jouiraient dans tous les États des priviléges et immunités des citoyens des États-Unis. Mais cela ne peut s'entendre que des droits et priviléges de l'Union ; quant aux priviléges qui peuvent être particuliers aux États, il faut pour en jouir avoir sa résidence ou son domicile dans l'État.

926. Un citoyen naturalisé des États-Unis devient *ipso facto*, par sa résidence dans un État de l'Union, citoyen de cet État; également le citoyen d'un territoire de l'Union acquiert la qualité de citoyen de l'État où il vient résider. Mais le citoyen naturalisé des États-Unis, ou le citoyen d'un territoire, ne peuvent agir devant les tribunaux en leur qualité de citoyens d'un État, tant qu'ils résident à l'étranger ou dans un territoire, et jusqu'à ce qu'ils aient fixé leur résidence ou leur domicile dans un État particulier.

927. *Contestations entre des citoyens du même État réclamant des terres en vertu de concessions émanées d'États différents.* — Cette disposition de la clause que nous analysons ne se trouvait pas dans le premier projet de la constitution, mais elle y fut insérée sans aucune opposition. C'est le seul cas dans lequel la constitution règle d'une manière directe la juridiction des différends entre les citoyens d'un même État; mais ce n'est pas le seul dans lequel les citoyens peuvent réclamer indirectement le bénéfice des tribunaux de l'Union; telles sont naturellement, dit le *Fédéraliste*, les contestations dans lesquelles on pourrait, avec raison, douter de l'impartialité des tribunaux d'État. Le principe que l'on ne doit pas être juge dans sa propre cause, ou dans toute autre à laquelle on se trouve intéressé, ce principe qui a fait attribuer aux tribunaux de l'Union les contestations entre les États et leurs citoyens, doit être appliqué dans quelques causes entre les citoyens du

même État; par exemple, les revendications de terres basées sur des concessions émanant d'États différents au profit de citoyens d'un même Etat, et présentant des différences dans la délimitation. Dans ce cas, les tribunaux des États concédants ne seraient pas assez désintéressés. Il est au moins certain que le choix d'un tribunal absolument sans intérêt dans la question, aura cette conséquence salutaire, de calmer la jalousie, et de désarmer le ressentiment de l'État dont la concession sera invalidée. Cette juridiction s'applique non-seulement aux concessions émanant d'États qui n'ont jamais été réunis, mais encore aux concessions provenant de ceux qui, soumis d'abord à une seule autorité (comme les territoires), ont été plus tard divisés et ont formé plusieurs États.

928. *Contestations entre un État ou les citoyens de cet État, et des Etats, citoyens ou sujets étrangers.* — Le *Fédéraliste* justifie énergiquement, dans les termes qui suivent, cette disposition de la section 2 de l'art. III : « La paix de l'entier ne doit pas être laissée à la merci d'une partie. L'Union sera sans aucun doute responsable envers les pouvoirs étrangers de la conduite de ses membres, mais la responsabilité doit être accompagnée du pouvoir de prévenir le mal; et comme les dénis de justice ou les décisions injustes rendues par les tribunaux sont, avec raison, rangés dans les causes légitimes de guerre, on a justement donné au pouvoir judiciaire fédéral le

droit de connaître de toutes les contestations dans lesquelles les citoyens des pays étrangers se trouvent intéressés. Cette disposition n'est pas moins importante pour maintenir la foi publique que pour garantir la sûreté et la tranquillité générale. Peut-être pourrait-on distinguer entre les contestations qui portent sur des traités ou des lois internationales, et celles qui portent seulement sur les lois municipales (*leges loci*), attribuer aux tribunaux fédéraux la juridiction sur les premières, et aux tribunaux d'État la juridiction sur les autres. Nous répondrons qu'il est très-permis de douter si une sentence injuste, dans une affaire relative à la loi municipale seulement, ne sera pas regardée comme une hostilité par le souverain dont le sujet a été lésé, tout aussi bien que s'il s'agissait d'une contestation sur un traité ou une loi internationale. A cela nous ajouterons qu'il sera très-difficile et même impossible d'établir une distinction certaine entre les deux espèces de contestations; parmi les contestations avec des étrangers, le nombre de celles qui touchent aux questions internationales, est si grand, qu'il est plus sûr et plus sage de les confier toutes aux tribunaux de l'Union. »

929. *Contestations entre un État de l'Union et un État étranger.* — A l'égard des contestations entre un État américain et un État étranger, il est évident que le procès doit être volontaire, au moins d'un côté; car un État étranger ne peut être contraint de venir devant les tribunaux des États-

Unis soit comme demandeur, soit comme défendeur. Si donc, il consent au procès, c'est son consentement qui établit la juridiction du tribunal. On doit certainement désirer offrir un recours amiable devant la justice ordinaire du pays, dans les cas où des contestations existeraient entre un État américain et un État étranger, sans qu'il soit nécessaire de demander le redressement des griefs par la voie des négociations.

930. *Qui doit-on entendre par étrangers?* — Maintenant on peut demander quels seront ces étrangers fondés à réclamer la juridiction des tribunaux de l'Union. Nous répondrons d'une manière générale : quiconque n'est pas citoyen des États-Unis. Un étranger naturalisé n'a plus le caractère d'un étranger. Une corporation étrangère, établie en pays étranger, et dont tous les membres sont étrangers, a droit d'actionner devant les tribunaux de l'Union de la même manière que l'individu étranger. Pour qu'il y ait lieu à la juridiction des tribunaux fédéraux, il ne suffit pas que l'une des parties soit un étranger, il faut que l'autre soit un citoyen. Les sujets anglais nés avant la révolution d'Amérique sont regardés comme étrangers, et peuvent poursuivre ainsi les citoyens américains nés avant comme après la révolution. La révolution a rompu le lien d'allégeance, et rendu les habitants des deux pays étrangers les uns aux autres. On a décidé en outre, à l'égard des étrangers, qu'ils pourraient seulement faire valoir leurs droits devant les tribunaux

américains, tant que la paix existerait entre leur pays et les États-Unis; et que, dans le cas d'une déclaration de guerre, ils seraient regardés comme étrangers ennemis, et leurs droits suspendus jusqu'au retour de la paix.

931. *Juridiction originelle et d'appel de la cour suprême.*— Après avoir passé en revue les cas auxquels s'applique le pouvoir judiciaire des tribunaux de l'Union, il nous reste à voir comment ce pouvoir s'exerce, et quels tribunaux en sont investis. La clause suivante de cette section porte: « Dans tous les cas concernant les ambassadeurs, « les autres ministres publics ou les consuls, et « dans les causes dans lesquelles un État sera par« tie, la cour suprême exercera la *juridiction ori« ginelle*. Dans tous les autres cas susmentionnés, « la cour suprême aura la *juridiction d'appel*, tant « sous le rapport de la loi que sous le rapport du « fait, avec telles exceptions et tels règlements que « le congrès pourra faire. »

932. La première observation à faire sur cette clause de la constitution, c'est que le pouvoir judiciaire fédéral, s'appliquant à tous les cas énumérés dans la constitution, peut, en principe, revêtir toutes les formes suivies ordinairement dans l'exercice de ce pouvoir, c'est-à-dire agir en première instance, en appel, ou en première et dernière instance tout à la fois; car rien dans la nature de ces cas n'oblige essentiellement à l'emploi de ces formes de préférence aux autres. Mais il est évident, par les termes de la constitu-

tion, que, sous une forme ou sous une autre, le congrès est obligé d'investir les tribunaux des États-Unis de cette juridiction, au moins dans les causes pour lesquelles la constitution dit : « Le pouvoir judiciaire s'étendra à *tous les cas.* »

933. En outre, la juridiction qui, d'après la constitution, doit être exercée en première et dernière instance par la cour suprême des États-Unis, est limitée aux seuls cas concernant les ambassadeurs, les autres ministres publics, les consuls, et aux contestations dans lesquelles un État est partie. Le congrès ne peut, d'après la constitution, donner la juridiction en première et dernière instance pour aucune autre cause. C'est ici un exemple du principe que la concession d'un pouvoir pour des cas spécifiés emporte exclusion de ce pouvoir pour d'autres cas. Autrement, la clause de la constitution serait complétement illusoire. Si elle avait eu l'intention de laisser au congrès la facilité de partager à son gré le pouvoir judiciaire entre la cour suprême et les tribunaux inférieurs, elle se serait bornée à définir le pouvoir judiciaire et les tribunaux investis de ce pouvoir. En conséquence, on tient aujourd'hui pour certain que la cour suprême des États-Unis ne peut exercer une juridiction *originelle*, c'est-à-dire, ici, connaître en première et dernière instance, que des causes spécialement énumérées par la constitution. Si une loi du congrès étendait ce pouvoir, la loi serait inconstitutionnelle et de nul effet.

934. Quoique la cour suprême ne puisse pas exercer une juridiction originelle, ou de première et dernière instance, dans aucun autre cas que ceux spécialement énumérés dans la constitution, le congrès est compétent, sans aucun doute, pour donner aux tribunaux inférieurs des Etats-Unis une juridiction originelle dans les autres cas, qui ne sont pas ainsi spécialement attribués à la cour suprême. En effet, aucune clause de la constitution n'enlève à ces tribunaux l'exercice d'une juridiction originelle. La juridiction originelle est inhérente au pouvoir judiciaire; et, à l'exception des cas où la constitution l'a spécialement réglée, cette juridiction doit être exercée en première instance, en appel, ou en première et dernière instance, suivant les règles tracées par le congrès. La constitution ne contient d'attribution que pour la juridiction de la cour suprême, soit en première instance, soit en appel. Elle ne dit pas que les tribunaux inférieurs n'auront pas de juridiction originelle, et nulle part elle ne leur donne une juridiction d'appel. Ainsi, ces juridictions n'ont pas été réglées par la constitution, et sont laissées à la sagesse du congrès.

935. On a demandé si la cour suprême avait une juridiction d'appel dans les causes sur lesquelles la constitution lui a donné juridiction originelle; en d'autres termes, si sa juridiction originelle excluaît celle en appel; en d'autres termes encore, si la juridiction en appel n'excluait pas la juridiction originelle. On a répondu que la distinction

faite par la constitution entre ces deux juridictions faisait supposer que, lorsque la cour suprême a exercé l'une, elle ne peut exercer l'autre. — Ainsi, par exemple, puisque la constitution a attribué à la cour suprême des États-Unis la juridiction originelle dans tous les cas où un État serait partie, la cour suprême ne pourrait avoir, dans le même cas, la juridiction d'appel.

936. Ce raisonnement, s'il est exact, ne prouverait cependant rien autre chose, si ce n'est que la cour suprême ne peut exercer de juridiction en appel dans les cas où un État est partie; mais il ne prouverait pas que le pouvoir judiciaire fédéral ne puisse, en pareil cas, s'exercer autrement en appel. L'exercice de la juridiction d'appel n'est pas limité à la cour suprême par les termes de la constitution, et personne ne doute que le congrès ne puisse établir une série de tribunaux inférieurs, et donner à chacun la juridiction en appel, comme en première instance. Ceci résulte de la délégation du pouvoir judiciaire, faite au congrès en termes généraux par la constitution. Ce pouvoir peut donc être exercé indifféremment de l'une et de l'autre de ces manières, sous l'autorité du congrès. Il n'y a, nous le répétons, aucun acte qui limite ou restreigne l'exercice de ce pouvoir. On devrait en conclure que si la juridiction en appel ne peut être exercée par la cour suprême dans les procès où un État est partie, cette juridiction peut être exercée par des tribunaux inférieurs. Toutefois, on doit mettre en doute la solidité d'un

raisonnement qui conduirait à une pareille conclusion.

937. Bien plus, le raisonnement lui-même est mal fondé : puisque, dit-on, la qualité seule de la partie, dans certaines causes, fonde le droit de la cour suprême d'exercer la juridiction originelle, sans aucun égard à la nature de la cause, il en résulte que cette nature de la cause qui, dans d'autres instances, est la base de la juridiction d'appel, ne peut avoir ici d'application. Mais c'est précisément là le point de la difficulté; car cette proposition, loin d'être admise, est formellement niée. L'argumentation pourrait fort bien être retournée avec la même force; et l'on pourrait dire, au contraire, que la juridiction d'appel, s'étendant, d'après la constitution, à toutes les causes qui naissent de la constitution, des lois ou des traités des États-Unis, il en résulterait que dans aucune de ces causes, la cour suprême n'aurait de juridiction originelle (c'est-à-dire en première et dernière instance), quand même un Etat serait partie.

938. Une autre question est de savoir si le onzième amendement fait à la constitution a modifié la juridiction confiée au pouvoir judiciaire fédéral. Cet amendement porte que « le pouvoir judiciaire des États-Unis ne sera point entendu de « manière à s'étendre par interprétation à une « procédure quelconque, commencée contre un « des États par les citoyens d'un autre État, ou « par les citoyens ou sujets d'un État étranger. » On sait qu'à l'époque de l'adoption de la consti-

tution, tous les États se trouvaient fort endettés, et que la crainte de voir le payement de ces dettes poursuivi devant les tribunaux de l'Union, fut une des plus graves objections contre l'adoption de la constitution. Des procès furent entamés, et la cour suprême maintint sa juridiction. L'alarme devint générale, comme nous l'avons déjà dit; et, pour calmer les craintes, on proposa au congrès l'amendement qui précède et qui fut adopté par les législatures d'État. Le motif de cet amendement ne paraît pas avoir été de soustraire la souveraineté de l'État à l'humiliation qui pourrait résulter d'une comparution forcée devant les tribunaux de l'Union, car l'amendement ne s'applique ni aux contestations entre deux ou plusieurs États, ni aux contestations entre un État et un pays étranger : la juridiction de la cour suprême s'étend à ces cas. Nous devons donc chercher un motif autre que la dignité de l'État, et le motif qui se présente le plus naturellement est celui-ci : ceux auxquels l'amendement défend de commencer des poursuites contre un État, ou de continuer des poursuites commencées avant l'adoption de l'amendement, étaient probablement des créanciers de cet État. On n'avait pas beaucoup à craindre que d'autres États de l'Union, ou des États étrangers, fussent créanciers pour des sommes très-importantes, et, dans ces cas, on conservait la juridiction de la cour suprême de l'Union, parce qu'elle était nécessaire au maintien de la paix. L'amendement en question s'applique donc aux procès commencés *par* des *individus*, mais non aux procès intentés *par* des *États*.

939. Ainsi en lisant l'amendement en question, on pense d'abord qu'il a en vue les cas seulement dans lesquels une demande est intentée devant les cours de l'Union, par un particulier contre un Etat. Et si l'on examine ensuite le motif qui a dû faire admettre l'amendement, on arrive à la même conclusion. On peut comprendre, en effet, qu'il y a intérêt pour l'État de pouvoir soumettre à la juridiction qui lui convient, les réclamations qui lui sont faites par des particuliers; tandis qu'il n'y a aucun intérêt à changer les relations entre le tout et les parties, et à priver le gouvernement national des moyens de protéger, par ses tribunaux, la constitution et les lois de l'Union.

940. Cet amendement avait donc pour but d'empêcher qu'un procès pût être commencé, en première instance, *par* un particulier contre un État, mais non d'empêcher le contrôle ou l'intervention de la cour suprême par la voie d'appel, dans les cas soumis à cette juridiction d'appel avant l'amendement. Ainsi, une cause commencée *par* un État, devant un tribunal fédéral ou d'État, contre une personne privée, et portant sur la constitution, les lois ou les traités des États-Unis, pourrait être revisée par la cour suprême par appel, ou par *writ of error*.

941. *Juridiction d'appel de la cour suprême fédérale sur les tribunaux de l'Union et les tribunaux d'État.*—Une autre question relative à la juridic-

tion d'appel de la cour suprême des États-Unis, est de savoir si cette juridiction s'étend exclusivement aux cours inférieures de l'Union seulement, ou si elle s'étend aussi aux cours d'État. La cour suprême a solennellement décidé que cette juridiction embrasse les deux classes de tribunaux.

942. Nous avons vu que la juridiction d'appel était donnée par la constitution à la cour suprême, dans tous les cas où elle n'a pas la juridiction originelle, sauf toutefois les exceptions que pourrait faire le congrès. Elle embrasse donc tous les cas énumérés par la constitution, et qui ne tombent pas exclusivement sous sa juridiction originelle. Mais les termes de la constitution ne limitent pas à la cour suprême la juridiction d'appel; nul doute que le congrès n'ait le droit de créer une hiérarchie de tribunaux secondaires, auxquels il puisse conférer une juridiction d'appel, aussi bien qu'une juridiction originelle. Nous avons déjà fait remarquer que le pouvoir judiciaire avait été délégué, en termes généraux, au congrès qui pouvait par conséquent l'organiser à son gré.

943. Si la constitution avait eu l'intention de limiter la juridiction d'appel aux seules causes ressortissant aux tribunaux de l'Union, il s'ensuivrait nécessairement que la juridiction de ces tribunaux, dans tous les cas énumérés dans la constitution, exclurait celle des États. Autrement, comment la juridiction pourrait-elle s'étendre à *toutes les causes* qui s'élèveront sous l'empire de la constitution, des lois et des traités des États-

Unis, et *à toutes les causes* de l'amirauté ou de la juridiction maritime? Si ces causes peuvent être soumises aux tribunaux particuliers des États, et qu'aucune juridiction d'appel n'existe à l'égard de ces causes, alors la juridiction d'appel, qui appartient à la cour suprême, ne s'étendrait pas à *toutes* les causes, mais à quelques-unes seulement. De même, si les tribunaux d'État pouvaient exercer une juridiction concurrente avec celle des tribunaux de l'Union, sans contrôle de la part de la cour suprême, la juridiction d'appel de cette cour n'aurait aucune valeur réelle. Dans de telles circonstances, pour que le pouvoir judiciaire fédéral puisse agir librement dans sa sphère, on devra le regarder comme exclusif, et cela non-seulement toutes les fois qu'un *casus fœderis* s'élèvera directement, mais toutes les fois qu'il s'élèvera indirectement dans une affaire pendante devant une cour d'État. Mais cette interprétation restreint la juridiction des cours d'État, beaucoup plus que ne l'a voulu le congrès.

944. En effet, il est certain que les rédacteurs de la constitution ont pensé que les causes attribuées au pouvoir judiciaire de l'Union, non-seulement pourraient, mais même devraient se présenter quelquefois devant les tribunaux d'État, dans l'exercice de leur juridiction ordinaire. Dans ce but, l'article VI porte : « que la constitution et les lois « des États-Unis, ainsi que tous les traités faits ou qui « seront faits sous l'autorité desdits États-Unis, se- « ront la loi suprême du pays; les juges de chaque

« État seront tenus de s'y conformer, nonobstant « toute disposition qui, dans les lois ou la constitu- « tion d'un État quelconque, serait en opposition « avec cette loi suprême. » Évidemment, cette disposition est obligatoire pour les juges des Etats dans leur capacité officielle; leurs décisions doivent reposer non-seulement sur les lois et la constitution de l'État, mais avant tout sur la constitution, les lois et les traités des États-Unis, car c'est là que se trouve « la loi suprême du pays. »

945. La nécessité de cette disposition à l'égard des causes soumises à la juridiction des tribunaux d'État, nous semble incontestable. Supposons qu'une obligation de payer une somme d'argent existe entre citoyens du même État, et que l'exécution du contrat soit poursuivie devant les tribunaux particuliers de l'Etat : dans ce cas, personne ne refusera à ces tribunaux une juridiction originelle, exclusive; supposons, en outre, que, dans le cours du procès, le défendeur oppose pour se défendre une loi de l'État portant atteinte au lien du contrat : si cette loi était obligatoire, elle paralyserait la demande. Mais la constitution a déclaré que les États ne pourraient faire de lois portant atteinte aux contrats. Si pour ce cas le congrès n'a pas expressément pourvu au renvoi devant une cour fédérale, les tribunaux d'État ne devront-ils pas juger et prononcer? Autrement la moindre allégation de cette nature serait par elle-même une fin de non-recevoir insurmontable, et un obstacle à toute appréciation légale de l'objection,

puisqu'il n'existerait aucun tribunal qui pût prendre connaissance de la cause?

946. Reconnaissons donc que la constitution a pourvu au cas où des affaires du ressort du pouvoir judiciaire fédéral, pourraient se trouver portées à l'origine devant un tribunal d'État; on prévit que, dans l'exercice de leur juridiction ordinaire, les tribunaux d'État prendraient accidentellement connaissance de causes concernant la constitution, les lois et les traités des États-Unis, causes qui, d'après la constitution, sont cependant du ressort du pouvoir judiciaire fédéral; et comme ce pouvoir ne pouvait s'en saisir en première instance, il devait pouvoir le faire par sa juridiction d'appel, ou jamais il n'eût pu en connaître.

947. Il est évident que la constitution procède en cette matière d'après une théorie qui lui est propre, concédant et organisant les pouvoirs selon les volontés du peuple américain qui l'a adoptée. Nous ne pouvons donc qu'expliquer ces pouvoirs, et non pas examiner les pensées politiques ou les principes sur lesquels ils reposent. Ainsi, à tort ou à raison, la constitution a présumé que les prédilections des États, leurs préjugés, leurs intérêts particuliers ou leur jalousie, pourraient entraver ou détourner l'administration régulière de la justice. C'est pourquoi les contestations entre États, entre citoyens de différents États, entre citoyens réclamant des concessions faites par différents États, entre un État et des citoyens ou des étrangers, entre des citoyens et des étrangers;

c'est pourquoi, disons-nous, ces contestations soumettent les parties aux lois du congrès et à la juridiction originelle ou en appel des tribunaux de l'Union. A l'égard des autres cas énumérés, et qui sont relatifs à la constitution, aux lois et aux traités des États-Unis, ou qui concernent les ambassadeurs, les autres ministres publics, les causes de l'amirauté ou de la juridiction maritime, des raisons plus élevées, fondées sur la sûreté publique, la paix et la souveraineté du pays, justifient la juridiction exclusive fédérale.

948. Ce n'est pas tout encore : un motif d'une autre nature, parfaitement compatible avec le respect le plus sincère pour les tribunaux des États, peut justifier la juridiction d'appel de la cour suprême sur leurs décisions. Ce motif, c'est l'importance et la nécessité d'une jurisprudence uniforme dans tous les États, pour toutes les causes qui touchent à la constitution. Des juges d'un savoir et d'une intégrité également incontestable, pourraient, dans les différents États, interpréter d'une manière différente un article de la constitution ou d'un traité. Et sans l'existence d'un pouvoir supérieur pour contrôler les décisions contradictoires et les ramener à l'unité, les dispositions de la constitution, les lois ou les traités, ne seraient plus obligatoires de la même manière dans les États. Les inconvénients d'un pareil état de choses ne devaient certainement pas échapper aux savants rédacteurs de la constitution; et ils ne pouvaient y porter remède qu'en attribuant à la cour suprême

une juridiction d'appel. Du reste, cette interprétation, de tout temps admise par les hommes d'État, les publicistes et les jurisconsultes, a été sanctionnée par de nombreux arrêts de la cour suprême des États-Unis.

949. *Difficulté de fixer pour certains cas la juridiction exclusive fédérale.* — Mais en l'absence de décisions formelles de la cour suprême fédérale, il serait difficile, peut-être même dangereux, de poser des règles générales pour déterminer les cas dans lesquels les cours fédérales exercent leur juridiction, à l'exclusion des cours d'État, soit en vertu de la constitution, soit en vertu de lois du congrès. Il est évident que pour certains cas le pouvoir fédéral est exclusif, d'après la constitution. Pour d'autres cas, le congrès pourrait certainement attribuer au pouvoir fédéral une juridiction exclusive; pour d'autres cas encore, on ne peut nier que le pouvoir judiciaire fédéral et le pouvoir judiciaire d'État n'aient une juridiction concurrente, du moins tant que le congrès n'aura pas réglé la juridiction (1).

950. *La cour suprême fédérale est juge du* FAIT *et du* DROIT. — La constitution ajoute : « La cour « suprême aura la juridiction d'appel, tant sous le « rapport du fait que sous le rapport du droit, « avec telles exceptions et tels règlements que le « congrès pourra faire. »

951. D'abord, l'appel revise et corrige une cause

(1) Nous croyons qu'une loi du congrès de 1842 a réglé cette juridiction. P. O.

déjà pendante, et n'en crée pas une nouvelle; il suppose nécessairement que la matière a déjà été soumise à un autre tribunal, dont la décision ou la procédure doit être revisée. La juridiction d'appel peut être exercée sous toutes les formes que choisit la législature. D'après la constitution des États-Unis, pour tomber sous cette juridiction, il ne suffit pas qu'il y ait une décision d'un fonctionnaire quelconque, il faut une décision rendue par un fonctionnaire investi de l'autorité judiciaire, et dans l'exercice de ses fonctions. C'est pourquoi le congrès ne pourrait pas, d'après la constitution, donner à la cour suprême le pouvoir de lancer un ordre (*mandamus* contre les fonctionnaires publics en général (1); car ce serait là agir dans une juridiction originelle. Mais lorsqu'il s'agit de reviser une procédure judiciaire, le mode de la porter en appel est tout à fait indifférent. On peut employer, comme la législature le prescrira, un *mandamus*, un *writ of error*, un appel, etc. (2).

952. Les modes les plus usités aux États-Unis, pour exercer la juridiction d'appel, sont le *writ*

(1) Comme aux États-Unis, tous abus de pouvoir ressortissent aux tribunaux ordinaires, c'est aux juges des tribunaux inferieurs qu'il appartient de lancer ces *mandamus*, pour reprimer ces abus de pouvoir. Mais la cour suprême peut, dans des cas détermines, lancer un *mandamus* contre une cour inferieure, relativement à ses fonctions judiciaires. P. O.

(2) Voyez pour les distinctions entre le *writ of error* et l'appel, la note tome II, p. 423, note 3.

*of error*, l'appel, ou une procédure particulière qui a pour effet d'évoquer devant un autre tribunal, une affaire pendante devant un tribunal inférieur. L'appel est une procédure fondée sur la loi civile, qui reprend une cause et la soumet, tant en fait qu'en droit, à de nouveaux débats devant un autre tribunal. Le *writ of error* est une procédure fondée sur la loi commune d'Angleterre, et qui ne soumet à un nouvel examen que le point de droit. Le premier mode est employé dans les causes d'équité et de l'amirauté, le second dans les procès de la loi commune jugés ou pouvant être jugés par un jury.

953. Il faut remarquer que les termes de la constitution portent que « la cour suprême exerce sa juridiction *en fait et en droit.* » Cette clause excita de toute part de vives alarmes; on craignit que la cour suprême, sous le prétexte d'exercer sa juridiction d'appel, n'eût le pouvoir de reviser les décisions du jury purement en fait, ne détruisît la validité du verdict, et ne réduisît à une simple formalité le jugement par jury dans les causes civiles. Les ennemis de la constitution ne manquèrent pas de s'emparer de ces objections; ils les firent valoir avec un empressement et une énergie qui faillit empêcher la ratification. Nous devons avouer que l'ambiguïté des termes de la clause pouvait, jusqu'à un certain point, autoriser à penser qu'une pareille révision rentrait constitutionnellement dans la sphère de la juridiction d'appel, s'il plaisait au congrès de lui donner

cette étendue. Mais, en réalité, on ne pouvait pas craindre que le congrès voulût jamais autoriser une procédure pareille, quand même il en aurait eu le droit d'après la constitution, puisque cette procédure serait essentiellement contraire aux habitudes, aux sentiments et aux institutions du pays. Le véritable but de la clause était de donner à la cour suprême fédérale le pouvoir de reviser le fait et le droit dans les causes d'équité, et dans celles soumises aux juridictions maritime et de l'amirauté. Les termes dont on s'est servi ont été probablement adoptés pour éviter de parler du jugement par jury dans les affaires civiles, matière sur laquelle la Convention était partagée d'opinion.

954. Toutefois, comme ces raisons n'avaient pas paru suffisantes à certains esprits pour détruire complétement les objections, et comme d'ailleurs plusieurs assemblées d'État avaient proposé quelques modifications, le congrès présenta, dans sa première session, un amendement qui fut ratifié par le peuple et inséré dans la constitution. Il est ainsi conçu : « Dans les causes qui devront « être décidées selon la loi commune (*in suits at* « *common law*), le jugement par jury sera conservé « dès que la valeur des objets en litige excédera « vingt dollars; et aucun fait jugé par un jury ne « pourra être soumis à l'examen d'une autre cour « dans les États-Unis, que conformément à la loi « commune. » Cet amendement anéantit toutes les objections contre l'article de la constitution; il assure le principe du jugement par jury dans

les matières civiles et criminelles, principe que l'on s'accorde à regarder comme la meilleure garantie des libertés civiles et politiques.

955. La juridiction de la cour suprême est soumise « à telles exceptions et tels règlements que le congrès pourra faire. » Ces termes ont donné lieu à deux interprétations : la juridiction d'appel est-elle inhérente à la cour suprême, soumise seulement à la discrétion réglementaire du congrès? ou bien un acte du congrès est-il nécessaire pour conférer cette juridiction à la cour suprême? Si la première interprétation est vraie, alors la cour suprême jouit *proprio vigore* de la juridiction d'appel dans toute son étendue, si le congrès n'y fait aucune exception ou modification. Si, au contraire, on adopte la seconde interprétation, alors, malgré les expressions formelles de la constitution, la cour suprême sera sans vie jusqu'à ce que le congrès lui ait conféré la juridiction. De plus, si le congrès peut conférer cette juridiction, il peut la retirer : ainsi le pouvoir judiciaire se trouvera laissé, par la constitution, sans aucune protection contre l'inertie ou l'arbitraire du congrès. Il y a donc de très-fortes raisons pour soutenir que l'esprit de la constitution est de conférer à la cour suprême une juridiction d'appel absolue, indépendante de l'action du congrès, et de requérir cette action seulement pour restreindre cette juridiction ou la régler. Les termes de la constitution ne font naître aucun doute, quant à la juridiction originelle de la cour suprême; elle existe indépendamment de

l'action du congrès : pourquoi n'en serait-il pas de même à l'égard de la juridiction d'appel? Cette interprétation laisse au congrès le pouvoir intact de faire les modifications qu'il jugera à propos; mais, d'un autre côté, elle ne laisse rien en souffrance par l'inaction du congrès. Cette dernière interprétation de la constitution a été consacrée par une décision solennelle de la cour suprême.

956. Les fonctions des juges des cours de l'Union sont strictement et exclusivement judiciaires. Les juges ne peuvent donc être appelés à conseiller le président des États-Unis dans les mesures exécutives, ou à donner en dehors de la justice des interprétations de loi, ou encore à intervenir dans aucune fonction administrative.

957. *Du jury.*—Une autre clause de la section 1re de l'article III porte : « Le jugement de tous crimes, « excepté en cas de mise en accusation par la « chambre des représentants, sera rendu par jury : « ce jugement aura lieu dans l'État où le crime « aura été commis; mais si le crime n'a point été « commis dans un des États, le jugement sera « rendu dans tel ou tel lieu que le congrès aura « désigné à cet effet par une loi. »

958. Il nous paraît presque inutile d'insister sur l'ancienneté et l'importance du jugement par jury en matière criminelle. Nos ancêtres, dans la mère patrie, l'ont toujours regardé comme le boulevard de leurs libertés civiles et politiques, et ils l'ont défendu avec une infatigable sollicitude. Ce privilége est un des articles fondamentaux de la

grande charte dans laquelle il se trouve consacré en ces termes solennels : « *Nullus homo capiatur, nec imprisonetur, aut exulet, aut aliquo modo destruatur*, etc., *nisi per legale judicium parium suorum, per legem terræ.* » Quand nos ancêtres émigrèrent en Amérique, ils apportèrent avec eux ces magnifiques priviléges, comme un droit de leur naissance et leur héritage, comme une partie de cette admirable loi commune qui a élevé de tout côté des barrières contre les envahissements de l'arbitraire. Aujourd'hui ce privilége est devenu un principe fondamental inséré dans toutes nos constitutions d'État; et la constitution fédérale aurait été avec raison en butte aux objections les plus fondées, si elle ne l'avait pas reconnu et confirmé en termes solennels.

959. Il faut remarquer que les affaires criminelles doivent être jugées non-seulement par un jury, mais dans l'État où le crime a été commis. Le motif de cette disposition est d'empêcher que l'accusé ne soit mis en jugement dans un État écarté, loin de ses amis, de ses témoins, de ses relations habituelles, et qu'il ne soit soumis de cette manière au verdict de jurés complétement étrangers, sans aucune sympathie pour lui, et peut-être même animés de préventions hostiles. En outre, le jugement dans un État ou un territoire éloigné obligerait l'accusé à faire des dépenses oppressives, et pourrait lui ôter les moyens de faire venir des témoins pour établir son innocence. Il est vrai que l'on a peu à craindre que le congrès veuille exer-

cer son pouvoir d'une manière aussi inique; mais dans une matière qui importe tant à la sûreté des citoyens, on doit laisser le moins possible à l'arbitraire. D'après la loi commune, le jugement de tous les crimes doit avoir lieu dans la localité où ils ont été commis, et même, dans les temps anciens, on poussait si loin la susceptibilité à cet égard, que le jury devait être choisi dans le voisinage du lieu où le crime avait été commis. Cette manière d'agir ne serait plus aujourd'hui en rapport avec des mœurs moins simples, dans un temps où les passions et les intérêts trop excités pourraient nuire à la stricte impartialité. Toutefois, ce fut probablement par une analogie avec cette règle de la loi commune, que toutes les causes criminelles durent être jugées dans l'État. Mais, comme des faits criminels peuvent se passer en haute mer ou ailleurs, hors de la juridiction de l'État, on ne pouvait pour ces cas refuser au congrès le droit de fixer le lieu du jugement.

960. Cette clause qui garantit le jugement par jury en matière criminelle, ne calma pas les craintes des adversaires de la constitution. Ils soutinrent qu'une déclaration formelle de droits était indispensable. Leur opposition pénétra au sein des Conventions d'Etat et devint menaçante pour la constitution. Cependant la constitution fut adoptée; mais l'esprit public avait été tellement remué au sujet du bill des droits, qu'aussitôt l'adoption de la constitution, on crut devoir proposer quelques amendements comprenant les principales

26.

garanties réclamées. Ces amendements, ratifiés par les États, devinrent une partie de la constitution, et formèrent les amendements V et VI.

« Aucune personne ne sera tenue de répondre « à une accusation capitale ou infamante, à moins « d'une mise en accusation émanant d'un grand « jury, à l'exception des délits commis par des « individus appartenant aux troupes de terre ou de « mer, ou à la milice, quand elle est en service ac- « tif, en temps de guerre ou de danger public. « La même personne ne pourra être soumise deux « fois pour le même délit, à une procédure qui « compromettrait sa vie ou un de ses membres. « Dans aucune cause criminelle, l'accusé ne pourra « être forcé de rendre témoignage contre lui-même; « il ne pourra être privé de la vie, de la liberté ou « de sa propriété, que par suite d'une procédure lé- « gale. Aucune propriété privée ne pourra être appli- « quée à un usage public sans juste compensation. »

« Dans toute procédure criminelle, l'accusé « jouira du droit d'être jugé promptement et pu- « bliquement par un jury impartial de l'État et du « district dans lequel le crime aura été commis, « district dont les limites auront été tracées par « une loi préalable; il sera informé de la nature « et du motif de l'accusation; il sera confronté « avec les témoins à charge; il aura la faculté « de faire comparaître des témoins en sa faveur; « et il aura l'assistance d'un conseil pour sa dé- « fense. »

961. Nous aurons peu de remarques à faire sur

ces amendements, dont l'utilité et l'importance sont évidentes.

962. La première disposition exige l'intervention d'un grand jury par les voies de procédure dites *presentment* et *indictment*, avant que l'accusé puisse être tenu de répondre à une accusation capitale ou infamante. Ceci est vrai dans le droit commun, à l'égard des offenses dont la gravité dépasse les délits ordinaires. Les membres du grand jury sont choisis selon les formes prescrites par la loi; ils prêtent serment de rechercher et de présenter toutes les offenses commises contre l'autorité du gouvernement d'État, dans la circonscription du comté pour lequel ils ont été convoqués et assermentés (*empannelled*). Dans les tribunaux fédéraux, ils prêtent serment de rechercher et de présenter les offenses commises contre l'autorité du gouvernement national, dans l'État ou le district pour lequel ils ont été convoqués et assermentés, ou dans tous les lieux placés sous la juridiction du gouvernement national. Le grand jury est composé de douze membres au moins et de vingt-trois au plus; douze jurés au moins doivent être unanimes pour la mise en accusation. Ils siégent à huis clos et examinent eux-mêmes les preuves qui leur sont soumises. Un *presentment* est, à proprement parler, une accusation faite par le grand jury, *proprio motu*, sur la connaissance qu'il a eue lui-même du délit, et sans qu'aucun acte d'accusation lui ait été préalablement soumis par les fonctionnaires spéciaux du gouvernement,

Un *indictment* est ordinairement l'acte d'accusation d'une offense caractérisée, affirmée sous serment comme vraie par le grand jury, sur les poursuites du gouvernement. Dans le cas d'un *presentment*, le fonctionnaire spécial (l'attorney général) du tribunal doit formuler sur ce *presentment* un acte d'accusation en règle, avant que l'accusé puisse être tenu de se défendre. Au contraire, dans la procédure par *indictment*, l'attorney général présente ordinairement au grand jury l'acte d'accusation tout formulé. Quand le grand jury a entendu les charges, s'il pense que l'accusation n'est pas fondée, ou que les preuves sont insuffisantes, autrefois il écrivait au dos de l'acte d'accusation, « *ignoramus* » : de là le bill était appelé *ignored bill;* mais aujourd'hui, il dit en anglais : « *No true bill,* » ou mieux encore « *not found* », c'est-à-dire, « *il n'y* « *a pas lieu;* » et alors si l'accusé est détenu, il doit être mis en liberté sans autre formalité. Un nouveau bill peut être admis contre lui par un autre grand jury. Lorsque le grand jury trouve l'accusation fondée, il écrit sur le dos de l'acte « *true bill* », c'est-à-dire, *il y a lieu* (autrefois « *billa vera* »). Le bill est renvoyé au tribunal, et devient public; le prévenu est alors accusé, et peut être contraint de se défendre contre les charges qui pèsent sur lui.

963. On voit combien l'institution du grand jury est importante, et quelle garantie elle offre aux citoyens contre les persécutions de la part du gouvernement ou de la part d'ennemis pri-

vés. Ce n'est pas tout encore: l'*indictment* doit indiquer le temps, le lieu, la nature et les circonstances de l'offense, avec clarté et certitude, de manière que l'accusé puisse avoir une connaissance exacte des charges qui pèsent sur lui, et qu'il puisse préparer sa défense en pleine et entière connaissance de cause (1).

(1) On peut consulter sur le jury les lois fédérales de 1789, 1800 et 1802. Du reste, à l'égard de la formation du jury, la constitution des États-Unis n'a pas établi de règles qui lui soient propres. Les cours féderales puisent dans la liste ordinaire des jurés que chaque État a dressée pour son usage. On comprend alors que la composition du jury n'a pas lieu en Amérique d'après des règles uniformes, chaque État peut avoir les siennes; pour avoir une notion exacte de la matière, on devrait donc etudier la legislation particulière des États.

Toutefois, on peut poser quelques règles generales: tous les citoyens qui sont électeurs, ont droit d'être jurés; chaque annee certains magistrats, dont les noms varient selon les États, forment dans chaque canton la liste des citoyens ayant le droit d'être jurés; ces magistrats ont des pouvoirs très-étendus et discrétionnaires, ils en usent même pour écarter les jurés indignes et incapables; mais comme ces magistrats sont électifs, et qu'ils n'occupent leur charge que pendant une courte période, ils n'abusent pas de ce pouvoir; et, dans tous les cas, le remède ne se ferait pas longtemps attendre. Les listes particulières de ces jurés sont envoyées au comté, et forment la liste générale sur laquelle on tire au sort le jury qui devra prononcer dans chaque affaire.

La loi a pris soin de rendre cette charge la moins lourde possible pour les citoyens. Ainsi, les jurés sont très-nombreux, et leur tour ne revient qu'à d'assez longs intervalles; les magistrats des cours fédérales de circuit et de district ne doivent pas prendre tous les jurés sur la liste d'un seul comté,

964. Une autre clause déclare « qu'aucun ac- « cusé ne pourra être soumis deux fois pour le « même délit à une poursuite qui compromettrait

mais les répartir entre les comtés les plus proches, pour que les deplacements soient moins dispendieux et le jury plus impartial. De plus, des indemnites sont accordees aux jurés pour le temps de la session, et pour les frais de voyage, aller et retour (1 dollar et 25 sols, ou environ 6 fr. 25 c. par jour pendant le temps de la session, et 5 sols par mille, environ 75 centimes par quatre kilomètres du lieu du domicile au lieu où siége le tribunal).

Aux Etats-Unis on a admis le jury en matière civile et en matière criminelle.

Au civil, devant les cours de district et de circuit, le jury doit juger toutes les contestations, excepté dans les matières d'équité, d'amirauté ou qui dépendent de la juridiction maritime : il n'y a pas de jury devant la cour suprême fédérale.

En matière criminelle, il y a deux espèces de jury, le grand et le petit jury. Nous avons vu ci-dessus que le grand jury pouvait être saisi de l'examen d'un fait criminel, de deux manières, par la voie du *presentment,* ou par celle de *l'indictment :* cette phase du procès se passe hors la présence du prevenu.

Devant le petit jury, le prevenu peut exercer largement son droit de récusation. D'abord, il peut récuser un certain nombre de jurés sans motiver ses récusations ; au delà de ce nombre, il peut en récuser indefiniment, à la charge d'expliquer ses raisons à la cour, qui doit les apprécier et prononcer. Si les récusations ou toute autre circonstance épuisaient la liste des jurés, le marshall (huissier en chef) a le droit de désigner parmi les assistants un nombre suffisant pour completer le jury. Dans ce cas, les conditions ordinaires pour siéger comme juré ne sont pas impérieusement exigées. Bien plus, si le juré ainsi accidentellement désigné était radicalement incapable, comme étranger par exemple, cette incapacité serait couverte par le silence des parties. P. O.

« sa vie ou un de ses membres. » C'est là un autre grand privilége garanti par la loi commune; la vraie signification de cette clause est qu'un accusé ne peut être poursuivi pour la même offense, si, par le verdict du jury (*il s'agit ici du petit jury ou jury d'assises*), il a été reconnu coupable ou innocent, et que, par suite, sentence ait été rendue par la cour. Mais cela ne veut pas dire qu'un accusé ne sera pas poursuivi de nouveau pour la même offense, dans le cas où le jury ne pouvant s'accorder sur un verdict, aurait été congédié (*discharged*) sans l'avoir rendu, ou encore dans le cas où le verdict rendu sera annulé, et une révision du procès obtenue, par suite d'irrégularités dans la formation du jury, ou de violation de lois et de formes essentielles.

965. La suite du cinquième amendement porte « que dans aucune cause criminelle l'accusé ne « pourra être forcé de rendre témoignage contre « lui-même. » Cette disposition consacre un privilége de la loi commune; ce privilége est très-important, car on sait que dans plusieurs pays les accusés peuvent être forcés de rendre témoignage contre eux-mêmes; dans quelques pays même, ils sont soumis à la torture pour obtenir l'aveu de leur faute (1). Cet amendement ajoute : « Il « ne pourra être privé de la vie, de la liberté ou

(1) Cette clause doit être prise à la lettre, car, aux États-Unis, dans les procédures criminelles, on ne fait pas subir un interrogatoire à l'accusé; on demande à l'accusé s'il veut ré-

« de sa propriété, que par suite d'une procédure « légale. » Cette disposition n'est qu'une reproduction des termes de la grande charte, « *nec super eum ibimus, nec super eum mittemus nisi per legale judicium parium suorum, per legem terræ.* » Lord Coke a dit que les derniers mots, *per legem terræ*, par la loi du pays, signifiaient les procédures légales, c'est-à-dire l'*indictment* ou le *presentment.* Ainsi, la disposition ci-dessus reconnaît le droit d'être jugé d'après les procédures de la loi commune. La dernière clause de l'amendement porte « qu'aucune propriété privée ne « pourra être appliquée à un usage public sans « juste compensation. » Ces termes sont la consécration de la doctrine établie par la loi commune, pour la garantie de la propriété privée; elle est fondée sur l'équité, et admise par les jurisconsultes comme un principe du droit universel. Dans un gouvernement libre, tous les autres droits pourraient devenir illusoires si le pouvoir disposait de la propriété privée, à son gré et sans contrôle.

966. Le sixième amendement est ainsi conçu : « Dans toute procédure criminelle, l'accusé jouira « du droit d'être jugé promptement et publique- « ment par un jury impartial de l'État et du dis- « trict dans lequel le crime aura été commis, dis-

pondre, et, s'il déclare qu'il ne le veut pas, on passe outre aux débats, sans qu'il en résulte aucune prevention contre lui.

P. O.

« trict dont les limites auront été tracées par une « loi préalable; il sera informé de la nature et du « motif de l'accusation; il sera confronté avec les « témoins à charge (1); il aura la faculté de faire « comparaître des témoins en sa faveur, et il aura « l'assistance d'un conseil pour sa défense. » Nous n'avons pas besoin de justifier l'utilité et la convenance de ces garanties données aux accusés; nous dirons seulement quelques mots de la dernière clause de cet amendement, qui leur assure le droit de faire comparaître des témoins à décharge.

967. Une coutume ancienne et généralement admise, dérivée de la loi civile, refusait à la personne accusée d'un crime capital, le droit de faire appuyer sa défense du témoignage d'aucun témoin. Les tribunaux se montrèrent si contraires à cette coutume déraisonnable et oppressive, que l'usage s'établit peu à peu d'entendre les témoins de l'accusé, mais non sous serment. Cette distinction fit que les jurés eurent moins de confiance dans de pareilles déclarations que dans celles faites par

(1) On voit par là, qu'aux États-Unis il n'y a pas de contumace, on ne peut juger un accusé absent. L'obligation de *confronter* les temoins avec l'accusé est entendue si rigoureusement, que le temoin doit toujours en déposant regarder l'accusé en face; à ce point, que dans une affaire célèbre la procédure fut annulee, par le motif qu'un temoin avait dépose en tournant le dos à l'accusé. Les localités sont même disposées de manière que le témoin en regardant l'accusé soit également en face du jury. P. O.

les témoins cités au nom du pouvoir et assermentés. Sir Edouard Coke s'éleva contre un état de choses aussi injuste, et soutint que les accusés, dans les procès criminels, avaient droit de faire entendre des témoins assermentés. Après l'avénement des Stuarts sur le trône d'Angleterre, la chambre des communes demanda instamment dans un bill particulier, alors soumis aux chambres, et parvint, malgré les efforts de la couronne et de la chambre des lords, à y faire insérer une clause qui reconnaissait le droit de soumettre au serment les témoins favorables à l'accusé, aussi bien que les témoins à charge, dans les affaires prévues par ce même bill. Un statut 7, de Guillaume III, chap. 3, étendit ce droit dans tout le royaume aux cas de trahison; et plus tard, sous la reine Anne, la même règle fut appliquée dans les matières de trahison et de félonie, et on ne paraît pas en avoir contesté l'application dans les cas même de simple méfait (*misdemeanor*). Pourquoi donc refuser ce droit dans les causes capitales? On ne peut certainement donner aucune bonne raison d'une semblable distinction. Si un homme peut opposer le témoignage de témoins pour repousser un simple châtiment, ne doit-il pas pouvoir le faire quand il s'agit de repousser une peine capitale? On donnait pour raison, que la condamnation à mort doit reposer sur des faits tellement évidents, qu'ils ne laissent pas de doute possible; mais comment arriver à cette évidence, sans entendre les témoins à décharge aussi bien que ceux à charge? On peut dire avec plus de vérité que l'usage de refuser les témoins à décharge s'établit à l'occasion des procès criminels qui intéressaient la couronne d'Angleterre, et par une basse complaisance des magistrats à satisfaire ses vengeances. C'est là un reproche contre la jurisprudence d'Angleterre, reproche justifié par les procès d'État antérieurs à la révolution de 1688. Il est écrit avec le sang d'un grand nombre de victimes condamnées à mort, non-seulement contrairement aux lois, mais contrairement aux plus simples règles de la certitude.

968. La sagesse des deux dernières dispositions de l'amendement est incontestable; toutes deux sont aussi importantes que le privilége du jugement par jury, et en sont pour ainsi dire le complément. On peut seulement s'étonner que la constitution ait gardé le silence sur ces importantes garanties; l'insertion des amendements qui les consacrent a été un objet de joie pour les partisans d'une sage liberté.

# CHAPITRE XLIII (1)

## ORGANISATION DES COURS FÉDÉRALES.

Nécessité d'un pouvoir judiciaire spécial pour l'Union. — Division de l'Union sous le rapport de l'administration de la justice. — Districts, circuits. — Organisation de la cour suprême, sa juridiction originelle et en appel. — Note sur la distinction entre la loi commune et l'équité. — Organisation des cours de circuit. — Juridiction originelle et en appel. — Organisation des cours de district. — Juridiction. — Organisation des cours supérieures de territoire. — APPENDICE. — Organisation du pouvoir judiciaire dans les États particuliers et les territoires.

---

969. [Suivant la méthode que nous avons adoptée jusqu'à présent, nous allons ajouter aux commentaires de M. Story sur les clauses de la constitution qui concernent le pouvoir judiciaire, quelques détails techniques sur l'organisation des tribunaux de l'Union ; et nous terminerons par un exposé rapide de l'organisation du pouvoir judiciaire dans les États.

970. Les gouvernements n'ont que deux moyens de vaincre les résistances des gouvernés : la force

(1) Ce chapitre est ajouté aux Commentaires de M. Story.

matérielle qu'ils trouvent en eux-mêmes, la force morale qu'ils puisent dans les arrêts des tribunaux. Là où il n'y a pas de pouvoir judiciaire pour interpréter les lois et les faire exécuter, le gouvernement doit périr par la faiblesse, ou bien les autres pouvoirs de l'État, pour contraindre à l'obéissance, deviendront usurpateurs aux dépens de la liberté. On doit donc placer la justice comme un intermédiaire entre le gouvernement et la force matérielle, et par là, substituer l'idée du droit à celle de la violence. S'il est vrai de dire que la liberté est impossible sans un pouvoir judiciaire complétement séparé des pouvoirs exécutif et législatif, il est également vrai de dire aussi que la sécurité individuelle et la propriété privée dépendent de l'existence même de ce pouvoir.

971. Ces principes incontestables dans tout gouvernement, le deviennent surtout lorsqu'il s'agit d'un gouvernement fédéral, parce que de sa nature il est plus faible, et qu'on peut plus aisément organiser contre lui des résistances; s'il lui fallait recourir sans cesse à l'emploi de la force matérielle, non-seulement il ne suffirait pas à sa tâche, mais il avancerait sa ruine: par trop de modération, il tomberait dans le mépris; par trop d'énergie, il dégénérerait en despotisme.

972. Aux États-Unis, un pouvoir judiciaire était donc aussi important pour le gouvernement de l'Union que pour les gouvernements particuliers des États. Il y a plus, ce pouvoir judiciaire devait être spécialement adapté à la forme de ce gouverne-

ment, avoir la même source, en un mot, être entièrement distinct du pouvoir judiciaire organisé dans chaque État. On ne doit pas, en effet, perdre de vue que si, par rapport aux nations étrangères, les Etats-Unis d'Amérique forment un seul peuple, un seul tout, les États sont restés indépendants entre eux, ayant chacun leur origine différente, leur doctrine propre, et leurs moyens spéciaux d'agir. On ne pouvait donc pas, sans péril, confier l'exécution des lois de l'Union au pouvoir judiciaire de chaque État : autrement, les lois de l'Union auraient été continuellement en danger d'être dominées par celles des États; le gouvernement fédéral serait infailliblement tombé sous leur dépendance, et l'on aurait vu alors se renouveler les mêmes scènes de désordre et d'anarchie qui déchirèrent la Confédération et causèrent sa ruine.

973. En admettant même qu'une pareille collision ne fût pas à craindre entre les lois de l'Union et celles des États, on ne pouvait du moins espérer obtenir une administration régulière, une interprétation uniforme de la constitution et des lois sans l'établissement d'une autorité judiciaire régulatrice; prétendre obtenir cette uniformité de la part de treize États (vingt-huit aujourd'hui), eût été une pensée chimérique pour ne pas dire absurde. La constitution et les lois de l'Union auraient été exposées à des fluctuations continuelles, résultant de la diversité des jugements, aussi bien que de la diversité des institutions locales, des intérêts locaux, et des préjugés de chaque Etat.

974. Les fondateurs de la constitution convinrent donc de créer un pouvoir judiciaire fédéral, pour appliquer les lois de l'Union et pour décider certaines questions d'intérêt général, qui furent définies d'avance (1).

975. Par rapport à l'administration de la justice fédérale, le territoire de l'Union est divisé en cours de district, cours de circuit et cour suprême.

976. Division de l'Union en districts. — On compte trente-cinq districts qui sont les suivants : Districts du Maine, de New-Hampshire, de Massachusetts, de Rhode-Island, du Connecticut, de Vermont; district méridional de New-York, district septentrional; district de New-Jersey; district oriental de Pensylvanie, district occidental; districts de Delaware, de Maryland, de Kentucky; district oriental de la Virginie, district occidental; district de l'Ohio; districts d'Albemarle, de Pamptico, du cap Fear, ces trois derniers dans la Caroline du Nord; district occidental de la Caroline du Sud, district oriental; district oriental de Tennessée, district occidental; district de la Géorgie; district nord d'Alabama, district sud; district de Mississipi; district occidental de la Louisiane, district oriental; district de Missouri; district de l'Illinois; district d'Indiana; district de Michigan; district d'Arkansas.

977. Division en circuits. — La réunion d'un

(1) Voyez les lois organiques du 14 septembre 1789 et du 3 mars 1803.

certain nombre de ces cours de district forme la juridiction d'une cour supérieure que l'on appelle *cour de circuit.* On compte sept cours de circuit.

La première comprend les cours de district de Rhode-Island, de Massachusetts, de New-Hampshire et du Maine.

La seconde, la cour de district de Connecticut, celle de district nord de New-York, et celle de Vermont.

La troisième, la cour de district de New-Jersey et la cour de district de Pensylvanie.

La quatrième comprend les cours de district de Maryland et de Delaware.

La cinquième, celles de la Virginie et de la Caroline du Nord.

La sixième, celles de la Caroline du Sud et de la Géorgie.

Enfin, la septième cour de circuit comprend les cours de district oriental et occidental de Tennessée, celles de Kentucky et de l'Ohio.

978. Les cours de district fédérales, du district nord de New-York, du district ouest de Pensylvanie, des districts d'Indiana, de l'Illinois, du Missouri, du Mississipi, des districts est et ouest de la Louisiane (1), des districts nord et sud d'Alaba-

(1) Nous croyons que de nouvelles cours de circuit ont été récemment organisées parmi ces districts; nous pouvons du moins affirmer qu'une cour de circuit fonctionne à la Louisiane. P. O.

ma (1), des districts du Michigan et d'Arkansas, peuvent, indépendamment de leurs pouvoirs comme cours de district, connaître de toutes les causes ressortissant aux cours de circuit, excepté des causes d'appel et des writs d'erreurs (*writs of error*).

Toutes les cours fédérales de circuit ressortissent à la cour suprême fédérale, dans laquelle est concentrée toute la puissance judiciaire de l'Union. Ainsi, aux États-Unis, la justice fédérale peut, dans certains cas, avoir trois degrés : 1° cour de district; 2° cour de circuit; 3° cour suprême.

979. COUR SUPRÊME DES ÉTATS-UNIS. — La cour suprême des États-Unis est composée d'un grand juge (*chief-justice*), de six juges assesseurs, d'un procureur général (*attorney general*), d'un rapporteur général (*reporter of decisions*) (2), d'un secrétaire ou greffier (*clerk*), et d'un huissier en chef (*marshall*). Les sept juges de la cour suprême se réunissent une fois par an en session solennelle à Washington, le second lundi du mois de janvier, pour juger les affaires qui ressortissent à cette

(1) Une loi du congrès, du 3 mars 1837, avait creé une cour de circuit; mais elle fut supprimée par un autre acte du 21 février 1838.

(2) Il faut bien se garder de confondre ce rapporteur avec ce que nous appelons en France juge ou conseiller rapporteur. Aux États-Unis, le rapporteur n'est pas un magistrat, et ne présente pas, comme dans nos tribunaux, un exposé préliminaire de l'affaire; c'est un arrêtiste chargé officiellement de recueillir les décisions de la cour et de les publier.

cour soit originellement, soit en appel; la réunion de quatre juges suffit pour rendre un arrêt.

980. La cour suprême a une juridiction originelle et une juridiction d'appel; la constitution a pris soin d'enumérer d'une manière expresse les cas qui rentrent dans la juridiction originelle; elle les a restreints aux causes du plus haut intérêt, de la plus grande importance, à celles qui concernent directement un État, ou bien encore à celles qui intéressent directement ou indirectement les gouvernements étrangers (1).

981. La juridiction d'appel de la cour suprême s'étend sur les cours fédérales de circuit, et sur les cours des États particuliers dans certains cas déterminés (2). Ainsi la cour suprême fédérale peut reviser : 1° par voie d'appel, les décisions rendues en première instance par une cour fédérale de circuit; — 2° par voie de *writ of error* (3), les décisions rendues par une cour fédérale de circuit sur l'appel d'un jugement rendu par une

(1) Voyez la constitution des États-Unis, art. III, sect. 2, § 2. — Voyez aussi le onzième amendement et le n° 938 précédent.

(2) Voyez n° 941 et suivants.

(3) On procède, par voie de *writ of error*, à la revision des jugements definitifs en première instance ou en appel. C'est un recours extraordinaire pour faire réformer un arrêt. — Voyez n° 952. Il est bon de remarquer que l'on ne peut faire réformer ni par appel, ni par *writ of error*, les décisions rendues en matière criminelle; cette impossibilité de faire reviser, même dans l'intérêt de la loi, les jugements criminels, a soulevé de vives réclamations dans le pays. P. O.

cour fédérale de district; — 3° par voie de *writ of error* les décisions rendues par une cour supérieure des États, lorsqu'il s'agit, par exemple, de l'interprétation de la constitution des États-Unis, des lois du congrès, ou encore de questions d'un intérêt général. Quoique, dans l'exercice de sa juridiction d'appel, la cour apprécie, de nouveau, le fait et le droit, elle ne peut cependant discuter les faits qui ont déjà été appréciés par un jury, et sur lesquels a été rendu un verdict définitif. L'intervention d'un jury n'a lieu, au civil, que dans les matières qui sont régies par la loi commune (1). Les causes régies par la juridiction d'équité (2), celles d'amirauté et de la juridiction maritime sont toujours jugées sans jury, et le fait et le droit peuvent être de nouveau discutés en appel.

982. On voit, par ce qui précède, que l'on ne peut comparer la cour suprême des États-Unis à la cour de cassation en France. La cour suprême fédérale peut être saisie de certaines causes en première instance; elle juge non-seulement le *droit*, mais également le *fait;* de plus, elle prononce directement sans renvoyer devant un autre tribunal. La seule analogie éloignée que l'on pourrait trouver

(1) Le jury n'intervient même pas toujours dans les causes qui doivent être décidees d'après la loi commune; par exemple, si la valeur de l'objet en litige est au-dessous de 20 dollars. — Voyez n° 954.

(2) Voyez plus haut, t. II, p. 354, la note sur la juridiction des cours de loi commune et celle des cours d'équité.

P. O.

entre ces deux institutions, c'est que la cour suprême de l'Union tend à établir l'uniformité dans la jurisprudence fédérale. La cour suprême n'est, il est vrai, qu'une cour d'appel, mais c'est une cour d'appel unique pour l'Union entière dans toutes les matieres fédérales.

983. Cours de circuit des États-Unis.—Chacun des juges composant la cour suprême des États-Unis doit parcourir deux fois chaque année l'une des sept divisions territoriales dont nous avons parlé, pour juger, conjointement avec le juge de district des États-Unis, les causes pendantes à cette cour. Toutefois, le juge de la cour suprême a seul le droit de décider dans les causes d'appel : tels sont les *writs of error*, ou les appels des jugements des cours de district. La cour présidée par le magistrat chargé de faire cette tournée, est désignée sous le nom de *cour de circuit.* Chacune de ces cours a un procureur général qui remplit les mêmes fonctions près la cour de district, un greffier, et un huissier en chef.

984. Les cours de circuit ont une juridiction originelle et une juridiction d'appel. Des lois du congrès ont déterminé les causes dont les cours de circuit connaissent en première instance (1), quelquefois même concurremment avec les cours d'État. La juridiction d'appel est

(1) Voyez les notes, t. II, p. 33 et 65, sur la juridiction en matière commerciale, et sur la juridiction concernant les etrangers.

exercée par voie de *writ of error* à l'égard des jugements définitifs des cours fédérales de district, lorsque la valeur de l'objet litigieux excède 50 dollars; par voie d'appel : 1° à l'égard des jugements rendus en première instance par les mêmes cours, lorsque la valeur de l'objet litigieux ne dépasse pas 50 dollars; 2° à l'égard de toutes les causes renvoyées d'une cour d'État, lorsque l'action est intentée contre un étranger, ou par un citoyen de l'État où l'affaire est portée, contre un citoyen d'un autre État.

985. COURS DE DISTRICT DES ÉTATS-UNIS.—Dans chacun des districts (1) qui forment la subdivision des sept grandes divisions territoriales des États-Unis, on a placé à demeure un juge fédéral. La cour présidée par ce juge, et à laquelle sont également attachés un procureur général (*district attorney*) et un huissier en chef, se nomme *cour de district.* Des lois spéciales ont déterminé les cas dans lesquels les cours fédérales de district ont une juridiction en première instance et exclusive, et les cas dans lesquels elles partagent cette juridiction avec les cours des États (2).

986. En matière criminelle, les cours fédérales

(1) Nous croyons qu'un acte du congrès, du 18 juin 1838, a crée une seconde cour de district dans le district occidental de l'État de Tennessée.

(2) Les contestations dans lesquelles un étranger est partie sont, dans plusieurs cas, du ressort des cours fédérales de district. Voyez la note ci-dessus, t. II, page 65, *Juridiction des étrangers.* P. O.

de district connaissent exclusivement de tous les crimes commis dans leur circonscription, lorsque la peine est expressément désignée comme d'une importance et d'un degré inférieur; de tous les châtiments ou peines encourus pour violation des lois de l'Union. Et dans les districts où ne siégent pas de cours de circuit, les cours de district connaissent également des crimes prévus par un acte du congrès du 15 mai 1820, et ayant pour titre: « Acte pour protéger le commerce des États-Unis « et punir la piraterie. »

987. Il n'y a pas de cours fédérales de commerce; les cours maritimes et commerciales sont en général du ressort des tribunaux ordinaires institués dans les différents États, sauf quelques rares exceptions réservées par la loi aux cours fédérales de district (1).

988. Cours supérieures de territoire. — On a placé également dans les territoires qui ne sont pas érigés en États, des cours fédérales temporaires, qui portent les noms de *cours supérieures*. Dans toutes les causes où les États-Unis sont intéressés, ces cours ont la juridiction des cours de district, et même celle des cours de circuit, hormis l'appel et le *writ of error*. La révision est portée, dans ce cas, directement devant la cour suprême.

989. Devant les cours fédérales, on applique

(1) Voyez la note ci-dessus, page 33, *Juridictions commerciales*.

les lois des différents États dans les affaires qu'il s'agit de juger suivant la loi commune, quand elles sont applicables, à moins cependant qu'elles n'aient été modifiées par la constitution, par les lois ou par les traités des États-Unis. Quand ces lois ne sont pas applicables, on doit suivre le droit des gens et la jurisprudence d'équité adoptée en Angleterre, ainsi que les lois des nations étrangères. « D'après l'étendue de la juridiction qu'exercent les cours des États-Unis, dit M. Story (1), l'on voit qu'elles exigent de la part des magistrats, des travaux et des études plus variées et plus étendues peut-être qu'il ne serait nécessaire pour siéger dans les tribunaux de toute autre nation de la chrétienté. Ils doivent, en effet, étudier et approfondir les lois de tous les États de l'Union (2), appliquer la jurisprudence étrangère et posséder la science entière du droit des gens,

(1) Article de M. Story sur les cours de justice aux États-Unis, traduit par M. Lorieux, ancien magistrat. *Revue étrangère de législation*, tom. III, p. 65.

(2) Cette étude de la législation des États de l'Union est d'autant plus vaste, que dans quelques-uns d'entre eux les sources du droit sont nombreuses et variées. Nous citerons notamment la Louisiane, dont les lois, eu égard à leur origine, sont tout à la fois françaises et espagnoles, anglo-américaines et louisianaises proprement dites. Ajoutons cependant que l'origine française a toujours prédominé dans cette législation, et plus spécialement depuis que le Code civil du pays a été modelé sur le Code civil français.

Dans une excellente note que M. Paul Quemper, récemment encore avocat à la Nouvelle-Orléans, a publiée sur la Louisiane, concernant les captures, les prises et les ambassadeurs; leurs fonctions les obligent à consulter les lois maritimes et les lois de l'amirauté, non-seulement celles qui sont en vigueur en Angleterre et en Amérique, mais encore celles qui régissent les divers États du continent de l'Europe. Ce n'est pas tout encore, leurs travaux ne se bornent pas là, car la loi commune qui suffit pour occuper tous les moments d'une classe entière de cours en Angleterre; la jurisprudence d'équité à l'étude de laquelle d'autres cours sont exclusivement consacrées, sont d'une application journalière, naturelle, dans les cours nationales des

nous trouvons les details suivants sur la legislation de cet État :

*Lois qui régissent l'État de la Louisiane.*

« Le livre intitule *Code civil de la Louisiane*, regarde par un grand nombre comme un tout à peu près complet, n'est, en realité, qu'un fragment de l'immense assemblage des lois variées et complexes qui se sont formées, à diverses reprises, sous l'influence de plusieurs nationalites successives.

« Colonie française dans l'origine, province d'Espagne plus tard, française de nouveau, et enfin Etat souverain dans l'Union américaine, cette riche et florissante contrée, progressant avec mesure, conserve dans sa législation l'empreinte visible de toutes ses phases gouvernementales. Ainsi, sans parler des règlements coloniaux, voici, dans l'ordre chronologique, un sommaire très-abrégé de son histoire législative :

« Coutume de Paris et vieux droit français; — lois de Castille et des Indes, avec le droit romain pour les sources; — constitution et lois du gouvernement fédéral en regard du droit castillan; — code civil et statut local; — constitution et lois de l'Etat; — amendements au code; — lois espagnoles

États-Unis. Enfin, il faut ajouter encore à ces différentes sources de procès compliqués, l'immense responsabilité qui pèse sur des magistrats chargés de décider des questions constitutionnelles, dont on ne saurait exagérer l'importance et la difficulté. »

---

## APPENDICE.

990. Pouvoir judiciaire des États. — Comme appendice à l'organisation du pouvoir judiciaire fédéral, nous allons présenter le tableau succinct

en partie conservées; — droit moderne de la France, modifié par la doctrine ou les arrêts : voilà, en peu de mots, ce qui constitue la *loi civile* du pays. Tous ces éléments, épars ou juxtaposés, coexistent sans se fondre, et ne pourront, de longtemps, former un corps de droit uniforme; et cela, on le conçoit, à cause de l'empire que, malgré toute clause *abrogatoire*, reprennent isolément les lois anciennes, suivant la nature même des affaires, et suivant l'époque à laquelle remonte le litige.

« En matière de commerce, il faut recourir aux lois commerciales anglaises, legèrement modifiées; et, au criminel, on retrouve encore l'Angleterre, dont l'antique *loi commune* a été adoptée comme base de tout le système, excepté toutefois le code pénal que le corps législatif a entièrement refondu.

« Enfin, la forme de procéder est réglée par un code de procédure et par des lois speciales : dans ce code, dans ces lois, beaucoup de lacunes que l'on remplit en recourant, la plupart du temps, en matière civile, aux lois espagnoles; et, en matière commerciale, aux coutumes anglo-américaines, c'est-à-dire, aux *précédents* ou arrêts. » (*Notice sur la Louisiane* par M. Paul Quemper, avocat à la cour royale de Paris.)

P. O.

de l'organisation judiciaire établie dans les États particuliers; on remarquera que cette organisation varie à l'infini dans les différents États. Pour plus de clarté, nous suivrons une classification des États généralement admise, et qui les divise en États du Nord et de l'Est; — Etats du Centre; — États du Sud-Est, du Sud et du Sud-Ouest; — États de l'Ouest et du Nord-Ouest.

991. Le pouvoir judiciaire des États est composé de la manière suivante :

ÉTATS DU NORD ET DE L'EST. — I. Dans l'État du Maine : 1° d'une cour suprême; 2° d'une cour des plaids communs; 3° de cours d'assises formées par les juges de paix; 4° de cours de succession (*register courts*); 5° de justices de paix.

II. Dans l'État de New-Hampshire : 1° d'une cour supérieure; 2° de cours inférieures qui siégent quatre fois l'année dans chacun des comtés; 3° de cours d'assises formées par les juges de paix qui se réunissent deux fois l'année dans chaque comté; 4° de cours de succession; 5° de justices de paix.

III. Dans l'État de Vermont : 1° d'une cour suprême; 2° de cours de comté; 3° de cours de succession; 4° de justices de paix.

IV. Dans l'État de Massachussetts : 1° d'une cour suprême; 2° de cours des plaids communs; 3° de cours d'assises formées par les juges de paix; 4° de cours de succession; 5° de justices de paix.

V. Dans l'État de Rhode-Island : 1° d'une cour suprême; 2° de cours des plaids communs, 3° de cours d'assises formées par les juges de paix; 4° de justices de paix.

VI. Dans l'État de Connecticut: 1° d'un conseil; 2° d'une cour suprême; 3° de cours de comté; 4° de cours de succession et de curatelle; 5° de justices de paix.

VII. Dans l'État de New-York : 1° d'une cour de chancellerie; 2° d'une cour suprême; 3° d'une cour supérieure; 4° d'une cour chargée de connaître des accusations politiques et des procès relatifs au redressement des erreurs (*court of errors*); 5° d'une cour des plaids communs; 6° d'une cour d'assises formée par les juges de paix; 7° d'une cour de l'échiquier; 8° d'une cour de succession et de curatelle; 9° de justices de paix; 10° d'une cour maritime.

VIII. Dans l'État de New-Jersey: 1° d'une cour de chancellerie; 2° d'une cour suprême; 3° d'une *court of oyer and terminer* (1); 4° d'une cour de *nisi prius* (2); 5° d'une cour des plaids communs; 6° d'une cour d'assises formée par les juges de paix qui se réunissent quatre fois l'année dans chaque canton; 7° d'une cour des orphelins; 8° de justices de paix.

IX. Dans l'État de Delaware: 1° d'une cour suprême; 2° d'une cour de chancellerie; 3° d'une cour supérieure; 4° d'une cour des plaids communs; 5° d'une cour d'assises formée par les juges

(1, 2) Voyez pour l'explication de ces mots, les notes qui se trouvent plus haut, tom. II, p. 397, n° 952, p. 420. P. O.

de paix qui se réunissent quatre fois l'année dans chaque comté; 6° de justices de paix.

X. Dans l'État de Pensylvanie : 1° d'une cour suprême; 2° d'une cour des plaids communs; 3° de cours d'assises formées par les juges de paix, qui réunissent en même temps les attributions de cour des orphelins et de cour de succession; 4° de cours de chancellerie; 5° de cours d'*oyer and terminer* et de *gaol-delivery* (1); 6° de justices de paix.

États du Centre. — XI. Dans l'État de l'Ohio : 1° d'une cour suprême; 2° de cours des plaids communs; 3° de justices de paix.

XII. Dans l'État d'Indiana : 1° d'une cour suprême; 2° de cours de circuit; 3° de justices de paix.

XIII. Dans l'État d'Illinois : 1° d'une cour suprême; 2° de cours des plaids communs; 3° de justices de paix.

XIV. Dans l'État de Michigan : 1° d'une cour suprême; 2° d'une cour des plaids communs; 3° de justices de paix.

États du Sud-Est, du Sud et du Sud-Ouest. — XV. Dans l'État de Maryland : 1° d'une cour d'appel; 2° d'une cour générale; 3° d'une cour de chancellerie; 4° de cours de comté; 5° de cours des orphelins; 6° de justices de paix.

Dans le district fédéral ou de Colombia : 1° d'une cour de circuit, de laquelle on appelle, sans

(1) Voyez la note 2, t. II, p. 346.

instance intermédiaire, à la cour suprême de l'Union; 2° de justices de paix.

XVI. Dans l'État de Virginie : 1° d'une cour d'appel; 2° d'une haute cour de chancellerie; 3° d'une cour générale; 4° de cours de district; 5° de cours de comté; 6° de justices de paix.

XVII. Dans l'État de la Caroline du Nord : 1° d'une cour suprême; 2° de cours de district; 3° de cours d'équité ou de chancellerie; 4° de cours d'amirauté; 5° de justices de paix.

XVIII. Dans l'État de la Caroline du Sud : 1° de cours d'assises; 2° de cours des plaids communs; 3° de cours de circuit; 4° de cours d'équité; 5° de cours de district; 6° de justices de paix.

XIX. Dans l'État de Géorgie : 1° d'une cour suprême; 2° de cours de comté; 3° de justices de paix.

Dans le territoire des Florides : 1° de deux cours suprêmes, pour la Floride occidentale et la Floride orientale; 2° de cours de seconde instance; 3° de justices de paix.

XX. Dans l'État d'Alabama : 1° d'une cour suprême; 2° de cours de comté; 3° de justices de paix.

XXI. Dans l'État de Mississipi : 1° d'une cour suprême; 2° de cours des plaids communs; 3° de cours d'équité; 4° de justices de paix.

XXII. Dans l'État de la Louisiane : 1° d'une cour suprême qui siége alternativement dans le district de l'Est et dans le district de l'Ouest; 2° de cours de district; 3° de cours de paroisse, qui connaissent également des affaires de succession et de testament; et 4° de justices de paix. — Il y a en outre, à la Nouvelle-Orléans, une cour spéciale pour les successions et testaments, appelée cour des preuves (*court of probates*); et une autre cour spéciale appelée cour de cité, à laquelle ressortissent les appels de la justice de paix. Il y a aussi une cour de commerce qui partage sa juridiction avec les tribunaux civils.

XXIII. Dans l'État d'Arkansas : 1° d'une cour suprême; 2° de cours de comté; 3° de justices de paix.

États de l'Ouest et du Nord-Ouest. — XXIV. Dans l'État de Kentucky : 1° d'une cour suprême d'appel; 2° de cours des plaids communs; 3° de justices de paix.

XXV. Dans l'État de Tennessée : 1° d'une cour suprême; 2° d'une cour de district; 3° de cours de chancellerie; 4° de justices de paix.

XXVI. Dans l'État de Missouri : 1° d'une cour suprême : 2° d'une cour de chancellerie; 3° de cours de comté; 4° de justices de paix.

XXVII et XXVIII. États du Wisconsin et de l'Iova. Nous ne connaissons pas l'organisation judiciaire de ces États tout récemment admis dans l'Union.

Territoires.—Les territoires ont aussi un pouvoir judiciaire spécial, réglé et modifié selon la volonté du congrès; car les territoires sont, comme on sait, sous sa direction, jusqu'à ce qu'ils aient été érigés en États et admis en cette qualité dans l'Union. Ce pouvoir judiciaire en général est composé pour chaque territoire de plusieurs cours supérieures, et de cours inférieures et de justices de paix, qui sont créées par le conseil législatif du territoire, selon les besoins de ces localités. Nous avons dit plus haut que les cours supérieures avaient une juridiction originelle exclusive dans toutes les affaires qui intéressaient les États-Unis.

992. Deux pouvoirs judiciaires distincts existent donc aux États-Unis : celui de l'Union et celui de chacun des États particuliers. La constitution s'est appliquée à définir la juridiction du pouvoir judiciaire de l'Union ; mais en même temps elle a compris que ces deux pouvoirs coexisteraient sans se confondre, et sans qu'il fût possible de dire où l'un devrait s'arrêter, où l'autre devrait commencer, la prévoyance la plus expérimentée ne pouvant deviner tous les cas éventuels de collisions. Pour mettre fin aux conflits, la constitution a donné à la cour suprême fédérale le droit de décider toutes les questions de compétence.

993. Il est vrai que la cour suprême est ici juge dans sa propre cause; mais il fallait opter entre une cour fédérale ou une cour d'État. En choisissant la cour suprême, la constitution atteignait mieux son but, celui d'obtenir une jurisprudence uniforme dans toutes les questions d'interprétation des lois de l'Union, et dans toutes celles qui touchaient aux intérêts généraux. Mais on doit reconnaître aussi que ce pouvoir immense donné à la cour suprême fédérale, porte une rude atteinte à l'indépendance des États, car elle pourra

juger en dernier ressort de la validité d'une loi passée par un État, si on attaque cette loi comme contraire à la constitution ou aux lois et traités de l'Union. Toutefois, hâtons-nous de dire que cette atteinte n'existe qu'en théorie : en fait, la cour suprême userait difficilement de sa prérogative contre les États qui violeraient même ouvertement les lois fédérales, parce qu'elle n'a pas la force matérielle qui, seule, pourrait faire plier les États devant ses arrêts; et de nombreux exemples (1) nous montrent combien les juges fédéraux sont disposés à éviter toute occasion de lutte. P. O.]

(1) Une affaire qui a eu en Europe un immense retentissement, l'affaire Mac-Leod, est une nouvelle preuve de la prudente longanimité du gouvernement féderal. On se rappelle que le procureur général de l'Union avait revendiqué contre l'Etat de New-York l'évocation de la cause devant la cour suprême des États-Unis, prétendant que le crime imputé à Mac-Leod était un crime contre l'Union Le procureur général de l'État de New-York soutint, de son côté, que le crime avait été commis contre l'État de New-York et devait être jugé par les tribunaux de New-York. Le procureur général des États-Unis n'alla pas plus loin; la cause fut jugée par une cour d'État : l'acquittement de Mac Leod vint fort heureusement mettre fin au conflit, et la juridiction est restée indecise.

P. O.

# CHAPITRE XLIV.

## DÉFINITION ET PREUVE DE LA TRAHISON.

Nécessité de fixer les faits constitutifs du crime de haute trahison.—Remarque de Montesquieu à ce sujet.—Les États-Unis ont adopté la législation de la Grande-Bretagne. — La constitution exige le témoignage de deux témoins sur le même fait. — Elle admet l'aveu volontaire de l'accusé lorsqu'il est fait en présence de la cour. — Pénalité. — Obligation de révéler les faits de trahison.

994. La section 3 de l'article II est ainsi conçue : « La trahison contre les États-Unis consistera « uniquement à prendre les armes (1) contre eux, « ou à se réunir à leurs ennemis en leur donnant « aide et secours. Aucune personne ne sera con- « vaincue de trahison, si ce n'est sur le témoignage « de deux témoins déposant sur le même fait pa- « tent, ou lorsqu'elle se sera reconnue coupable « *en pleine cour.* »

995. La trahison est le plus grand des crimes qu'on puisse commettre dans une société civile,

(1) L'expression anglaise est *levying war*, ce qui comprend à la fois et les hostilités du dehors et les insurrections à l'intérieur. P. O.

puisqu'elle ne tend à rien moins qu'au renversement du gouvernement, à la résistance aux lois par la force. La trahison soulève la réprobation et la haine générale. Juste ou injuste, quand une accusation de cette nature pèse sur un individu, elle l'expose toujours au mépris; et souvent, dans les époques de troubles et d'effervescence, les actes les plus inoffensifs acquièrent une fatale importance, par les préjugés populaires ou les antipathies des gouvernants. C'est donc une chose essentielle de donner une définition exacte de la trahison (1), et Montesquieu n'hésite point à dire « qu'il suffirait d'une mauvaise définition du crime de haute trahison pour conduire un gouvernement à l'arbitraire.» L'histoire de la Grande-Bretagne abonde en preuves à cet égard. D'après l'ancienne loi commune, les juges pouvaient à leur gré définir quels actes constituaient une haute trahison, et très-souvent ils se faisaient les instruments dociles du pouvoir. Ils interprétaient arbitrairement des actions innocentes, et, par des inductions forcées, ils pouvaient facilement créer des catégories de trahison. Les accusations arbitraires s'étaient tellement renouvelées, frappant

(1) La clause de la constitution est interpretée rigoureusement. Ainsi, on n'a pas considéré comme crimes de trahison le fait de conspirer pour faire prendre les armes; — la réunion secrète de conspirateurs sans armes, et sans être ni en force, ni préparés pour un combat, quoique réunis dans le but de trahir; — l'enrôlement d'hommes pour agir contre le gouvernement. P. O.

l'innocent et le bon citoyen, que sous le règne d'Édouard III, le parlement crut devoir intervenir pour régler cette matière par une définition des différents cas de trahison. Ce statut est devenu la base de la jurisprudence anglaise dans cette matière. Et bien que depuis ce temps, on ait essayé quelquefois, sous certains règnes arbitraires, d'augmenter les cas de trahison, le bon sens du peuple en a fait justice, et les a ramenés dans de justes limites.

996. Les républiques n'ont pas été davantage à l'abri de pareils excès ; le *Fédéraliste* a fait remarquer avec raison que les faux prétextes de trahison ont été, pour ainsi dire, les machines de guerre dont les factions se sont servies pour s'écraser l'une l'autre.

997. Instruite par l'histoire et par la connaissance de l'humanité, la Convention a jugé nécessaire d'opposer aux interprétations arbitraires une barrière insurmontable ; le crime de haute trahison fut limité aux deux cas suivants : prendre les armes contre les États-Unis ; se réunir à leurs ennemis en leur donnant aide et secours. La Convention a pris pour base le statut d'Edouard III, et pour prévenir toute interprétation arbitraire, on a admis celle de la loi criminelle.

998. Quant aux règles prescrites par la constitution des États-Unis, concernant la peine du crime de haute trahison, elles ont aussi été puisées dans la législation anglaise sur la matière, et sont fondées sur un principe de protection et de ga-

rantie contre les faux témoignages et les aveux indiscrets. En effet, une observation justifiée par l'expérience prouve que de tous les témoignages, l'aveu de l'accusé est le moins sûr et le plus suspect. Souvent arraché par la ruse ou de fausses promesses, il n'a pas les caractères qui établissent la certitude des témoignages. La constitution n'a donc admis que l'aveu fait en pleine cour, *in open court* (1). De plus, la constitution n'a pas voulu que le témoignage d'une seule personne, même du rang le plus élevé, pût suffire pour établir la conviction d'un crime d'une si odieuse gravité : il faut le concours de deux témoignages sur le même fait patent. Cette disposition nous paraît à l'abri de toute objection sérieuse.

999. La seconde clause de la même section qui donne au congrès le pouvoir de fixer la peine de la trahison et les incapacités qui en résultent, a été suffisamment expliquée dans un des chapitres précédents.

[Nous ajouterons seulement qu'une loi du 30 avril 1790 punit de la peine de mort les personnes convaincues du crime de haute trahison. La même loi de 1790 punit de la prison pendant sept années au plus, et d'une amende qui ne doit pas excéder mille dollars, tout individu qui, in-

(1) On a jugé qu'un aveu fait devant un magistrat hors de la cour n'etait pas suffisant pour convaincre du crime de haute trahison. Mais lorsque cet aveu est fait sur un acte patent, après le témoignage de deux temoins, il est admis alors comme confirmation du témoignage. P. O.

formé d'un crime de haute trahison, n'en aura pas donné connaissance au président des Etats-Unis, aux juges fédéraux, au gouverneur de l'État, ou enfin aux juges de la localité. P. O.]

# CHAPITRE XLV.

## PRIVILÈGES DES CITOYENS. — ENGAGÉS FUGITIFS. — ESCLAVES FUGITIFS.

Les citoyens des États-Unis jouissent des mêmes priviléges dans tous les États de l'Union —Mauvaise redaction de la Confédération.—La clause de la constitution est plus claire. — L'extradition réciproque existe entre les États de l'Union, elle n'existe pas ordinairement avec les États étrangers. — Disposition de la constitution concernant les esclaves fugitifs. — Cette disposition a été introduite en faveur des États du Sud.

---

1000. La section 1re de l'article IV de la constitution, relative à la confiance due aux actes et procédures des États de l'Union ; et la section 3 du même article, relative aux nouveaux États, ont été analysées précédemment. La section 2 porte : « Les « citoyens de chaque État auront droit à tous les « priviléges et immunités attachés au titre de ci- « toyen dans les autres États. » Une disposition analogue se trouvait dans la Confédération (1) : « Les *habitants libres* de chacun de ces États, excepté les mendiants, vagabonds et repris de justice, auront

1 Article IV, section 1re.

droit à *tous les priviléges et immunités* attachés au titre de *citoyen libre*; et *le peuple* pourra circuler librement dans chacun des États de cette Confédération, y jouir de tous *les priviléges* de commerce et de trafic, en se soumettant aux mêmes impôts, taxes ou restrictions qui pèsent sur les habitants de ces mêmes États.» Le *Fédéraliste* a fait remarquer la confusion des termes de cette clause. Il est difficile de dire pourquoi on emploie ces trois expressions, *habitants libres*, *citoyen libre* et *peuple*; pourquoi, après avoir dit *tous les priviléges et immunités*, on ajoute plus loin *tous les priviléges de trafic et de commerce*. On pourrait en tirer cette conséquence étrange, que les *habitants libres* d'un État, bien qu'ils ne soient pas *citoyens* de ce même État, ont dans chaque autre État droit aux priviléges de citoyens libres de cet État, c'est-à-dire, aux plus grands priviléges qu'ils puissent avoir dans leur propre État.

1001. La clause de la constitution ne présente pas cette ambiguité; son langage est clair et son but facile à comprendre. Combinée avec le pouvoir exclusif du gouvernement national de conférer la naturalisation, elle aplanit les difficultés qu'avait soulevées l'article de la Confédération; il est évident que si les citoyens de chaque État étaient considérés comme étrangers les uns aux autres, ils ne pourraient acquérir des propriétés ou d'autres priviléges dans les différents États, que comme étrangers. L'intention de la clause de la constitution était de leur conférer un droit de cité général, et de rendre les priviléges et immunités de chaque État communs à tous.

1002. La disposition suivante de la même section porte : « Un individu accusé, dans un État, « de trahison, félonie ou autre crime, qui se sauvera de la justice, et qui sera trouvé dans un autre État, sera, sur la demande de l'autorité exécutive de l'État dont il s'est enfui, livré et conduit « vers l'État ayant juridiction sur ce crime. » Cette clause existait dans l'acte de Confédération.

1003. On a souvent demandé jusqu'à quel point une nation est obligée, uniquement d'après le droit des gens et indépendamment des traités particuliers, de livrer les personnes qui ont commis un crime dans un pays étranger et sont venues y chercher un asile. Le chancelier Kent regarde comme évident, en principe et en autorité, que chaque État doit refuser un asile aux criminels, et doit même, après un examen consciencieux de la cause, livrer le coupable fugitif à la juridiction de l'État dans lequel le crime a été commis. D'autres juges et jurisconsultes savants ont émis une opinion différente (1).

(1) M. Fœlix, dans son *Traité du droit international privé*, range de la manière suivante en deux classes les publicistes qui se sont prononcés pour ou contre l'obligation d'extradition en l'absence de traités : Grotius, Heineccius, Vattel, Schmelzing, Kent et Hofman se prononcent pour l'affirmative; mais la negative est soutenue par Voet, Puffendorf, Leyser, Martens, Kluber, Kleist, Saalfed, Schmalz, M. Mittermayer, Mangin, M. Wheaton, M. Pinheiro Ferreira. Nous croyons pouvoir joindre à ces noms celui de M. Rossi. Ce

1004. Toutefois, sous quelque point de vue que l'on envisage la question par rapport aux nations étrangères, c'est une chose hors de doute qu'il importait beaucoup à la bonne administration de la justice criminelle, et à la tranquillité des États de l'Union entre eux (1), que les personnes accusées

publiciste va plus loin, et pense qu'un gouvernement qui se respecte et qui a soin de sa dignite et de sa puissance, ne doit même consentir à un traite d'extradition que sous certaines conditions essentielles. P. O.

(1) Aux États-Unis on n'accorde pas l'extradition des étrangers accusés ou condamnés qui sont venus chercher asile sur le territoire de l'Union. En parlant des consuls des États-Unis (*), nous avons dit que le projet de convention consulaire signé à Paris, entre le ministre de France le comte de Vergennes et le docteur Franklin, n'avait pas eté ratifié par le congrès. Un des principaux motifs du refus de ratification, vint de ce que dans cet acte on avait insére, à la demande du ministre français, une clause donnant aux consuls français le droit d'arrêter et de renvoyer en France les capitaines, gens de mer et *passagers*. Le congrès comprit de quelle extension ce mot de *passagers* était susceptible; et il ne voulut pas ratifier la convention. On en fit une nouvelle le 14 novembre 1788, où ce mot fut omis (**). Une convention d'extradition a cependant été faite entre les États-Unis et la Grande-Bretagne, le 9 août 1842, pour des crimes spécifiés. L'État particulier de New-York a, par une loi du 5 avril 1822, autorisé le gouvernement à livrer les étrangers accusés de meurtre, faux, vol, et autres crimes que les lois de cet État punissent de mort et d'emprisonnement. P. O.

(*) Tom. II, pag. 322, à la note.

(**) Voyez à l'occasion de ces négociations, la lettre de Jefferson au comte de Montmorin, et les considerations sur le droit d'extradition. *Mémoires et correspondances de Jefferson*, publiés par *Conseil*, tom. I, pag. 464.

d'un crime dans un des États, ne pussent pas trouver asile dans les autres, mais qu'elles fussent livrées à la justice. Ce droit agit d'une manière salutaire, en décourageant le crime, et en lui ôtant tout moyen d'échapper au châtiment : il maintiendra l'harmonie et les bonnes relations entre les États, et fera comprendre davantage encore les bienfaits d'un gouvernement national.

1005. La dernière clause de cette section 2 porte : « Aucune personne engagée au service ou au travail « dans un État, sous les lois de cet État, et qui « se sauverait dans un autre, ne pourra, en consé- « quence d'une loi ou d'un règlement de l'État où « elle s'est réfugiée, être dispensée de ce service « ou travail, mais sera livrée sur la réclamation de « la partie à laquelle ce service et ce travail sont « dus. »

1006. Cette clause fut insérée dans la constitution principalement en faveur des États où l'esclavage existait encore, et pour leur donner le moyen de réclamer leurs esclaves qui s'enfuiraient dans les États où l'esclavage était aboli. La Confédération gardait le silence à cet égard, et cette lacune était un des plus vifs reproches des États à esclaves, puisque non-seulement les propriétaires ne trouvaient aucun secours, mais que de plus ils rencontraient quelquefois la plus vive résistance. On comprend combien les États du Nord et du Centre durent sacrifier leurs opinions et leurs sentiments pour faire cette concession aux Etats du Sud. Cela certainement ne peut servir de prétexte à de justes plaintes, mais prouve au contraire, malgré ce qu'on a pu dire, que les États du Sud n'ont pas été oubliés, et qu'ils ont eu leur part d'intérêt dans l'établissement du gouvernement fédéral (1).

(1) La clause de la constitution concernant les esclaves fugitifs est de droit strict et ne peut pas être étendue. Ainsi, on a décide que si une femme esclave s'enfuit dans un État qui ne reconnaisse pas l'esclavage, devient enceinte et accouche dans cet État, l'enfant naîtra libre. « La constitution, dit la cour suprême de Pensylvanie, ne parle que de la personne qui s'est échappée (*escaping, not his issue*). » P. O.

# CHAPITRE XLVI.

## GARANTIES DU GOUVERNEMENT FÉDÉRAL. — AMENDEMENTS.

Le gouvernement fédéral doit protection aux États. — Cette obligation n'était pas écrite dans la Confédération. — En Amérique la constitution n'est pas censée immuable.— Elle peut être changée par la volonté du peuple.—Mode de proposer les amendements.

---

1007. La section 4 de l'article IV est ainsi conçue : « Les États-Unis garantissent à tous les États « de l'Union une forme de gouvernement républi- « cain, et protégeront chacun d'eux contre toute « invasion, et aussi contre toute violence inté- « rieure, sur la demande de la législature et du pou- « voir exécutif, si la législature ne peut être con- « voquée. »

1008. L'omission d'une pareille clause dans l'acte de Confédération avait été regardée comme un défaut capital, qui pouvait même compromettre l'existence de l'Union. En effet, sans une garantie formellement stipulée, les États menacés de quelques dangers auraient-ils pu réclamer, comme un droit, l'assistance du gouvernement national?

L'usurpation aurait levé son étendard, renversé les libertés du peuple; et le gouvernement national, privé de tout droit d'agir, n'aurait pu exprimer que des regrets stériles. Bientôt l'Union elle-même aurait disparu au milieu des discordes et des troubles civils (1).

1009. Le cinquième article traite de la manière de proposer des amendements à la constitution : « Le congrès, toutes les fois que les deux tiers des « chambres le jugeront nécessaire, proposera des « amendements à cette constitution ; ou, sur la de- « mande des deux tiers des législatures des divers « États, il convoquera une Convention pour pro- « poser des amendements, lesquels dans les deux « cas seront valables à toutes fins, comme partie « de cette constitution, quand ils auront été rati- « fiés par les législatures des trois quarts des divers « États, ou par les trois quarts des Conventions « formées dans le sein de chacun d'eux, selon que « l'un ou l'autre mode de ratification aura été pres- « crit par le congrès : pourvu qu'aucun amende- « ment fait avant l'année 1808 n'affecte, d'une « manière quelconque, la première et la quatrième « clause de la 9e section de l'article Ier, et qu'au- « cun État ne soit privé, sans son consentement, « de son suffrage dans le sénat. »

1010. On comprend l'importance de cette disposition. Tout gouvernement des hommes est né-

(1) Un État qui abolirait la forme républicaine, serait *ipso facto* reputé s'être retiré de l'Union. P. O.

cessairement imparfait; car il est impossible de prévoir tous les événements qui exigeront des modifications, et de pourvoir d'avance aux besoins futurs du peuple. Un gouvernement toujours inconstant dans sa marche est voisin de l'anarchie; et d'un autre côté, tout gouvernement qui n'aurait pourvu par aucune disposition aux changements devenus nécessaires, sera stationnaire et tôt ou tard impropre aux besoins nouveaux du pays. Il dégénérera en despotisme, ou la force des choses le jettera dans les révolutions. Un gouvernement sage, et surtout un gouvernement républicain, devra donc pourvoir aux moyens de modifier la constitution, selon les temps et les événements, afin de la tenir au niveau des circonstances nouvelles. L'objet important en cette matière est de rendre les changements praticables, mais non trop faciles, de suivre les leçons de l'expérience plutôt que les entraînements de la théorie.

1011. La constitution nous présente une application de ces principes. Ses fondateurs n'ont pas été assez présomptueux pour croire à la perfection de leur œuvre. Ils se sont appliqués à combiner et ajuster le mieux possible ses différentes parties; mais comprenant que le temps mettrait bientôt en relief les imperfections et les lacunes de la constitution, ils ont désiré qu'elle restât accessible aux améliorations. D'un autre côté, la possibilité de faire des amendements détournait ou diminuait les dangers sérieux qui menacent surtout les républiques confédérés, et ont souvent causé leur ruine. Comme les fondateurs de la constitution des États-Unis savaient que le défaut ordinaire des républiques est d'avoir une humeur inquiète et turbulente, comme ils savaient aussi que l'orgueil et la susceptibilité des pouvoirs d'État sont les vices propres aux Confédérations, ils ont cherché sinon à empêcher, du moins à atténuer les coups qui pourraient être portés contre leur œuvre. Dans cette vue, ils ont pensé que le droit d'amendement était le meilleur moyen de donner issue aux excitations accidentelles, et en même temps le meilleur moyen de contrôler et de suivre les besoins nouveaux.

1012. L'utilité de ce droit d'amendement nous paraît incontestable; la seule question est de savoir s'il a été réglé par la constitution, de manière à remplir d'une manière efficace le double but que nous venons d'indiquer.

1013. D'après la constitution, le droit d'amendement s'exerce de deux manières : l'une, au nom du gouvernement, par l'intermédiaire du congrès; l'autre, au nom des États, par l'intermédiaire de la législature. Quand les deux tiers de chaque chambre sont d'avis de l'utilité d'un amendement, le congrès peut le proposer à l'adoption du peuple; d'un autre côté, les législatures des deux tiers des États peuvent demander la convocation d'une Convention, pour proposer des amendements. Dans tous les cas, il faut que les trois quarts des États approuvent l'amendement, pour qu'il devienne partie intégrante de la constitution (1). La bonté pratique de ce système nous paraît démontrée par l'expérience : douze amendements ont été de cette manière incorporés dans la constitution (2). L'accord des deux tiers du congrès ou des législatures, quant à la proposition de l'amendement ; des trois quarts des États, quant à son adoption ; le temps accordé pour l'examen entre la proposition et l'adoption, ont été jusqu'à ce jour des garanties suffisantes contre l'esprit de changement. On a peu à craindre les surprises de la ruse ou de l'intrigue ; car plusieurs années peuvent s'écouler avant qu'une décision soit prise. Nous exceptons les circonstances pressantes qui demandent avant tout une action prompte. En Angleterre, le pouvoir suprême de la nation réside dans le parlement ; et sa puissance est telle, qu'il peut changer tout le système de la constitution, sans avoir besoin de l'assentiment du peuple ; il est

(1) Le concours du président des États-Unis n'est pas exigé pour valider le vote par lequel les deux tiers des chambres proposent un amendement au peuple, peut-être même ce concours serait-il inconstitutionnel. Cependant il n'est pas sans exemple que les présidents aient indiqué dans leurs messages certains amendements dont ils jugeaient la proposition utile.
P. O.

(2) En vertu du principe qui permet de modifier la constitution des États-Unis, le peuple de chaque État peut aussi modifier la sienne ; et, depuis 1778, plusieurs États ont changé la leur : le New-Hampshire, le New-York, le Delaware, la Pensylvanie, la Caroline du Sud, le Connecticut et la Virginie.
P. O.

vrai que l'on a peu à craindre que le parlement use de son pouvoir, tant que le peuple sera convenablement représenté, mais enfin le droit existe en théorie, et le parlement en a même usé jusqu'à changer la succession au trône (1).

(1) Le juge Blackstone établit d'une maniere energique l'omnipotence du parlement : « La puissance et la juridiction du parlement sont si etendues et si absolues, suivant sir Édouard Coke, « soit sur les personnes, soit sur les affaires, qu'aucunes limites « ne peuvent lui être assignees... On peut, ajoute-t-il, dire avec « vérite de cette cour : *Si antiquitatem spectes, est vetustissima ; « si dignitatem, est honoratissima ; si jurisdictionem, est capa- « cissima.* Son autorité, souveraine et sans contrôle, peut faire « confirmer, étendre, restreindre, abroger, revoquer, renou- « veler et interpréter les lois sur les matières de toutes deno- « minations ecclesiastiques, temporelles, civiles, militaires, « maritimes et criminelles. C'est au parlement que la constitu- « tion de ce royaume a confié ce pouvoir despotique et absolu, « qui, dans tout gouvernement, doit resider quelque part. « Les griefs, les remedes à apporter, les déterminations hors « du cours ordinaire des lois, tout est atteint par ce tribunal « extraordinaire. Il peut régler ou changer la succession au « trône, comme il l'a fait sous les règnes de Henri VIII et de « Guillaume III ; il peut alterer la religion nationale établie, « comme il l'a fait en diverses circonstances sous les règnes « de Henri VIII et de ses enfants ; il peut changer et creer de « nouveau la constitution du royaume et des parlements eux- « mêmes, comme il l'a fait par l'acte de l'Union de l'Angle- « terre et de l'Écosse, et, par divers statuts, pour les élections « triennales et septennales. En un mot, il peut faire tout « ce qui n'est pas naturellement impossible. Aussi n'a-t-on pas « fait scrupule d'appeler son pouvoir, par une figure peut-être « trop hardie, l'omnipotence du parlement. »

En France, au contraire, la constitution est immuable, car on n'aperçoit point de moyens legaux pour la changer. P. O.

# CHAPITRE XLVII.

## DETTES PUBLIQUES. — SUPRÉMATIE DE LA CONSTITUTION ET DES LOIS DE L'UNION.

La constitution reconnaît les dettes anterieures. — La constitution, les lois féderales, les traités, forment la loi suprême du pays. — Nullité des lois des États qui seraient en opposition avec celles de l'Union. — Les juges apprécient la constitutionnalité des lois.

---

1014. La première clause de l'art. VI porte « que « toutes les dettes contractées et les engagements « pris avant la présente constitution, seront aussi « valides à l'égard des États-Unis, sous la présente « constitution, que sous la Confédération. »

1015. Cette disposition n'est autre chose que la consécration d'un principe du droit des gens. Il est de toute justice, en effet, que les révolutions dans les gouvernements n'aient aucune influence sur les droits des particuliers ou sur les obligations publiques. Un changement dans l'organisation politique de la société ne doit pas la délier de ses obligations.

1016. La déclaration de l'acte constitutionnel fut ainsi faite, non-seulement comme une reconnaissance de ces principes du droit des gens, mais dans une vue pratique, et pour rassurer les étrangers qui se trouvaient créanciers du gouvernement.

1017. La clause suivante du même article VI est ainsi conçue : « Cette constitution et les lois « des États-Unis qui seront faites en conséquence, « et tous les traités faits ou qui seront faits sous « l'autorité desdits États-Unis, composeront la loi « suprême du pays; les juges de chaque État seront « tenus de s'y conformer, nonobstant toute dis- « position qui, dans les lois ou la constitution « d'un État quelconque, serait en opposition avec « cette loi suprême. »

1018. La nature de la constitution des États-Unis rendait cette clause nécessaire. En effet, si la constitution a pour but d'établir un gouvernement national, ce gouvernement doit être suprême dans les limites de ses pouvoirs et de ses droits. Il y aurait contradiction à affirmer l'existence d'un gouvernement national, revêtu de certains pouvoirs, et à nier la suprématie de ces mêmes pouvoirs. De plus, une chose si importante que cette suprématie ne pourrait être facilement déduite par interprétation, elle a donc besoin d'être expressément consacrée.

1019. A l'égard des traités, les mêmes raisons demandent qu'ils soient regardés comme la loi suprême du pays. Les traités sont des contrats solennels entre les nations; sans une exécution scrupuleuse, les nations étrangères ne consentiront pas à traiter avec nous, ou si elles le font, une infidélité de notre part encouragerait les représailles et produirait la guerre. Ainsi, c'est donc une chose indispensable que les traités aient force de loi dans toute l'Union, et que le pouvoir judiciaire puisse contraindre à l'obéissance. Ce que nous disons de la force obligatoire des traités n'empêche pas qu'ils ne puissent être abrogés par la nation selon les principes du droit public; car on ne peut nier qu'ils ne restent soumis au pouvoir législatif, qu'ils ne puissent être rapportés à sa volonté comme les autres lois, ou qu'ils ne puissent être modifiés par d'autres traités. Jusque-là ils doivent être obligatoires pour les États et les citoyens des États de la même manière que les autres lois. La paix de l'Union, sa dignité, son honneur sont attachés à cette scrupuleuse observance des engagements internationaux. C'est une chose très-importante au point de vue de l'administration de la justice, de distinguer si les traités doivent être considérés comme des lois ou seulement comme des contrats. Si on les regarde comme lois suprêmes de l'Union, les tribunaux devront les faire exécuter sans examen, et même de préférence à des lois d'État, dans tous les cas qui donneront naissance à un débat judiciaire; circonstance qui s'est présentée dans l'affaire des créances anglaises, reconnues par le traité de 1783, après l'adoption de la constitution. Si on les regarde seulement comme de simples contrats, les tribunaux pourront quelquefois se trouver embarrassés pour donner à ces contrats force et exécution; et en pareil cas, ils se verront contraints de laisser ce soin à une autre branche du gouvernement. C'est une chose notoire que les États, sous la Confédération, ne tinrent aucun compte des stipulations des traités, et surtout du traité de paix de 1783. Les États regardèrent ces traités non comme des lois, mais comme des engagements ne constituant qu'une obligation morale, et dont l'exécution dépendait de leur libre arbitre. Ce fut inutilement que le congrès combattit cette interprétation, et la démontra contraire aux vrais principes et à toute justice. La clause actuelle fut probablement insérée dans la constitution pour empêcher à l'avenir de semblables inconvénients, et elle ferait honneur à ses auteurs, quand elle n'aurait eu d'autre résultat que de fortifier les traités, en leur donnant la qualité de lois suprêmes de l'Union. Il y a bien encore des cas dans lesquels les tribunaux ne peuvent agir d'une manière efficace; c'est lorsque le traité produit un contrat, ou quand l'une des parties s'oblige à faire un acte déterminé; le traité est alors du ressort de la politique, et le pouvoir législatif doit exécuter le contrat avant que le traité devienne une règle pour les tribunaux.

1020. De cette suprématie de la constitution, des lois et traités des États réunis, résulte pour les tribunaux fédéraux l'obligation de prononcer la nullité des actes du congrès ou des États, qui seraient contraires à la constitution nationale. Mais ces tribunaux n'ont pas le droit de prononcer la nullité des actes contraires aux constitutions d'État, si ces actes ne sont pas en opposition avec la constitution fédérale; ce pouvoir appartient aux tribunaux d'État. Le pouvoir de contrôle donné indirectement aux tribunaux de l'Union, ou des États dans leur sphère, est aujourd'hui incontesté.

# CHAPITRE XLVIII.

## SERMENT DES FONCTIONNAIRES.

Tous les fonctionnaires fédéraux prêtent serment de défendre la constitution.—Ce serment est même exigé des membres des legislatures d'État, et des fonctionnaires exécutifs et judiciaires des États. — Aucune profession de foi religieuse n'est exigée des fonctionnaires.

---

1021. La troisième clause de la constitution porte : « Les sénateurs et les représentants sus- « mentionnés, et les membres des législatures « des Etats, et tous les officiers du pouvoir exécu- « tif et judiciaire, tant des États-Unis que des di- « vers États, seront tenus par serment ou par « affirmation de soutenir cette constitution; mais « aucun serment religieux ne sera jamais requis « comme condition pour remplir une fonction ou « charge publique sous l'autorité des États-Unis. »

1022. La société a le droit d'exiger des fonctionnaires une garantie de l'accomplissement scrupuleux de leurs devoirs; et l'on a regardé le serment comme une obligation sacrée pour les esprits sérieux, pour ceux surtout qui ont le sentiment de leur responsabilité envers Dieu. Si, dans l'administration de la justice, et lorsqu'il s'agit seulement de droits privés, de réclamations individuelles, on a exigé le serment des juges et des témoins, comme un frein contre la mauvaise foi ou les faux témoignages, à plus forte raison, devait-on l'exiger de la part des fonctionnaires chargés des intérêts publics, et qui ont en main le bien-être et la sécurité du pays. Toutefois, comme on rencontre des hommes qui ne pourraient prêter serment sans violer les instincts de leur conscience (tels sont les amis ou quakers), et que cette sévérité de principes ne peut les rendre incapables d'exercer des fonctions publiques, la constitution a prudemment agi en remplaçant pour ces derniers, le serment par une affirmation solennelle.

1023. Peut-être ne comprendra-t-on pas aussi facilement la disposition constitutionnelle qui exige le serment ou l'affirmation des fonctionnaires des gouvernements d'État. On a même été jusqu'à dire qu'il n'y avait pas plus de raison pour exiger des fonctionnaires des gouvernements d'État le serment de défendre la constitution des États-Unis, que pour dispenser les fonctionnaires des États-Unis de prêter ce serment aux constitutions d'État. Il est facile de justifier l'obligation imposée aux uns, et la dispense faite aux autres. Les membres du gouvernement national n'ont aucune action sur la marche des gouvernements d'État, tandis que les membres des gouvernements d'État ont action sur la marche de la constitution nationale. L'élection du président et du sénat s'appuiera sur les législatures des États, et dans bien des circonstances, les législatures influeront sur l'élection de la chambre des représentants; les juges des cours d'État seront fréquemment appelés à prononcer sur la constitution, les lois et les traités des États-Unis, et sur les droits et les réclamations qui s'élèveront à leur sujet (1). Leurs décisions doivent être uniformes autant que possible; l'uniformité du devoir conduira plus facilement à ce but. Le pouvoir exécutif des États aura souvent à faire valoir les droits donnés par la constitution, par exemple, en pourvoyant aux vacances dans le sénat, en l'absence de la législature; en convoquant les élections pour remplir les vacances dans la chambre des représentants; en mettant à exécution les lois fédérales qui convoquent la milice, etc. Ces fonctions et beaucoup d'autres, dévolues aux fonctionnaires des États, ont fait regarder comme une chose très-importante de les lier envers la constitution par un serment solennel.

1024. La fin de la clause porte « qu'aucun serment religieux ne sera jamais requis comme « condition pour remplir une fonction ou charge « publique sous l'autorité des États-Unis. » Cette disposition fut admise, non-seulement pour calmer les scrupules respectables des personnes qui éprouvaient une répugnance invincible à faire pro-

(1) Sauf bien entendu le recours devant le pouvoir judiciaire fédéral. P. O.

fession de foi, mais encore pour atteindre un but plus élevé : on voulut ôter tout prétexte à toute alliance entre l'Église et l'État. Les fondateurs de la constitution virent les dangers qui découleraient de cette source; l'histoire des autres nations et notre propre histoire leur avaient appris que la religion faussée et mesquine s'agitait sans relâche, cherchant tous les moyens d'appesantir son influence sur les hommes, et que l'intolérance se montrait toujours disposée à emprunter la force des pouvoirs civils pour abattre ceux qui doutaient de son infaillibilité.

# CHAPITRE XLIX.

## LIBERTÉ DE CONSCIENCE. — LIBERTÉ DE LA PRESSE.

Tout gouvernement a droit d'intervenir dans les matières religieuses. — Difficulté de fixer la limite de ce droit. — Exemple de differents cas d'intervention. — Opinion des esprits à l'époque de l'adoption de la constitution. — Note sur les sectes religieuses et la séparation de l'Église et de l'État en Amérique. — La constitution fédérale consacre le principe de la liberté de la presse. — La liberté de la presse n'est pas la licence. — Les États particuliers ont aussi admis le principe de la liberté de la presse. — Extrême diffusion de la presse aux États-Unis.

---

1025. Nous avons déjà eu l'occasion de dire que la constitution avait été l'objet de reproches nombreux et fort amers, non-seulement par rapport à ses dispositions, mais aussi par rapport aux lacunes qui s'y rencontrent. A cet égard, l'omission d'une déclaration pour poser et consacrer les principaux droits des citoyens des États-Unis, avait paru un des plus graves défauts de cet acte, et les opposants n'avaient pas manqué de l'exagérer aux yeux du peuple, pour empêcher l'adoption de la constitution. Leurs efforts furent impuissants; mais il fallut consacrer, dans une série d'amendements, les priviléges généraux des citoyens des États-Unis. Nous avons déjà vu les amendements qui consacrent le jugement par jury.

1026. Le premier amendement porte: « Le con-
« grès ne pourra faire aucune loi relative à l'éta-
« blissement d'une religion ou pour en prohiber
« une. Il ne pourra non plus restreindre la liberté
« de la parole ou de la presse, ni attaquer le droit
« qu'a le peuple de s'assembler paisiblement et
« d'adresser des pétitions au gouvernement pour
« obtenir le redressement de ses griefs. »

1027. *Liberté de conscience.* — La question de savoir jusqu'à quel point un gouvernement a le droit d'intervenir dans les matières qui concernent la religion, a été souvent discutée par les publicistes et les hommes politiques. Les plus distingués parmi les plus zélés partisans d'un gouvernement libre, aussi bien que parmi les défenseurs des gouvernements arbitraires, ont soutenu que l'intervention était pour le gouvernement un droit et un devoir. En effet, le droit d'une société ou d'un gouvernement d'intervenir dans les matières qui intéressent la religion, ne peut pas être contesté par tous ceux qui pensent que la piété, la morale, la religion, sont intimement liées au bien de l'État. La propagation des grandes doctrines de la religion, l'existence, les attributs d'un Dieu tout-puissant, notre responsabilité envers lui pour toutes nos actions, l'encouragement des vertus personnelles et sociales, toutes ces choses ne peuvent pas être un objet d'indifférence pour une société bien ordonnée. Tout homme convaincu de l'origine divine du christianisme, regardera comme un devoir du gouvernement de le maintenir et de l'encourager parmi les citoyens. C'est là une chose tout à fait distincte de la liberté du jugement dans les matières religieuses, et de la liberté du culte selon les inspirations de la conscience.

1028. La difficulté réelle est de fixer les limites du droit d'intervention du gouvernement; trois exemples d'intervention se présentent naturellement : 1° Un gouvernement peut donner des secours à une religion particulière, mais laisser les individus libres d'en suivre une autre; 2° créer des établissements religieux pour la propagation des doctrines d'une secte particulière de cette religion, laissant chacun libre de suivre les autres; 3° enfin créer des établissements religieux, et prononcer arbitrairement contre ceux qui n'ont pas adhéré aux doctrines encouragées, une exclusion totale ou partielle de toute participation aux honneurs, charges, ou priviléges de l'État.

1029. Probablement à l'époque de l'adoption de la constitution et des amendements, on pensait généralement en Amérique que le christianisme devait être encouragé par l'État, autant que cela pouvait se faire sans blesser la liberté de la conscience et des cultes. Toute tentative pour niveler les religions, ou pour ériger en principe de gouvernement la plus complète indifférence à cet égard, aurait soulevé une réprobation, peut-être même une indignation générale.

1030. Mais le devoir d'encourager la religion et surtout la religion chrétienne, est tout différent du droit de contraindre la conscience des hommes, ou de les punir parce qu'ils adorent Dieu d'une autre manière qu'ils croient plus agréable à la Divinité. On a dit, avec raison, « que la religion ou nos obligations avec notre Créateur, ainsi que la manière de les acquitter, ne pouvaient être dictées que par la raison ou la conviction, et non par la force et la violence. » Locke, lui-même, qui n'a jamais mis en doute le droit du gouvernement d'intervenir dans les matières religieuses, et notamment pour encourager le christianisme, a fait en même temps connaître son opinion sur le droit de la pensée et sur la liberté de conscience, en des termes qui conviennent à un partisan sincère de la liberté civile et religieuse. « Nul homme, nulle société, dit-il, n'a le droit d'imposer ses opinions, ses interprétations au plus humble de tous les chrétiens; car, en matière de religion, chaque homme doit savoir, croire, et répondre pour lui-même. » Les droits de la conscience sont hors des atteintes de tout pouvoir humain; ils ont été donnés par Dieu, et l'autorité qui voudrait y toucher, violerait les premiers préceptes de la religion naturelle et de la religion révélée.

1031. Le véritable but de l'amendement n'était pas de tolérer et encore moins d'encourager l'islamisme, le judaisme ou l'incrédulité, par l'abaissement de la religion chrétienne, mais d'empêcher toute rivalité parmi les différentes communions du christianisme, et de prévenir l'établissement d'une religion nationale, qui placerait une hiérarchie sous la protection exclusive du gouvernement. Cet amendement a donc pour but de prévenir toute persécution religieuse, et de protéger la liberté de conscience que l'on voit si souvent foulée aux pieds. L'histoire de la mère patrie offrait aux Américains, sur ce sujet, de solennels enseignements et de tristes souvenirs.

1032. Si l'on jugea utile de refuser au gouvernement tout moyen d'action en matière religieuse, ce fut par une connaissance entière des dangers qui sont la conséquence de l'ambition ecclésiastique, de l'orgueil et de l'intolérance des sectes religieuses, connaissance justifiée par les exemples de l'histoire nationale et étrangère. En outre, la position des différents États de l'Union proclamait la politique et la nécessité d'une telle exclusion. En effet, dans quelques États, les épiscopaliens prédominaient; dans d'autres, les presbytériens, ou les congrégationalistes, ou les quakers; ou bien toutes les sectes vivaient côte à côte, sans que l'une fut supérieure aux autres. Et certainement, le gouvernement national aurait été exposé aux luttes perpétuelles des sectes rivales pour fonder leur suprématie religieuse, s'il avait eu le pouvoir d'établir une religion d'État. On ne pouvait donc espérer de tranquillité qu'en lui enlevant ce pouvoir, et par-dessus tout, en consacrant le principe de la liberté religieuse, et en défendant toute profession de foi. Ainsi, tous les règlements en matière de religion ont été laissés aux gouvernements particuliers des États; c'est à eux d'y pourvoir d'après leur sentiment de justice et leur constitution. Catholiques et protestants, calvinistes et arméniens, juifs et infidèles, tous peuvent être appelés à siéger dans les conseils du gouvernement de l'Union, sans crainte d'être inquiétés dans leur croyance ou leur culte (1).

(1) Il y a aux États-Unis une multitude de sectes religieuses. On en compte environ vingt principales. — Deux sectes de méthodistes, — plusieurs sectes de baptistes, — deux sectes de presbyteriens, — des congrégationalistes, — des luthériens, — des épiscopaliens, — des unitairiens, — des quakers, — des universalistes, — des frères unis, — des juifs, — des catholiques. Parmi toutes les communions religieuses, les sectes dominantes sont les methodistes, les baptistes, les presbytériens, les congrégationalistes. L'église épiscopale anglicane est fort peu nombreuse; les catholiques viennent ensuite : ils sont au nombre d'environ 1,700,000, divises en dix évêchés; puis enfin les quakers et autres sectes moins importantes. Toutes ces sectes diffèrent dans le culte qu'elles rendent au Créateur; mais toutes s'entendent sur les devoirs des hommes les uns envers les autres. Aux États-Unis, on a pris un soin extrême pour séparer l'Église de l'État; aussi les ministres religieux n'envient aucune fonction politique; dans plusieurs États de l'Union, la constitution même les exclut expressément de toute carrière politique (*). M. de Tocqueville n'he-

(*) Voyez la constitution de New-York, art. VII, § 4.
Id. de la Caroline du Nord, art. XXXI.
Id. de la Caroline du Sud, art. I$^{er}$, § 23.
Id. de la Virginie.
Id. du Kentucky, art. II, § 26.

1033. *Liberté de la presse.*—Le congrès ne peut faire aucune loi qui restreigne la liberté de la parole ou de la presse (1). Soutenir que cette dis-

site pas à attribuer à cette circonstance la puissance que les principes religieux exercent sur les hommes en Amerique. « Si les Américains, dit-il, qui changent le chef de l'État tous « les quatre ans, qui tous les deux ans font choix de nouveaux « législateurs, et remplacent les administrateurs provinciaux « chaque année; si les Américains, qui ont livré le monde po- « litique aux essais des novateurs, n'avaient point place leur « religion quelque part en dehors de lui, à quoi pourrait-elle « se tenir dans le flux et reflux des opinions humaines? Au « milieu de la lutte des partis, où serait le respect qui lui est « dû? Que deviendrait son immortalite quand tout perit autour « d'elle? Les prêtres américains ont aperçu cette verité avant « tous les autres, et ils y conforment leur conduite; ils ont vu « qu'il fallait renoncer à l'influence religieuse, s'ils voulaient « acquérir une puissance politique; et ils ont preferé perdre « l'appui du pouvoir que de partager ses vicissitudes. » (*De la Democratie en Amérique.*) P. O.

(1) Le principe de la liberte de la presse n'a pas toujours eté consacre d'une manière aussi formelle. M. de Tocqueville rapporte une pièce à la date du 14 janvier 1732, trouvée par lui dans les documents législatifs de Massachusetts, et qui prouve que des tentatives avaient quelquefois été faites pour établir quelque chose d'analogue à la censure prealable et au cautionnement.

Le comité nomme par l'assemblée generale (le corps législatif de la province) pour examiner l'affaire relative au journal *New England courant*, « pense que la tendance dudit journal « est de tourner la religion en derision, et de la faire tomber « dans le mepris; que les saints auteurs y sont traites d'une « manière profane et irréverencieuse; que la conduite des mi-

Voyez la constitution du Tennessée, art. I$^{er}$, § 28.
Id. de la Louisiane, art. II, § 22.

position garantit à tout citoyen le droit absolu de dire, d'écrire ou d'imprimer ce qui lui plaît, sans aucune responsabilité publique ou privée, est une prétention si étrange, qu'elle ne peut même pas être discutée sérieusement. Autant vaudrait dire que chaque citoyen a le droit de diffamer le congrès, et de compromettre la réputation, la tranquillité et la sûreté des citoyens. Un homme pourrait ainsi, par malice ou par vengeance, accuser un autre homme des crimes les plus odieux; soulever l'indignation de tous les citoyens en répandant les plus viles calomnies; troubler et détruire la paix des familles; exciter les rébellions, les troubles et les trahisons contre le gouvernement. Avec un pareil état de choses, une société civile ne pourrait pas exister longtemps. On verrait bientôt les hommes

« nistres de l'Évangile y est interprétée avec malice; que le « gouvernement de Sa Majesté y est insulté, et que la paix et « la tranquillité de cette province y sont troublées par ledit « journal : en conséquence, le comité est d'avis qu'on défende « à James Franklin, l'imprimeur et l'éditeur, de ne plus im- « primer et publier à l'avenir ledit journal ou tout autre écrit, « avant de l'avoir soumis au secrétaire de la province. Les « juges de paix du canton de Suffolk seront chargés d'obtenir « du sieur Franklin un cautionnement qui répondra de sa « bonne conduite pendant l'année qui va s'écouler. »

M. de Tocqueville ajoute que la proposition du comité fut acceptée et convertie en loi; mais que le journal éluda la défense en mettant le nom de Benjamin Franklin, au lieu de *James* Franklin, au bas de ses colonnes. L'opinion publique qui se manifesta contre la loi empêcha tout autre essai de censure. P. O.

obligés d'avoir recours aux vengeances personnelles, pour obtenir les réparations qu'ils ne trouveraient pas dans la loi. Les assassinats et les actes de cruauté se succéderaient, ainsi qu'on le voit dans les sociétés barbares. Les termes de l'amendement n'accordent donc pas une pareille licence; ils ne signifient rien autre chose, si ce n'est que tout citoyen aura le droit de dire, d'écrire, d'imprimer son opinion sur tout sujet, quel qu'il soit, sous les seules restrictions de ne blesser personne dans ses droits, ses biens ou sa réputation, de ne pas troubler la tranquillité publique et de ne pas chercher à renverser le gouvernement. Ce n'est pas autre chose, comme on le voit, que la doctrine mise récemment en pratique dans la loi sur les libelles, et d'après laquelle chacun peut publier ce qui est vrai, pourvu qu'il le fasse avec des justes motifs et dans un but justifiable (1). Avec ces sages restrictions, la liberté de la presse n'est pas seulement un droit en elle-même, mais un privilége très-important dans un gouvernement libre. Sans ces restrictions, au contraire, elle deviendrait le fléau de la république, en établissant le despotisme sous la forme la plus terrible.

(1) Cette doctrine de M. Story se concilie très-bien avec la fameuse maxime anglaise : *The greater the truth, the greater the libel.* « Plus grande est la vérité, plus grand est le libelle. » Ainsi, il ne suffit pas qu'un fait soit vrai, pour qu'on ait le droit de le révéler, il faut encore de justes motifs : il n'y a d'exception qu'à l'égard des fonctionnaires publics, tout fait vrai peut être légalement articulé contre eux. P. O.

1034. En étudiant l'histoire des autres contrées, à des époques différentes, nous comprenons mieux l'importance de la liberté de la presse. C'est une chose notoire, qu'aujourd'hui encore, dans quelques pays étrangers, on regarde comme un crime d'exposer, en matière de religion, de philosophie ou de politique, des doctrines contraires aux opinions du gouvernement, quelque louable que soit le but. Blâmer des gouvernants, des hommes publics, dans les termes les plus modérés et avec les plus grands ménagements, est aussi regardé comme une offense contre l'inviolabilité de leur caractère, et appelle un châtiment exemplaire. Dans quelques pays, on ne peut imprimer aucun ouvrage de science, de littérature ou de philosophie, sans une approbation préalable du gouvernement; et la presse est forcée d'accepter le langage timide qui lui est imposé par un courtisan hypocrite ou par un censeur capricieux. La Bible elle-même, cet héritage commun, non pas seulement des chrétiens, mais de tous les hommes, la Bible a été soumise, d'une manière spéciale, au contrôle du gouvernement. Traduire les saintes Écritures dans la langue vulgaire du pays, fut quelquefois, dans les temps anciens, regardé comme une offense grave et punie sévèrement.

1035. On a longuement discouru sur la liberté de la presse, sur son inviolabilité absolue; on a prétendu qu'elle était hors de tout examen, en un mot, qu'elle impliquait l'idée d'une souveraineté despotique, pouvant produire les plus grands maux, sans avoir à rendre compte à la justice publique ou privée. Nous avons dit qu'une pareille prétention est trop extravagante pour trouver des défenseurs parmi les jurisconsultes pénétrés de l'esprit de la constitution ; nous avons ajouté que si elle était exacte, il faudrait renoncer à cette liberté comme étant incompatible avec un gouvernement libre. Le juge Blackstone a fait observer que la liberté de la presse, sagement comprise, est essentielle à la nature des États libres; mais qu'elle consiste à ne mettre aucune entrave aux publications, et non pas dans l'absence de toute répression, quand l'écrit est publié, s'il est criminel. Tout homme libre a le droit incontestable de faire connaître son opinion en toute matière : mettre des obstacles à l'exercice de ce droit, c'est détruire la liberté de la presse. Mais s'il publie des choses nuisibles, illégales, il est responsable des conséquences de sa témérité. Assujettir la presse au pouvoir restrictif d'un censeur, c'est soumettre la liberté de pensée aux préjugés d'un seul homme, c'est le rendre juge arbitraire et infaillible de tous les points controversés dans les sciences, la religion et les matières de gouvernement. Mais punir les écrits dangereux et injurieux, quand ils sont publiés, est une chose nécessaire au maintien de la paix et du bon ordre, dans toute société civilisée. De cette manière, la liberté des individus n'est pas entravée : l'abus seul de cette liberté est puni. Un homme peut avoir dans sa demeure des poisons subtils, mais il ne peut les vendre en public comme des remèdes. Enfin Blackstone termine par cette pensée remarquable : « Il est donc vrai de dire que punir la licence, c'est maintenir la liberté de la presse. »

1036. Nous ne croyons pas que l'opinion émise par Blackstone sur la liberté de la presse ait été rejetée par les tribunaux des États (1). Au contraire, on a souvent reconnu dans les différents États « que la liberté de la presse ne doit pas être entravée, » ou plus solennellement encore, « que la liberté de la presse devait être inviolablement

(1) Ainsi le congrès ne peut pas toucher à la liberté de la presse : ce n'est même pas à lui à faire les lois pour réprimer l'abus de cette liberté, c'est aux législatures d'État. Toutefois le congrès peut, en cette matière, faire des lois applicables au siége du gouvernement.

Il y a peu de temps cependant (en 1836), la liberte de la presse reçut une grave atteinte de la part du congrès. Pour rassurer les propriétaires d'esclaves, et malgré la disposition positive de l'amendement à la constitution, le congrès adopta un bill qui instituait une sorte de censure, et la confiait aux directeurs ou sous-directeurs des postes, qui sont, comme on sait, des agents fédéraux. Ce bill defendait, sous peine de destitution, à tout sous-directeur des postes, de délivrer sciemment à qui que ce soit aucune brochure, aucun journal, aucun dessin relatif à l'esclavage, dans tous les États où la loi défendait la circulation de ces écrits. Il declarait encore que les lois antérieures du service des postes ne pourraient être invoquées pour proteger, contre la législation des États particuliers, tout sous-directeur ou employe des postes, ou entrepreneur du transport des depêches, qui transporteraient ou mettraient en circulation sciemment les écrits et dessins ci-dessus designés. Ce fait était puni de mort dans certains États, et dans les autres des travaux forces et de la réclusion. P. O.

maintenue. » On a aussi décidé que la vérité des faits ne suffisait pas pour justifier leur publication, si cette publication ne reposait pas sur des motifs honnêtes et n'avait pas un but utile; s'il s'agit, par exemple, d'examiner la conduite des candidats aux fonctions publiques. Et le chancelier Kent, après un examen complet de la matière, n'hésite pas à dire, « qu'un principe constitutionnel de ce pays est, que tout citoyen peut dire, écrire et publier ses opinions sur tous les sujets, à la seule condition de ne pas abuser de cette liberté; et qu'on n'admettrait aucune loi qui tendrait à diminuer ou à entraver la liberté de la presse. »

1037. [Aux États-Unis, il n'y a pas de priviléges pour les imprimeurs; de timbre et d'enregistrement pour les journaux; la règle du cautionnement est inconnue; rien n'entrave la création d'un journal, et comme peu d'abonnés suffisent pour couvrir les frais, le nombre des écrits périodiques surpasse toute croyance. On en comptait 1,641 en 1842, qui paraissaient, savoir : 148 tous les jours, 1,141 toutes les semaines, 125 deux ou trois fois par semaine, et 227 à des époques plus éloignées (1); tandis qu'en 1775 le nombre des écrits périodiques et semi-périodiques

1) On compte aux Etats-Unis 1552 imprimeries typographiques, qui occupent près de 15 à 16,000 ouvriers, et environ 500 grands établissements de reliure. On évalue à 6 millions de dollars (environ 30 millions de francs) les capitaux employés dans l'industrie de la presse. P. O.

était seulement de 37, et en 1801, de 203. Aujourd'hui il n'y a pas de bourgade, quelque petite qu'elle soit, qui n'ait son journal, parce qu'elle tient à émettre son opinion sur les affaires publiques qui la concernent. A peine une bourgade se forme-t-elle au milieu des forêts, qu'un journal y est créé; il n'est pas jusqu'aux établissements particuliers qui n'aient aussi leur journal spécial. Dans la célèbre cité industrielle de Lowell (1), on publie un journal appelé *Lowel offering*, et qui est rédigé par les nombreuses *ouvrières* de cette ville-fabrique. C'est un fait certain que la presse produit peu de maux aux États-Unis, et l'on a attribué son peu de puissance à cette extrême diffusion de forces.] P. O.

(1) Voyez sur cette ville, entièrement composée de fabriques, les curieux details rapportes par M. Michel Chevalier. (*Lettres sur l'Amérique du Nord.*) P. O.

# CHAPITRE L.

## DROIT D'ASSOCIATION ET DE PÉTITION. — DROIT DE PORT D'ARMES. — LIBERTÉ INDIVIDUELLE.

Le droit d'association et de pétition a été emprunté à l'Angleterre. — Les termes de l'amendement n'accordent pas un privilége, ils reconnaissent un droit. — Le droit de port d'armes est indispensable dans un pays où tout citoyen fait partie de la milice. — Nul citoyen ne peut être contraint au logement des troupes en temps de paix. — La disposition concernant la liberté individuelle et l'inviolabilité du domicile a pour but d'empêcher les mandats d'arrêt généraux ou en blanc. — La constitution laisse aux États ou au peuple les pouvoirs qui n'ont pas eté *donnés* au congrès. — La redaction de cet amendement diffère de la clause de l'acte de confedération qui disait *expressément donnés*.

---

1038. La dernière disposition du premier amendement porte que le congrès « ne pourra toucher « au droit qu'a le peuple de s'assembler paisi- « blement. »

1039. *Droit d'association et de pétition.* — Le congrès ne peut toucher au droit qu'a le peuple de s'assembler paisiblement et d'adresser des pétitions au gouvernement pour obtenir le redressement de ses griefs. Il semble que le droit de libre association n'avait pas besoin d'être exprimé en termes formels dans une république, puisqu'il résulte de la nature même de ce gouvernement et de ses institutions. En fait, ce droit ne pourra être contesté tant que la liberté n'aura pas complétement disparu, et tant que le peuple ne sera pas tombé à un degré d'abaissement qui le rende incapable d'exercer les priviléges de tout homme libre (1).

(1) Après la liberte d'agir seul, la plus naturelle à l'homme est celle de combiner ses efforts avec les efforts de ses semblables et d'agir en commun; le droit d'association est donc de sa nature presque aussi inaliénable que la liberte individuelle. De tous les pays du monde, l'Amérique est peut-être celui où l'on a tire le plus de parti du droit d'association, où on l'a applique comme moyen d'action aux objets les plus variés. « L'habitant des États-Unis, dit M. de Tocqueville, ap« prend dès sa naissance qu'il faut s'appuyer sur soi-même « pour lutter contre les maux et les embarras de la vie; il ne « jette sur l'autorité sociale qu'un regard defiant et inquiet, et « n'en appelle à son pouvoir que quand il ne peut s'en passer. « Ceci commence à s'apercevoir dès l'ecole, où les enfants se « soumettent, jusque dans leurs jeux, à des règles qu'ils ont « etablies, et punissent entre eux des délits par eux-mêmes « définis. Le même esprit se retrouve dans tous les actes de la « vie sociale. Un embarras survient dans la voie publique, le « passage est interrompu, la circulation arrêtée, les voisins « s'établissent aussitôt en corps delibérant : de cette assem« blée improvisée sortira un pouvoir exécutif qui remédiera « au mal avant que l'idee d'une autorité préexistante à celle « des interessés se soit présentée à l'imagination de personne. « S'agit-il de plaisir, on s'associera pour donner plus de splen« deur et de regularité à la fête. On s'unit enfin pour résister « à des ennemis tout intellectuels; on combat en commun l'in-

1040. La disposition qui concerne le droit de pétition a été probablement empruntée à la déclaration de droits faite en Angleterre après la révolution de 1688, et dans laquelle on consacra formellement le droit de pétition au roi. On a critiqué vivement les termes de l'amendement, en disant qu'ils faisaient supposer que le droit de pétition était une faveur accordée. Mais ce reproche ne nous paraît pas fondé, puisque l'amendement parle du droit de pétition comme d'un droit appartenant au peuple d'une manière incontestable.

1041. *Droit de porter des armes.* — Le deuxième amendement porte : « Une milice bien réglée étant « nécessaire à la sécurité d'un État libre, on ne « pourra restreindre le droit qu'a le peuple de « garder et de porter des armes. »

1042. La convenance de cette clause ne peut être contestée. La milice est le moyen de défense le plus naturel d'un pays contre les invasions soudaines, les insurrections intérieures, ainsi que contre les usurpations des gouvernants. Un peu-

« tempérance. Aux États-Unis, on s'associe dans des buts de « sûreté publique, de commerce et d'industrie, de morale et « de religion; il n'y a rien que la volonté humaine desespère « d'atteindre par l'action libre de la puissance collective des « individus. » (*De la Démocratie en Amérique,* t. II, chap. IV.)

Le droit de libre association, importé de l'Angleterre, est aujourd'hui passe dans les habitudes et dans les mœurs des Américains, et n'a pas, en definitive, produit jusqu'à présent des resultats aussi funestes qu'on pouvait le craindre. P. O.

ple libre ne doit pas avoir de grands établissements militaires et de nombreuses armées en temps de paix, parce que ces deux choses sont très-coûteuses, et offrent à des chefs entreprenants des moyens trop faciles de se perpétuer au pouvoir. Le droit des citoyens de porter des armes a donc été regardé avec raison comme le palladium des libertés d'une république, puisqu'il est un frein aux tentatives d'envahissement du pouvoir, ou du moins un moyen de résistance. Quoique cette vérité soit démontrée, quoique l'importance d'une milice bien organisée et bien disciplinée soit incontestable, on doit avouer toutefois qu'il y a chez le peuple américain une indifférence qui va jusqu'à l'éloignement pour toute discipline, et même une grande tendance à s'affranchir de toute obligation à cet égard. Cependant, comment avoir une population régulièrement armée sans une organisation quelconque? c'est là certainement un point difficile : il est fort à craindre que l'indifférence ne mène au dégoût, le dégoût au mépris, et ainsi, graduellement, à l'anéantissement de ce moyen de protection prévue par la clause de l'amendement (1).

1043. *Liberté individuelle.—Inviolabilité du domicile.*—Le troisième amendement porte : « Aucun « soldat ne sera, en temps de paix, logé dans une « maison sans le consentement du propriétaire;

(1) Voyez sur l'organisatisn des milices, tom. II, pag 126, note 1.

« ni en temps de guerre, si ce n'est de la manière « qui sera prescrite par la loi. »

1044. Cette disposition se justifie elle-même. Son but est évidemment de conserver l'intégrité de ce droit important qui fait de la maison d'un homme une forteresse inviolable, et de protéger les citoyens contre toute prétention de l'autorité militaire. La faculté d'envoyer des soldats loger, en temps de paix, chez les habitants, est pleine d'inconvénients et de dangers; elle fut souvent employée par les princes arbitraires comme un moyen de contrainte (1).

1045. Le quatrième amendement porte : Le « droit qu'ont les citoyens de jouir de la sûreté « de leurs personnes, de leur domicile, de leurs « papiers et effets, à l'abri des recherches et sai- « sies déraisonnables, ne pourra être violé; au- « cun mandat ne sera émis, si ce n'est dans des « présomptions fondées, corroborées par le ser- « ment ou l'affirmation; et ces mandats devront « contenir la désignation spéciale du lieu où les « perquisitions devront être faites, et des per- « sonnes ou objets à saisir. »

1046. Cette clause a pour but de consacrer la jouissance complète de la liberté individuelle et de l'inviolabilité du domicile. Ce n'est pas autre

(1) Jamais aux États-Unis un corps de troupes quelconque ne pourrait s'arrêter ou camper sur un terrain relevant de la juridiction d'une ville ou d'un État particulier, sans en avoir préalablement reçu la permission des autorités civiles compétentes. P. O.

chose que la reconnaissance de deux grands principes du droit commun. Si elle fut insérée dans les amendements, ce fut sans doute par suite des craintes excitées en Angleterre et en Amérique par l'usage des mandats d'arrêt conçus en termes généraux. D'après les lois anglaises, une arrestation ne peut avoir lieu qu'en vertu d'un mandat spécial délivré sur une plainte faite sous serment, spécifiant le crime et nommant la partie accusée; cependant, par extension de certaines dispositions des lois concernant la presse, on s'était insensiblement habitué dans les bureaux de la secrétairerie, à délivrer des mandats généraux ne contenant aucune des indications indispensables pour que l'arrestation pût être faite valablement en vertu de ces mandats. En 1763, la légalité de pareils mandats fut mise en question devant la cour du *banc du roi;* après une discussion solennelle, ces mandats furent déclarés illégaux, et par suite nuls et de nul effet. Un mandat d'arrêt, et la plainte sur laquelle il est fondé, doivent, pour être conformes à la loi, non-seulement contenir le nom des parties, mais l'indication du temps, de la place, de la nature de l'offense, avec des preuves raisonnables.

1047. Les amendements 5, 6 et 7 ont été examinés avec les clauses de la constitution auxquelles ils se rapportent. Le huitième amendement est ainsi conçu : « On ne pourra exiger des cautionnements exagérés, ni imposer des amendes ex-

« cessives, ni infliger des punitions cruelles et « inaccoutumées. »

1048. Cette disposition est littéralement extraite du bill des droits proclamé en Angleterre après la révolution de 1688; elle doit paraître certainement inutile sous un gouvernement libre, car on ne peut pas supposer qu'une des branches du gouvernement autorise ou justifie des faits aussi condamnables. Il est probable que cette clause fut insérée parmi les amendements pour servir d'avertissement aux différents agents du gouvernement national, afin qu'ils ne se permissent aucune de ces procédures violentes et illégales qui eurent lieu sous le règne de plusieurs rois arbitraires de la maison des Stuarts. Dans ces temps, en effet, on imposa aux personnes odieuses à la cour et aux favoris, l'obligation de donner des cautions excessives, et lorsqu'elles ne pouvaient les trouver, on les jetait en prison; on exigeait aussi des amendes exagérées, et on infligea des punitions cruelles et inaccoutumées.

1049. Le neuvième amendement porte : « L'é« numération faite dans cette constitution de cer« tains droits, ne pourra être interprétée de « manière à exclure ou à affaiblir d'autres droits « conservés par le peuple. » Cette disposition fut admise pour mettre en garde contre l'emploi dangereux de cette maxime trop répétée, qu'une affirmation dans les cas particuliers implique une négation dans tous les autres, et réciproquement. Cette maxime bien comprise est certainement vraie et sage, mais on en a singulièrement abusé pour soutenir les hérésies politiques les plus étranges et les plus pernicieuses.

1050. Le dixième amendement est ainsi conçu : « Les pouvoirs non délégués au congrès par la « constitution, ou ceux qu'elle ne défend pas aux « États d'exercer, sont réservés aux États respec- « tifs ou au peuple. »

1051. Cet amendement consacre une règle fort sage d'interprétation. La constitution étant une réunion de pouvoirs définis et limités, il en résulte nécessairement que les pouvoirs qui n'ont pas été donnés appartiennent aux États, si les constitutions particulières les ont donnés; et dans le cas contraire, au peuple en qui réside le surplus de la souveraineté. Lorsque cet amendement fut présenté, on proposa d'insérer le mot *expressément*, de manière à lire : « Les pouvoirs non délégués *ex-* « *pressément* au congrès par la constitution, etc. » On fit alors remarquer qu'il est impossible de renfermer un gouvernement dans les pouvoirs exprès; qu'il faut nécessairement admettre certains pouvoirs implicites, si l'on ne veut pas que la constitution soit obligée de descendre dans les plus minutieux détails. C'est en effet un principe généralement admis, que les corporations possèdent tous les pouvoirs implicites qui rentrent dans leur sphère, quoiqu'ils n'aient pas été énoncés. La proposition fut donc rejetée. De plus, on sait qu'un des grands défauts de la Confédération fut de contenir précisément une clause qui défendait l'exercice de tout pouvoir, toute juridiction ou tout droit qui n'aurait pas été expressément délégué. La conséquence de cette disposition fut de lier le congrès et d'entraver sa marche; souvent il fut entraîné par les nécessités des temps, à usurper quelques pouvoirs qu'il ne possédait réellement pas d'après la constitution, et ainsi, en fait, à briser les barrières établies contre la tyrannie et l'oppression.

1052. Il est donc évident que les rédacteurs de cet amendement n'ont pas eu l'intention de le faire servir à restreindre les pouvoirs exprès ou implicites, principaux ou accessoires, donnés par la constitution. L'unique objet de cet amendement est d'empêcher toute interprétation qui tendrait à attribuer au congrès d'autres pouvoirs que ceux accordés. Les efforts tentés, de temps en temps, pour faire de cet amendement une restriction des pouvoirs donnés par la constitution, est donc tout à fait contraire aux règles les plus ordinaires d'interprétation. Tous les raisonnements, dépouillés de leurs ingénieux déguisements, ne sont autre chose que la prétention de faire entrer dans les termes de l'amendement le mot *exprès* qui ne ne s'y trouve pas; de spécifier ce qui est général; de rendre obscur ce qui est parfaitement clair. Ainsi on torture le sens des mots pour les assimiler aux vœux des interprètes; la critique ne sert plus à guider, mais à justifier une théorie préconçue. Que deviendront les constitutions de gouvernement si on ne s'en tient pas à la signification simple de leurs termes, et si on les presse, au contraire, en tout sens pour les étendre ou les restreindre selon les besoins des passions et des intérêts du jour? N'oublions jamais que notre constitution est un acte solennel, qui s'adresse au bon sens du peuple, et qui a pour but de déterminer et de fixer ses droits et ses libertés; les dispositions de la constitution ne peuvent être interprétées pour favoriser les projets des démagogues, ou pour faciliter l'ambition des chefs politiques; ce qu'elle dit aujourd'hui, elle doit le dire toujours. Elle a manifesté la volonté du peuple : nul changement ne peut donc être fait que par la volonté souveraine du peuple.

1053. Sans doute, l'établissement d'un gouvernement nouveau ne manquera pas, malgré la sagesse de sa constitution, de soulever des questions difficiles et délicates, et l'on doit s'y attendre, surtout quand il s'agit d'un gouvernement fondé sur l'incorporation totale ou partielle de plusieurs souverainetés distinctes. Le temps seul peut mûrir et perfectionner un système si complexe, expliquer le sens de toutes ses parties, et les ajuster entre elles dans une parfaite harmonie.

FIN.

# TABLE DES MATIÈRES

## DU SECOND VOLUME.

### CHAPITRE XV.

#### POUVOIR DU CONGRÈS. — POUVOIR DE TAXATION.



### CHAPITRE XVI.

#### POUVOIR DE FAIRE DES EMPRUNTS ET DE RÉGLER LE COMMERCE.

## CHAPITRE XXIII.

### POUVOIR DE DÉCLARER LA GUERRE ET DE FAIRE DES PRISES. — ARMÉE. — MARINE.



## CHAPITRE XXIV.

### POUVOIR SUR LA MILICE.

Pages

## CHAPITRE XXV.

### POUVOIR SUR LE SIÉGE DU GOUVERNEMENT ET LES PLACES CÉDÉES.



## CHAPITRE XXVI.

### POUVOIRS ACCESSOIRES DU CONGRÈS.



## CHAPITRE XXVII.

### POUVOIRS ACCESSOIRES. — BANQUE NATIONALE.

## CHAPITRE XXXIV.

### PROHIBITIONS, LIMITATIONS DES POUVOIRS DU CONGRÈS.



## CHAPITRE XXXV.

### PROHIBITIONS, RESTRICTIONS AUX POUVOIRS DES ÉTATS.



## CHAPITRE XXXVI.

### RESTRICTIONS AUX POUVOIRS DES ÉTATS. — ATTEINTES PORTÉES AUX OBLIGATIONS.

## CHAPITRE XXXVII.

### SUITE DES RESTRICTIONS AUX POUVOIRS DES ÉTATS.



## CHAPITRE XXXVIII.

### POUVOIR EXÉCUTIF.

## CHAPITRE XXXIX.

### SUITE DU POUVOIR EXÉCUTIF. — SES DROITS. — SES OBLIGATIONS.



## CHAPITRE XL.

### AGENTS DU POUVOIR EXÉCUTIF.



## CHAPITRE XLI.

### POUVOIR JUDICIAIRE FÉDÉRAL.

## CHAPITRE XLII.

### SUITE DU POUVOIR JUDICIAIRE FÉDÉRAL.



## CHAPITRE XLIII.

### ORGANISATION DU POUVOIR JUDICIAIRE FÉDÉRAL.

Pages

## CHAPITRE XLVI.

### GARANTIES DU GOUVERNEMENT FÉDÉRAL. — AMENDEMENTS.



## CHAPITRE XLVII.

### DETTES PUBLIQUES. — SUPRÉMATIE DE LA CONSTITUTION ET DES LOIS DE L'UNION.



## CHAPITRE XLVIII.

### SERMENT DES FONCTIONNAIRES.



## CHAPITRE XLIX.

### LIBERTÉ DE CONSCIENCE. — LIBERTÉ DE LA PRESSE.

FIN DE LA TABLE DU SECOND ET DERNIER VOLUME.

# ERRATA.

## TOME PREMIER.

Page 45, n° 41. *Limites de l'État du Maine.* Le traité Ashburton du 9 août 1842 entre les États-Unis et la Grande-Bretagne a fixé les limites de l'État du Maine avec le Bas-Canada.

Page 272, n° 315, au lieu de : *fremers,* lisez *framers.*

Page 303, ligne 21, au lieu de : les senateurs *puissent,* lisez *pussent.*

## TOME SECOND.

Page 82, ligne 3 de la note 1, au lieu de : autorite *exécutoire,* lisez autorité *exécutive.*

Ibid., ligne 4 de la note 2, au lieu de : Archansas, lisez Arkansas.

Page 90, à la fin de la note, ajoutez : ou 4 juillet 1836 et 3 mars 1839.

Page 116, ligne 22 de la note, au lieu de : Peasacolo, lisez Pensacola.

Page 127, ligne 27 de la note, au lieu de : en leur état, lisez eu bon état.

Page 186, à la fin du premier paragraphe de la note, ajoutez : La question de l'Oregon nous paraît avoir été présentée dans tous ses détails avec une grande impartialite, par M. Grimblot. (*Revue des Deux-Mondes,* 1843, t. II, p. 505.) Les conclusions de M. Grimblot sont toutes en faveur des États-Unis en droit et en fait.

Page 242, dernière ligne de la note, au lieu de : *présidentelle,* lisez *présidentielle.*

Printed in Dunstable, United Kingdom

91220125R00288